戴國煇全集　⑳

採訪與對談卷・三

◎未結集1：討論日本之中的亞洲

目次

contents

未結集1：討論日本之中的亞洲

輯一　中國研究綜觀

輯二 回顧日本殖民地政策

戴國煇全集 20

採訪與對談卷・三

未結集1：討論日本之中的亞洲

翻　　譯：何鳳嬌・林彩美・林琪禎
　　　　　吳元淑・陳仁端・陳進盛
　　　　　蔡秀美・劉俊南
日文審訂：吳文星・林水福・林彩美
　　　　　邱振瑞・徐興慶
校　　訂：吳春宜

輯一

中國研究綜觀

故鄉的米‧日本的米
——吃米的國家座談會

◎ 何鳳嬌譯

與會：安東尼歐‧關傑米（義大利）

　　　戴國煇（台灣）

　　　M.L.拉曼（巴基斯坦）

　　　長谷川榮子（巴西）

在巴基斯坦吃16種的米

　　本刊：「看看世界」第二回正好是「吃米的國家」特輯，在日本以外的各國是如何吃米的話題，若可以的話，想聽聽各國與日本的米飯來做比較，以及就自己國家的米為主題進行討論，所以勞駕各位齊聚一堂。

　　首先，想知道米的利用情況。在西歐吃米最多的似乎是義大利。

　　安東尼歐‧關傑米（以下簡稱關傑米）：義大利的情形，南部吃細麵條（spaghetti）和通心粉（maccaroni），幾乎不吃米。

北部則是吃米的次數很多，一星期吃三、四次左右。

長谷川榮子（以下簡稱長谷川）：這與巴西相反。巴西是南方吃很多米。

M.L.拉曼（以下簡稱拉曼）：東巴基斯坦是吃米，西巴基斯坦是麵食。因為我是東巴基斯坦人，主食與日本同樣是米。種類差不多有16種，一年可三收，冬天五種，夏天十種，其間只種一種。因此巴基斯坦隨季節不同而吃不同的米。紅色的米、細長的米、小小的米等，吃各種的米。

本刊：不只是外形，味道也不同嗎？

拉曼：的確不同。例如只有日本米四分之一大小的小粒米，是祭祀和有客人時使用，很香，味道非常好。其次有大的細長米，也有香氣。煮法與日本相同。

長谷川：巴西也因地方的不同，米的吃法、煮法相當不一樣。北方不是以米為主食，吃得很少。首先是用豬油炒好洋蔥和大蒜，接著炒米，加入水一起煮。煮熟後淋水數次以去除黏性。

隨著愈往南下，愈受到日本人的影響，以米做為主食的地方很多。一般吃的是長而不具黏性的米，煮法雖與北方相同，但炒法則稍稍不同。以前似乎是種植在沼澤地或是旱地，現在則幾乎是水田米，特別是聖保羅州等日本人很多的地方。

本刊：一日三餐都吃米飯的家庭也有嗎？

長谷川：早上是吃麵包，中午和晚上吃米的好像很多。依家庭而不同，只有早餐吃飯，中午和晚上是麵包的情況也有。但是在任何情況下，吃米時一定有麵包，因此麵包和米是一起

吃的。

關傑米：在義大利也是如此。不管任何料理，一定有麵包。北部是和米一起，南部則和細麵條一起。麵包和米一起吃。

戴國煇（以下簡稱戴）：在談台灣之前，首先看看中國全體的情況，大致分長江以北和以南，以北大都是吃小麥，以南吃米。

最初移民台灣者，從地理上來說，由於是從南方移住的人，這些人是以米為主食。後來的北方人則占一成左右。

吃的米的種類，原本和大陸相同，種植印度種（indica）〔譯註：指在來米〕。但是，日據時代日本米不足，日本發生米騷動事件等，必須從朝鮮和台灣輸入，為了配合日本人口味的日本種，由當時的農業技術者將之落實下來〔譯註：指種植蓬萊米〕。在來米黏性少，但能夠加工做成各種東西。

台灣的情況雖然南部是三季作，但大致是二季作。最近似乎與日本一樣，由美國輸入小麥，雖然一部分已被麵包飲食滲透，但做為主食的米之力量似乎很強。

煮法方面，煮一次，把飯的部分像甜不辣一樣撈起來，剩下的汁給豬吃。然而最近使用電鍋，這種形式大概變少了。

拉曼：在巴基斯坦，電鍋在都市只是少數，鄉下連瓦斯也沒有，是用薪柴來煮。

長谷川：我們的情形是炒後再煮，不使用電鍋，真正好吃的飯是用鐵鍋煮的，最近則使用鋁製的厚鍋子。

戴：戰後由大陸來到台灣的北方人雖然以麵包〔譯註：指饅頭、包子之蒸麵類〕為主食，也一起喝用在來米做成的稀飯。

又，普通農民或是勞動者，早上吃稀飯，中午和晚上吃乾飯。

拉曼：東巴基斯坦也是中午、晚上都是吃飯，早上是麵包和紅茶、蛋等。西巴基斯坦在生病時吃稀飯。我們則反而在生病時吃麵包。

戴：西巴基斯坦人和東巴基斯坦人哪個比較高？

拉曼：西巴基斯坦人塊頭大。

戴：在中國北方人比較高，南方人比較矮。儘管不知道飲食習慣有何種程度的影響，但是相當有趣。

一次能吃的量非常多

長谷川：不曉得是不是鄉愁之故，覺得巴西的米比較好吃。

拉曼：但是，還是日本的米好吃哦！

戴：我也這樣想。我們從小時候開始帶便當，若是在來米，就會一粒粒散開，很困擾，日本米有黏性，容易吃，而且相當甜。因此即使沒有特別的菜，也好吃。

關傑米：來到日本後每天都吃米。一天一餐，若壽司的話，大約吃三人份左右。五、六年來都完全沒吃細麵條。

長谷川：日本人平均吃飯吃得比較多。在巴西鄉下也吃很多飯，但相對地，菜餚也很多。

關傑米：在義大利，晚上的話，一人份大約是一百五十公克左右。

戴：因工作的關係，到日本農村的機會很多，吃很多飯食。即使在台灣，到鄉下去的話，一天五餐。一次的量根據年齡而不

同，小孩一碗，成長期的人三碗，老年人是一碗半左右。然而運動選手和農民、勞動者的話，吃四、五碗也不稀奇。但若菜餚很多的話，或許也可以不用吃那麼多。

拉曼：因為是主食所以吃很多。大概一餐吃二百五十公克左右。之後吃很多菜，中間不喝茶也不吃點心。日本人吃飯之外還吃很多點心。

關傑米：在義大利，冬天從中午到兩點左右，夏天是到三點左右，大家都在睡午覺。店面也全部關起來。下午幾乎不吃點心，僅吃一點點水果。

戴：原來是這樣啊！我們也是一樣。由於香蕉便宜，大概也只吃這個。日本的情況是因為在油的使用上很少之故吧。中華料理則用很多油。另外一個有趣的情況是，留學生剛來日本時，肚子都很餓，經過一年左右就不覺得，食量也減少了。我想會不會是氣候的緣故。

長谷川：我也是。剛開始時，不管吃多少肚子都很餓的。若吃很多飯的話，即使肚子是飽的，也想要吃個甜的東西。現在就習慣了。

關傑米：我之前也一天吃三次左右。之後慢慢地變少，現在只有一次。此外早上喝三、四杯咖啡。

拉曼：我最初也和大家一樣，吃得相當多。但是現在一天兩次，早上只有牛奶，中午和晚上吃飯，那樣就足夠了。

本刊：吃飯的器具是什麼樣的呢？

長谷川：盤子。

拉曼：用盤子吃。

戴：是碗。

本刊：日本的情況是在飯之外，必定會做味噌湯或是清湯，而各位用來代替味噌湯的是什麼？

拉曼：在巴基斯坦沒有類似味噌湯的東西，也不做其他的湯。雖然有用小粒米做的湯，但是和飯混合在一起吃。另外還有一種是做蕃茄湯，但那和飯完全分開，是吃完飯後喝的。

戴：在台灣雖然有時做味噌湯，平常是不太做的。但是湯的種類很多，吃飯時一定做。

長谷川：湯的種類很多。普通是加肉進去，用豬、牛、雞等的骨頭做成，也有只用蕃茄的湯，或將豆子像日本煮豆餡那樣來煮，以鹽巴來調味的湯。

關傑米：義大利也是一樣。

長谷川：當有剩飯時，就加入小麥粉、奶油、荷蘭芹等，混合成有如甜不辣的濃漿來炸。炸成飯團子的形狀，也很好吃。

拉曼：在巴基斯坦因為鄉下大家都有養牛，所以剩飯就給牛吃。

做飯時很耗時

戴：在日本盛飯是由母親代勞吧，然而我們都是自己來。老先生、老太太、小孩的情形例外，其他連老闆都自己盛飯。

拉曼：我們還是母親在做。有客人在當然是母親，但是人多的時候則有女傭幫忙。因此在我的國家中母親是最重要的人，無論有沒有客人來，都等母親就位後才開始吃飯。

關傑米：在義大利也是一樣。家族大家一起，主人、女傭都一起。

長谷川：在巴西母親並不負責盛飯。全部放在桌子上，各自取用。有客人的場合，和大家一樣，家族全部聚集，在快樂的氣氛中用餐。

關傑米：在日本，有客人時太太就努力在廚房做料理。只為客人做，這是不好的。在義大利，一般家庭的太太，在女兒12歲就開始教她料理、洗衣服、刺繡等。觀察女兒時首先從觀察母親開始。辛勤否、料理高明否，或是會不會偷懶等等，母親若是好的話，女兒也不差。所以大家都會好好地做料理。

長谷川：在巴西也是如此。

本刊：做飯花多少時間呢？

戴：做飯所需時間根據勞力是否充足而不同。女性普通中午一人在家時，似乎不花時間。早上和晚上的飯就不是這樣了。現在有電鍋等，種種便利的電器用品也可以幫得上忙吧。

關傑米：在義大利，大家早上很早就上市場。一到九點市場裡就什麼也沒有，到了中午就全部結束。在蔬菜店只有腐爛的水果，懶惰的人只好買這些。

長谷川：我們也是早上九時左右完成採購，從早上開始忙於做飯，女人從早到晚可以說都在做飯。因都要親自動手做，所以很花時間。

關傑米：日本的太太啊，做飯時間去市場的人很多。簡單地買些炸薯餅或炸肉餅之類，都是簡單地做飯，因此不會是很好吃的飯。做好吃的料理仍然要花費時間。

長谷川：在日本速食食品好像太多了，連速食米也有。在巴西沒有，家庭的太太都用心去做。

關傑米：打開冰箱、打開罐頭，這樣就了事，若稍微起得晚的話。

拉曼：做飯的時間根據家庭的大小應該有所不同。例如我們家族總共十人。在日本菜餚只有一點點吧，但是在我的國家，不論中午或是晚上，菜餚很多，做四至五種左右。咖哩肉、咖哩魚，以及其他甜食等，因此需要花費一到二個鐘頭。加上沒有速食食品，從市場買來材料開始全部做起，花費相當多時間。

戴：我來東京差不多八年，日本人的朋友很多，雖然被邀請了幾回，但沒有嚐過親手做的料理。我想這或許是家庭廚房結構的問題，或是女人工作忙，總之理由很多。

最好的客人是壽喜燒，其次是壽司，再其次是十錦麵或拉麵（一笑）。在我們的家鄉若成為富翁的話，會僱請廚師來做料理，普通家庭則端出很多親手做的料理。像買雞則做雞肉料理，買豬肉則做豬肉料理。不過這種情形仍須要很大的廚房，另外一個是時間分配的問題。

用米做的各式料理

本刊：我們說到米，首先浮在腦海裡的是白飯。

長谷川：在前頭說過，在日常的飯裡，加入蕃茄和洋蔥、大蒜，用鹽調味。又特別的場合是加入蝦仁，也有加入肉。

關傑米：那是與西班牙相同的作法。在義大利的話，加入很

多蔬菜和各種豆子，從一開始就一起煮。像日本那樣白飯配菜我很快就會餓。如果是白飯，是硬的比較好吃，日本人則喜歡較軟的飯。

戴：剛剛巴西那位女士講的，加入大蒜或是洋蔥，日本式的說法是十錦飯，在台灣是在生小孩時或是喜慶時煮的。將香菇、蝦米、肉等一起去蒸，再炒一次。另外是糕的種類相當多。日本的年糕是用糯米做的。台灣則除了用糯米外，也利用在來米做糕。

拉曼：我的國家則與日本相同是指白飯。菜餚裡則有很多魚。在日本，魚類、肉類雖然做成各種菜餚，在巴基斯坦，不論是肉、魚，或是蔬菜，都是和咖哩一起煮來吃。

戴：台灣普通米的煮法在前面已經講過了，經濟富裕的人們，一度將飯從煮米湯中撈起，再用蒸籠去蒸，然後盛上滿滿的豬肉，再澆上肉汁來吃，然而普通人家是沒辦法有這樣奢侈的吃法。可是有位到台北帝大特別授課的日本大學教授，在某家吃到那種作法的飯，他本來認為日本米是最好吃的，而這個經驗改變了他的觀點。米的味道會因吃法而有很大的改變。

不過日本白飯是甜而好吃的。但就因這樣，只要有味噌湯或是醬菜、醬油就可以吃，是米質本身有那樣的優點。於是相反的，也有其不利的一面。

長谷川：不只是做飯而已，做成點心的情形也很多。將米煮好——這時什麼也不放——加入牛奶再煮，之後加入砂糖、蛋、奶油就變成甜點。

關傑米：那種吃法是由義大利引入的。

拉曼：在巴基斯坦，也有將飯加入牛奶、奶油、砂糖等做成的料理。除此之外，也有將米做成粉來製成點心。另外也有將飯用奶油來炒，加入很多洋蔥、香腸、大蒜做成名為波拉（pora）的料理，不過只有在祭祀時才拿出。

由於我的國家是回教國家，完全不吃豬肉，油因為是動物油脂，在任何料理中都不使用，快炒時只用奶油。

長谷川：在日本吃炒飯相當油膩。好像很拿手於使用油或是大蒜。在這裡使用大蒜的菜是相當臭吧。在巴西是不臭的，甚至連飯裡也有放。雖然油也使用了很多，但飯不會油膩膩的。說不定是米質的關係吧。

關傑米：在義大利也使用很多大蒜。大蒜生的更好。以前海軍到爪哇和新幾內亞時，沒染上瘧疾就是食用生大蒜之故。

戴：討厭大蒜的好像只有日本人。

拉曼：少量使用在肉和魚料理，但不太吃。

本刊：在台灣除了飯之外，米的利用法是什麼呢？

戴：磨碎糙米做成米奶。雖然有像牛奶一樣不加砂糖，不過也有加砂糖來賣的情形。夜間當消夜來吃。另外還有米粉（rice noodle），這必須用在來米來製作。

長谷川：一定與飯相配的，有煮豆。好像是花豆那樣的豆，煮的時候另外將炒的大蒜和洋蔥放入其中。把這個澆在飯上，再撒上含有很多澱粉的樹根部。樹根部先使之乾燥，宛如日本的麵包屑一樣的東西，不會只吃白飯。

本刊：關於米的吃法，從各個國家可以發現有不同的方法，實在相當有趣。另外也聽到各位在日本的種種感想，讓我們再度

環視周遭，深感必須思考很多事情。

　　謝謝各位今天在百忙當中抽空參加座談會。

本文原刊於《食生活》第58卷第8號，東京：財団法人国民栄養協会，1964年8月，頁38～44

對東大中國同學會的期待與展望
——幹事座談會

◎ 陳進盛譯

時間：1964年6月27日，下午4至8時

與會（依發言序）：

戴國煇、吳讓治、黃玉軒、黃昭堂、廖春榮、劉兆禎、湯淑貞、

郭嘉熙、黃坤洸、謝世輝、江雪卿、許平宇、楊天溢、黃東熊、

楊榮宗、劉錫江

主持：陳仁端

紀錄：陳光華、劉彩品

〔1964年〕6月27日下午四點到八點之間，請舊任的諸位幹事先生女士齊聚一堂，彼此發表任內的經驗談，並暢談對於今後本會營運發展的要求等意見。儘管可能對於如此有限的紀錄篇幅是否能將超過四小時的熱烈討論氣氛傳達給全體會員而有所擔憂，不過我在此還是要盡己所能，全力將當時的討論情況忠實地呈現出來。

陳仁端（以下簡稱陳仁）：從四月起開始擔任新幹事的我們，今天很榮幸請到舊幹事的各位前輩出席，並發表往日的經驗

談與苦心之談，當然我們也要聽聽各位對於本會未來的期許，這些寶貴的經驗與意見將做為本會未來發展方針之參考，以下就請各位與會者依以下次序發言。首先，要請前幾任的舊總幹事，就他們任內的情況，以綜合的方式提出報告，接著再進行討論。

　　戴國煇（以下簡稱戴）：在我擔任的時期，本會才開始以完成登記的校內團體型態出發。在此之前，大家都只是以在某處餐廳聚會、吃東西或是聊天的方式進行聯誼。本會成立之初曾經做出決議，絕不收取來路不明的金錢，堅持在校內團體原則下，通過每一個人的力量來推展會務。

　　吳讓治（以下簡稱吳）：在我接任第三任總幹事時，本會會務已經在某種程度上步上軌道，因此，當時我認為，如何促進本會進一步發展乃是主要的會務問題所在。最初考量到本會性質的問題，就是要做為會員們的親睦團體，因此積極倡導政治的中立立場。不過我們也看到了如下的一個事實，就是強調政治中立立場的本身，不正是政治性的嗎？然而，我認為在此一政治漩渦中，為確立自己的主體性，除依靠每一個人的自我覺醒之外別無他途。因此，身為本會幹事所能做的，就是對外堅持本會做為一個親睦團體，並在會裡營造每一個會員都可以暢所欲言、相互討論的氣氛。但是，由於現狀似乎是連集合大家來彼此坦率討論對話的環境氣氛都無法建立起來。那時我想到的是先要聚集大家，從而掌握交流對話的頭緒，再進一步出發，結合我們每一個人的想法，逐步達成大家所期待的狀態與目標。會務方針首先是要能夠讓大家齊聚一堂。為了讓大家齊聚一堂，我想團體運作的原則多少可以做一些調適、折衷。例如在辦理康樂活動等時，一部分

旅費就由同學會來補助。我們做了各種努力，就是希望本會能成為讓大家輕鬆愉快的聚會，成為會員們能夠在彼此不拘束、不在意對方的氣氛下，對原本不同的意見進行討論對話的聚會。但是，舉辦學術討論會或演講會時，通常只有三、四十人出席參加，但若是參觀電影製片廠或是參觀資生堂公司時，參加者則多達七、八十人。我對於這樣的情況並不是很滿意，因此在交棒給黃玉軒時，我想我原本所要做的目標似乎連一成都沒能達成。

黃玉軒（以下簡稱黃玉）：如果說戴先生任總幹事時是本會開拓期的話，吳先生的任內大概就可以稱為發展期，而我擔任總幹事時就可以稱為安定期吧。在我擔任總幹事時想要積極從事的是：由於本會是東大的一個校內團體，而我們會員又都是學生身分，因此我希望本會從事的活動能更為偏向學術性質的領域。例如，我原本想要舉辦更多的學術演講會與工廠參觀活動，但因為種種的困難，演講會只舉辦過一次，工廠參觀活動甚至沒能辦成。不過，我認為對我們同學會最為重要的一件事情，就是必須強調做為東大校內團體的事實，也因此本會有必要確保其自主性。至於對現任幹事的期望，就是儘管出席的人數少，我還是期待他們能夠創造更多學術性集會活動的機會。

創造能彼此坦誠對話的場所

陳仁：各期的總幹事已經大體發表過意見，接著也請其他幹事發言。

廖春榮（以下簡稱廖）：談到我對本會抱持關心的理由是我

認為台灣人因為長期遭受殖民地統治，彼此之間沒有溝通交流，欠缺社會性，也缺乏社會共同意識，因此首先必須提高台灣人的社會性。我確信為達成此目的，最為根本的就是先要集合大家，讓每一個人不只能夠主張自己的想法，而且能夠理解他人的想法，因此我對本會一直長期保持關心。回想參與本會的這四年來，雖然很遺憾我沒有能做到這一點，但也已經踏出了第一步，也就是說，我認為現在大家已經擁有了一個共同的場所。雖然說內容貧乏，不過我想本會這四年來的成就可以給予相當的評價。由於擁有了本會這個場所，我想接下來的第二步、第三步應該要如何走的這個問題，不正是本會今後的營運方針嗎？

　　戴：關於剛才提到聚集大家的話題，我認為一個人至少要能夠保持自主性、出席本會並為自己的發言負責這樣就好。例如《暖流》才發行300本而已，而且無疑內容也有許多的錯誤，儘管如此，我還是認為它還是有其價值。雖然開會時只有三、四十人出席，但是會上還是有許多內容精采豐富的發言，總之大家有苦惱也有辛苦，透過對話溝通，嘗試解決問題而積極發言，這就是很好的現象。本同學會只要能根據本身的原則，並在每一個會員的明智下營運的話就可以了，也就是說，我認為應該更為重視品質比較好。

　　劉兆禎（以下簡稱劉兆）：雖然說是質重於量，或者說是要留下一些有價值的東西比較好，不過，如果說出席開會的永遠是30人上下也可以稱為好的話，實在是令人懷疑。我想，除了康樂活動之外，舉辦一些參觀工廠或學術演講等更高水準的活動是我所期待的，另外，讓大家有能夠坦誠對話討論的條件，以及為了

要能夠抗拒來自外部的壓力，創造一個讓大家能夠暢所欲言的場所也是必要的。

黃昭堂（以下簡稱黃昭）：剛才大家一再強調中立與校內團體的話題，不過我認為關於本會是否為校內團體的問題，以及本會性質的問題，並不會受到大家在此所表達的個人意見與信念的影響。我們每一個人應該都有自己的個人意見，像是在一個二百多人的團體裡，實在無法想像四、五個人的發言會對全體帶來困擾。我們如果太過於猶豫躊躇的話，壓力會隨之增強；相反地，如果能夠自我主張的話，而且僅僅這樣，相信就足以讓對手退縮吧！因此，關於這個問題，我熱切希望大家不要太過神經質。

吳：像現在這種複雜的政治階段，對於在一個團體中所做的個人發言對外所產生的波及結果，不只發言者沒有自信可以負擔責任，而且也沒有人要承擔接受這樣的責任。如果任由個人完全依照自己的好惡隨意發言，所產生的害處會比所能獲得的益處為大。雖然讓本會成為一個會員可以相互對話討論的會是我們期待的，問題在於本會是否已經具備了達到這種階段的條件。在達到此一階段之前，似乎還有一些工作必須進行，我總覺得似乎這種大家能在其中相互討論對話的階段還沒有到來。

劉兆：在我們擔任幹事的時候，對於在討論會中自負其責的個人發言從來沒有任何的限制，問題在於以文字書面型態發行的《暖流》時，因為這是一本以東大中國同學會的責任所發行的刊物，針對發表在刊物的文章，曾經作過相關規範限制。

戴：實際上曾發生如下的問題，即有人指稱在會上有人發表政治性言論而將之視為有問題，不過我認為那並非以會的名義發

言，而且東大中國同學會也沒有採取那樣的行動，對於這種個人的發言是不能被禁止的。我要強調的是，必須區別會的行動與會員的個人行為，同學會做為一個組織有其必須遵循的原則，也就是說如果同學會能夠貫徹校內團體的原則，而且不去牽扯政治的話，就不應該對會內的個人言論發表有所限制。又因為如果對於什麼是政治性的，與什麼是非政治性的，沒有一定程度共識的話，根本無法加以區別，其結果將是如果有人談到某些事物時，可能隨即被指為是政治性的，最終可能變成大家什麼事都不能談。

黃昭：談到本會從事政治性活動之事，例如，本會以會的名義對外明確發表本會立場態度的，如周鴻慶事件*1與法國戴高樂政府承認中共，我以為這才是帶有政治性的作法。譬如說，對於政治性問題應該如何理解所提出的發言或書面文字，我認為絕不應該被當成是政治性的問題。如果這樣的作為被當成政治性問題的話，則當本會要討論學術性的問題時，除了自然科學外，將沒有任何可以討論的議題。

政治該被帶進同學會嗎？

陳仁：由於在截至目前的討論中，堅守校內團體的立場與政

---

*1 1963年10月7日，中共「油壓機械考察團」團員周鴻慶，於東京向蘇聯駐日大使館要求政治庇護，本欲前往中華民國，但日本最後將其交給中共政權代表團，押返中國。此作法引起中華民國政府不滿，暫停對日貿易。直到當時日本首相池田勇人宣布遵守「一個中國」政策，才使台日外交獲得改善。

治的中立是主要問題所在，因此我想請各位就這些問題進行討論。首先我想要問的是，在先前所提到的「嚴格區別同學會的行動與會員個人行動是重要的」條件之下，本會做為政治性問題討論的場所是否違反本會中立立場的問題。

戴：我個人的意見認為，本會為校內團體，是一個以促進會員親睦與學術為主旨的團體，而不是政治團體，因此其活動主要還是應該以學術性討論會與演講會為中心。如果自始即以討論現實的政治性時局問題為議題的討論會型態出現，我認為會使本會成為具有濃厚政治味的團體，而且當這種作風太過強烈的話，可能使會員對本會有過度的神經質聯想與反應，結果對本會不就成了負面的影響了嗎？

廖：中國問題或是台灣問題現在是一個非常喧騰的話題，如果東大的二百多位留學生對這些問題全然沉默不發一語的話，我認為這不就太過異常了嗎？因此我還要再一次提案的是，以本會做為一個討論的場所，在此就以台灣問題為例，可以從三個不同的立場角度來進行討論。

劉兆：雖然不能說絕對、永遠不把政治性問題帶進本會，問題的關鍵在於必須考量我們立場的特殊性。我想問題在於是否真的具有相互討論的基礎。如果具有這樣的基礎的話，我希望彼此能夠討論各種議題的這一天盡快到來。為了知道真相，不只是政治，科學的領域也一樣，如果相互討論的話，將發現真相原來是這樣的東西，真相必須這樣去思考才能獲得；如果能這樣來思考的話，則政治也必須用如此的方法來思考的原則，也將可以水到渠成地建立起來。至於說到政治性問題何時可以帶進本會，我想

依然是一個重要的問題，如果說為了將政治性問題帶進來，而導致本會四分五裂的話，就無法讓人了解究竟這是一個為什麼目的而成立的會了。因此我想這還是一個時間的問題。

郭嘉熙（以下簡稱郭）：關於出席同學會活動所想到的是，出席者總是一些相同的老面孔，這種老狐狸齊聚一堂的老生常談的情況總不是好現象，因此期待這一期的幹事能夠創造讓所有會員都想來參加的氣氛。另外，也有必要究明同學會必須保持政治中立的原因，而召開廖先生所說「究明事實」的研究會不是很好的作法嗎？我也期待這一期幹事創造出能夠如此做的基礎。

廖：政治中立有兩種內容型態。就是消極的與積極的，前者的作法是壓抑個人的發言，而把同學會當成只是為了辦理一些康樂活動、參觀工廠與會員聯誼活動而存在；後者則是不拘泥於同學會的立場，提供會員做為彼此討論共同關心事物議題的場所。而根據劉兆禛的說法，同學會目前並沒有彼此討論政治性問題的基礎，但是，積極來建構這種彼此討論的基礎，也就是說單單只是從消極作為轉變為積極作為的話，相信並沒有損害同學會的政治中立立場。我認為這樣的政治中立應該做為今後同學會的營運方針。

劉彩品（以下簡稱劉彩）：雖然有了各式各樣的提案，實際的問題終歸還是在於能否實際可行，也就是得回歸先前所提到的是否具有「基礎」的判斷上來，而且是否能保證提供場所不會引發問題呢？

廖：如果只是演講者來講，而我們只是來聽的話，我想應該沒有問題。

劉兆：就幹事會的立場而言，在提出這樣的企畫狀況下，最終的責任還是必須由幹事來承擔。因此我們也有必要考慮當這種提案引發困擾情況時的因應辦法。雖然廖先生前面談話中提到只是參觀活動或是只是彼此討論時，一再用到了「只是」這個字眼，不過我認為透過這種參觀活動，對於日本社會戰後何以能如此快速的復興以及日本工業生產何以能如此的成長，有心學習的人應該能從中得到很好的學習。而且，不討論政治就什麼都不能溝通的想法也很奇怪，文學與科學也是一個時代的社會反映，透過這些問題的討論，不也是可以掌握社會的現狀嗎？因此，對於召開不同意見者演講會這種非常冒險的嘗試，我認為時機尚未成熟。

湯淑貞（以下簡稱湯）：我開始參與同學會大會活動時沒有什麼朋友，而且什麼事也不知道。透過同學會的活動，我不只交到了各種朋友，而且也學到了許多事情。不過，同學會原先擁有的那種「和氣藹藹」的氣氛最近卻似乎已漸漸消失，大家的發言總是給人帶著一把「劍」的味道。我想這或許跟郭先生所說「老狐狸」之類的話有關係吧。因此，關心同學會的人也必須考慮這些問題吧！

劉彩：意思是說大家都因為害怕而逃避嗎？

湯：不是這個意思，我要表達的是，同學會的運作給人這樣的感覺。

劉彩：我認為這不是同學會運作的問題，我想與其說是幹事會讓同學會帶有什麼樣的色彩，毋寧說是一些出席同學會大會的人，想憑著力量強行將其主張加諸同學會所造成的。

吳：關於這件事情，我想不能說全都是幹事的責任，與其說是幹事的責任，難道不應該認為是出席會議者的想法影響到會議的氣氛嗎？

黃玉：關於上一次同學會大會的問題，在此我要對身為會議主席的自己負起責任。因為會前我是在踢了一場足球之後，頭腦昏昏沉沉的狀況下前來出席會議，加上從來沒有擔任過如此大型會議主席的經驗，因此我想我是該為那次會議的問題負責。

黃坤洸（以下簡稱黃坤）：關於把政治問題帶進同學會的問題，我想感到最為困擾的應該是大學當局吧。一旦引發有如打破蜂窩一般，有著左、中、右各種情況的紛擾的話，東大當局將不知到要對哪一方來負責呢！我記得在大學認可本同學會活動的條件中，有加了不從事政治活動的一項。（這項談話引起了會上一陣騷動）

廖：對於剛才的這項發言我感到無法理解。首先，這是東大的校規嗎？或是對本同學會政治性發言的干涉嗎？不可能有這樣的事情，不論是日本的自治會或是其他組織，都不可能有這樣的事情，只對外國人的團體加上這種限制的作法真是奇怪。

黃坤：那不是干涉，實際上日本人本身從事政治活動的話是比較容易控制的，但如果是外國人從事政治性活動而日本人欲加以控制的話，所產生的問題是不一樣的。

廖：實在太奇怪了……。

劉兆：我實在不知道要如何理解這件事情，不過確實是有過這樣的事。在我擔任幹事時曾有一次要辦理川崎煉鋼廠的參觀活動，當時曾請擔任顧問的長谷川老師寫介紹信，在介紹信最後地

方有一行類似「該會是一個政治中立的會，請放心」的文句。我對此感到非常的不可思議，在此只不過是向大家報告有過這樣的事情而已。

戴：我想這可能是黃先生的錯覺，同學會絕對沒有以不從事政治性活動為條件，來換取學校給予校內團體承認的事情。如果黃先生所說屬實的話，連支持大使館也都會變成不當的舉動。剛才劉先生所說「最後一行」的事，結果不正是用來表示這個團體不具有特別的政治意味，以及讓參觀行動更容易被川崎煉鋼廠接受的條件而已嗎？並非是為了獲得校內團體地位的承認，而不從事政治性活動的條件。我們自主地成立這個會，組織東大中國同學會，並不是以從事政治活動為目的，而是順應當時的氣氛，以學術性與促進會員友誼為目的而登記為校內團體，絕不是「為了方便日本人容易控制中國人或是中國留學生」，讓學校加入一條限制規則。當時的校內團體是由我去登記的，在此我要再一次表明，絕對沒有那樣的事情。（此時餐飲送了進來）請各位慢慢享用，因為現在我最為空閒（突然間不知從哪裡冒出了一句「是不是太胖正在節食」的話來）。

剛才各位對於為何大家不踴躍參與同學會活動提出種種意見，不過我覺得，最終還是要看同學會的運作方法如何，才是決定能否聚集大家前來參與活動的條件。例如，像是上一次的同學會大會，主席會前去踢足球，而且會場上竟然沒有任何的接待人員，有的幹事到了兩點半時才滿不在乎地來到會場，我實在懷疑這個幹事會是否真的有在用心任事。到了會計報告時，報告者說出「結餘一萬餘圓，有結餘實在太好了」的話之後，做出一副笑

嘻嘻的模樣，會場上每個人原本的氣氛也因此被破壞殆盡。同學會是一個多達200人的團體，相關的事務如果道理不通可不行，因此會計報告沒有會計報告的樣子，還真是讓人感到困惑。我認為這不是個別幹事不好的問題，而是沒有能確立幹事會整體為事務成敗負責的體制所致。例如，在我擔任總幹事時，有一次發生有人對於一篇文章是否應該刊登於《暖流》的問題提出了抗議，當時有一名幹事竟然說出了如下的話來：「唉呀！那不關我的事，我沒有看過那篇文章，那是戴先生等人決定的。」雖然說幹事會是以多數決來做出決定，但是一旦出席幹事會，當然要共同為決定負責，縱使沒出席會議，那也只是放棄自己做為幹事的權利而已，不能以此做為逃避責任的藉口。

發生問題或是發生會員爭議等，這都只不過是會員間常識性的問題而已，但在這裡我要特別強調的是：編輯《暖流》時，每一名幹事都須仔細閱讀各篇文章，將來一旦發生任何問題，因為是在幹事會的編輯會議上做出的決定，幹事會就必須為決定負責，也就是說不論面對怎樣的壓力，我希望都能貫徹幹事會整體負責的原則，這是我的第二點意見。我要提出的第三點意見是，如果幹事會活動企畫少的話，就不容易讓會員齊聚一堂。換言之，即使有人沒有參加這次的座談會，還可以參加其他的活動，也就是說要經常給予會員們參與活動的機會！因此，基本上我還是期待幹事會能夠做更多的活動規劃，當然，也期待多做出一些能夠吸引會員參與的活動企畫來。

劉彩：幹事會經常聽到多做一點、再多做一點的意見，當然，只要有可能，我們都願意去做，不過我想問題在於，要如何

做才能夠讓更多的會員願意來共聚一堂。剛才有人提到質重於量之類的話來，不過像老狐狸級的會員自不待言，而建構一個更多人想來參與活動的會才重要。現在的情況是許多人即使是只有一點點小事，不，常常是即使沒有任何事情也都不想出席參與活動。因此，想要聽一聽各位關於應該如何做才能將大家聚集在一起的意見。

　　戴：我所說的重視質，並不表示說只要能聚集個五、六個人也就好的意思，但關於活動企畫的問題，當然是希望能提出最多數人的最大公約數企畫來，因此沒有必要動不動就要用花錢方式來吸引會員參與活動。我認為幹事會對同學會負有兩項使命：第一就是規劃大家認為好而且又能讓大家願意齊聚一堂的活動，另一項則是提高活動的品質。

　　劉彩：不知道大家認為要如何做才可以達到這種目標呢？

　　戴：因此就是要增加活動聚會的次數。

　　廖：兩個人的發言內容有很大的出入，誠如戴先生所言一般，多舉辦聚會的話當然很好，不過現任幹事正努力摸索嘗試，但劉小姐在此是希望聽聽大家的意見！當然，大家都知道多辦聚會是很好的事，只是劉小姐現在所要問的是，怎麼樣的活動企畫比較好。

關於同學會的具體運作

　　陳仁：關於如何讓同學會氣勢興盛起來的問題，大家提到了各種多辦聚會的意見，但在此首先必須考慮的是所謂學術性研究

會與演講會等意見，具體而言是要舉辦哪一種性質的研究會好呢？怎麼樣的運作方式比較好呢？想請各位就此進行討論。

謝世輝（以下簡稱謝）：參觀工廠是相當容易吸引人們參加的方法，不過若是舉辦得過於頻繁的話也會顯得奇怪，一年辦個一次或兩次應該算是適當吧，至於討論會或是演講會，我希望每年至少能辦大約兩次左右。至於其他方面，像是康樂活動、舞會或是年終的忘年會等，不知大家的意見如何。

劉兆：我的提案則是，若是為了讓本會氣勢興盛，也須聽聽新人的意見，不知新幹事們究竟對同學會有怎樣的看法？在此倒是想聽一聽他們的意見。由於目前就有新幹事在現場，如果不請他們發言的話，我們這些老人也無從知道新人的想法，若不這樣做，討論就不成為討論，也就是說這場座談將淪為老人用舊想法來判斷情勢與談論事務。

劉錫江（以下簡稱劉錫）：這場座談會還是來聽聽老幹事們的意見，之後於幹事會來討論這些意見，再將其中的可行內容付諸實施。

劉彩：關於新一任的幹事抱負的問題，想到要舉辦一些什麼活動時，我想要借助各位前輩的意見來進行決策判斷。但是在這裡我有如下的疑問：我想同學會成立至今，還不能算是一個具有豐碩成果的會，不知造成如此結果的原因何在？為了脫離這種會務停滯的狀態，請各位對今後所期待與所關心的事情提供寶貴意見，也就是說，我想要聽聽各位究竟關心的是什麼？

廖：我先前已經做出的提案，在此先暫時保留下來，之前所舉辦的集會，例如像是在學術性的討論會上，要選定普遍性的學

科議題會有困難。因為研討議題的不同，只會吸引對該議題有所關心者的聚集，其他不關心該議題者則不會出席，因此想要讓很多人參與純學術性集會是很不切實際的一種期待，毋寧說應該要打出最為多數人關心的話題，或是與大家關心事物的話題為議題。例如，我們可以參考日本綜合雜誌的編輯或集會，以及各種文化團體與話題，都是拾起當時社會關切的話題來吸引社會大眾的關心注意。因此，如果今後的集會多參考日本雜誌處理問題的方法的話，不知大家意見如何？這是我想提出的第一點，接著的第二個提案是，如果幹事不能確認要舉辦怎樣的集會比較好的話，不知大家對於用民意調查方式來做決定的看法如何？也就是調查會員們希望舉辦怎樣的集會，再於幹事會上討論這些意見並做出決定，如果能夠如此的話，不就可以一定程度地理出頭緒來嗎？

　　吳：在我擔任的時期就曾經做過一次意見調查，但發出180封的調查信只回收30封，回信意見分為三大類，有的支持討論台灣問題，有的主張舉辦學術研討會等。意見調查確實是一個不錯的構想，不過現實上卻經常是徒勞無功。

　　戴：同學會裡對會務不關心的人非常多，因此即使發出問卷也沒有什麼成效。毋寧說採取平衡的作法，例如規劃學術演講、舞會與參觀工廠等各式活動，再於每次活動中聽取大家的意見，如果習慣於這樣的安排，不就可以讓大家齊聚一堂嗎？只是幹事們必須特別辛勞。

　　廖：我認為大家參與度不高的原因之一，是多數人關心的議題沒有被同學會重視的結果，因此可嘗試討論更為大家所關心的

事，比如說像是現在的時事。

　　戴：那是政治性的關心事吧，不過政治性的議題是否能讓大家勇於出席是另一個問題，例如像是尾崎先生的座談會，在我等大約十人中還有人說出「為什麼定題台灣史？這樣很難讓人出席，令人困擾」的話來，所以說題目的選定確實是個非常微妙的問題。

　　廖：我想這是一個很好的討論話題，至今的四年裡，會務的運作在最大公約數的原則上面臨了會務停滯的困境，這個問題「不在於麻煩不麻煩，而在於會員的不出席」，因此，我認為現在不正是我剛剛所提到的，「由消極轉向積極」的適當時期了嗎？

　　劉兆：我想提出一個較切身的個人問題，如果說現在是您說的「時期」的話，我就不能理解為什麼您與其他人在非常富於使命感的從事各種活動時，都還要使用假名，我想之所以會這樣做，不正是因為還是有所擔心嗎？大家還是應該更加聽取多數人的意見再來做決定，如果說現在就應該把那些議題帶進同學會的話，時間不是還嫌太早了嗎？

　　戴：結論應該是這樣吧，也就是即使是辦個舞會、聚餐或是旅行都可以聚集個五、六百人，但這並不需要我們去加入，因為我們是一個性質上不同於其他團體的東大中國同學會組織，讓大家共同來思考如何才能增加聚會次數吧。

　　楊〔譯註：原文未註明此為楊天溢或楊榮宗，以下同〕：導致同學會無法多聚會的原因，除了不關心之外，大概是許多人有所恐懼害怕吧。

謝：雖然沒說不要把政治帶進同學會，但現在還不是談論激烈議題的適當時期，這不是大部分人的意見嗎？

戴：我認為因為恐懼而不來的想法並不正確，根本的問題在於我們之間所存在的奴隸思想。

謝：我認為大家不來參與集會活動的原因有兩個：一是幹事的責任，另一是會員的責任（笑聲）。在會員的責任方面，就是要消除有「老狐狸會員在做」的偏見，而且一部分人對同學會產生的負面影響，這些人也應該知道自我謹慎反省。在幹事責任方面，則是須針對大家所提出導致會務停滯的原因，採取積極破除的方針。

楊：最終我期待幹事會不要採用過度激烈的方法，反倒是可以推展一些會員啟蒙的活動。

謝：是不是有誰可以對於集會應該用什麼樣的議題提供具體意見？

陳仁：關於現在所討論的問題是否有何提案建議？也就是說有沒有對學術演講與演講者有具體的建議？

黃東熊（以下簡稱黃東）：關於這次所討論的「為何無法使會員踴躍參加聚會」，對此我認為原因非常簡單，其中一個是大家忙於打工或致力於學業而無法出席，另一個是同學會的活動不能為他們帶來什麼好處，因此他們會覺得與其參加同學會的聚會，還不如在家隨便多看一頁書，或是隨便到一個地方打工多賺個一分錢都好。我認為我們也必須考慮大家來參加聚會可以得到什麼利益的問題。

吳：我認為這不是個人忙不忙的問題，這可以從前面所提到

「能參加時還是會來參加」的情況得知。原則上這是一個必須等待大家自我覺醒才能完全解決的問題，不過，正因為在這種狀態下幹事負有責任，大家才會在這裡煩惱，才會在這裡共同思考如何建立一個讓大家更愉快，而且對大家更有益、大家願意聚集的同學會的問題。

　　謝：我擔任幹事時，曾經邀請寫過中國留學生史的實藤〔譯註：原文さねとう，應指的是實藤惠秀〕先生來演講並舉辦座談會，記得當時確實有大約四十人參加。由此可知演講會與座談會也有可能吸引相當多的人參加。雖然四年前已經辦過了一次，如果現在再來辦一個關於留學生生活的座談會，不知大家覺得如何。

　　戴：我想那是相當不錯的構想，不過如果是像郭先生所說那樣，只有老狐狸會員出席的話，同樣的題目恐怕就不太適合。還有，時代氣氛也是個問題，當時與現在的情況已經有很大的改變，同樣的題目是否還能吸引大家出席也可能有疑問。可能還是要像剛才黃先生所說那樣，大家可以從參與同學會得到什麼利益的問題在幹事會上來共同考量。

　　劉彩：我在新幹事會擔任學術會務，對此有如下的構想，不知大家認為如何。例如，與我們關係比較深的亞洲問題，特別是以現在持續發展變化中的東南亞情勢為題舉辦演講會，不知是否合適？

　　戴：不過若是這樣做的話，就還是回歸到黃先生所說，亦即大家能得到些什麼好處的問題上，恐怕還得再深思。

　　劉彩：我們不能總是期待是否能夠讓會員得到什麼回報或是

利益，應該要能夠喚起大家的自覺與注意。大家應該也都知道，自覺是無法自然達成的，還是得要有人從旁不時地嘮叨提醒才能促成。

戴：邀請東南亞專家討論寮國或越南問題是一種啟蒙的工作，不過像我們留學生關心對這類問題的人恐怕不會多吧？想當作吸引會員參加的問題，恐怕不太容易。當然，如果有即使十個人出席也要辦的話，要辦這樣的活動也無妨。

劉兆：以下是我的個人意見：先以民意調查或是直接面談的方式聽取會員的意見，在幹事會討論彙整的意見後再做出結論如何？如果不考慮這麼做的話，那麼就不要將太過激烈的議題帶進同學會，如此，讓同學會成為會員集會場所的作法不是很好嗎？

戴：在此之前印象比較深的聚會有湯小姐所企畫的忘年會，以及邀請李定一的中國近代史演講會。忘年會的出席狀況相當踴躍，氣氛也很棒，演講會大概有50人出席吧。

謝：忘年會與會員大會有很多人出席！忘年會一定要繼續辦，因為這是提振同學會聲勢的一個大好機會。

湯：忘年會只是形式的話，就不好玩。

戴：不過若能經常舉辦輕鬆的忘年會或是工廠參觀，讓參與活動的人有「這些人在做這種事啊！氣氛不錯喔！」的感受，接下來這些人或許會來出席學術性演講會也未可知。而且說實在的，我想東大的學術演講會與其他團體舉辦的演講會相比的話還算不錯，我們的問題主要還是在於題目，題目是要與大家所想有關聯的，那麼演講會大家不會來嗎？當然題目確定後，接著就必須在演講會前進行宣傳活動。

謝：用明信片通知每一個新會員，促請他們前來參加，應該是不錯的作法。

戴：新人不了解同學會，因此，首先的工作就是先讓每一個人熟悉習慣本會，如果大家都能相互理解的話，他們就會知道東大中國同學會不是什麼危險或奇怪的會，接著他們或許能積極參與同學會也未可知。

謝：算是我之前的經驗談吧，在剛當上幹事時大體都很有戰鬥精神，但到後來，就愈來愈沒有熱情。選舉早的話，例如五月甚或是四月底就舉行，如果到六月左右，積極的戰鬥精神在暑假期間就磨滅殆盡。因此，暑假前辦個活動應該是不錯。

戴：不過，幹事會總是會有兩三名不具戰鬥精神的幹事存在，結果相關的責任都得由其他幹事扛起來，實在是很麻煩。總之，在此要請各位多多努力加油。另一個重要的問題是，在一個企畫完成之後，一定要緊接著進行新的活動企畫。

吳：我經常保持有三個活動企畫的準備，而且隨時都在尋求新的企畫構想，即使其中的一個活動企畫實現了也不中斷，持續進行規劃構思，若不如此的話，一下子半年就過去了。

（接著有一小段時間大家進行無關的雜談聊天）

劉彩：現在要談一個不同的話題，這裡的各位都曾擔任過同學會幹事，是否請各位再一次將你們不滿之處以及造成這些不滿的原因加以整理，並向大家報告呢？

戴：在我擔任時期，每一個位置都有能力不錯的人擔任，真的是得到大家很大的幫助，不過對於事前訂好時間的幹事會，還是經常碰到有兩三個人拿出類似「今天不巧有個○○會，無法出

席幹事會」的話來當藉口。另外，認為當幹事可以出名、出風頭因而只想幹些漂亮事蹟的人，對同學會而言是不需要的。不過無論如何，不可因幹事會的爭議或是同學會不能有效聚集會員等有所失望，請為同學會多多加油。

黃東：雖然是說並不要失望，不過我們總是一個平凡人，如此自我犧牲，所換得的卻是時常不知為何而做的結果，相信任何人都會有厭煩不滿的感覺。

關於《暖流》雜誌

陳仁：《暖流》漸漸帶有同人雜誌的傾向。即使對外發出募集文章的通告，最多也只有兩三篇的來稿。

劉兆：我想這是不是一般雜誌的傾向嗎？不只我們的《暖流》有這種傾向吧！

戴：對於《暖流》，我抱持著希望它能「拓展成為發表論文的機構」的理想，外部的人看到它刊載的優秀文章的話，可能因而解決了某些人的就職問題也未可知。其次是希望它有可能發展成為日本的學術性雜誌。我的目標是在三、四年後將《暖流》發展為學術性的叢書，如果能朝此方向走的話，《暖流》不就可以發揮其使命嗎？

楊：到目前為止的《暖流》似乎給人一種只是集結文章而加以刊載的感覺。

戴：是應該以特定的主題做為中心來進行編輯。

楊：不必然要有特定的統一主題，不過希望能朝著值得稱之

為編輯的方向來發展。

　　戴：出現同人雜誌傾向當然是值得大家擔心的現象，不過如果《暖流》的品質夠好的話，相信大家都會想要看它，不就自然會認真投入去做嗎？

　　陳仁：時間已經很晚了，今天的座談會就在此宣告結束吧！

　　　　　本文原刊於《暖流》第6號，東京：東大中国同学会，頁2～13，1964年11月。原題「幹事の集い」

戴國煇的學術成就

　　本年夏天，日本東京大學（原東京帝國大學）頒布博士、碩士學位授與，在數十名博士、碩士之中，代表農學部接受證書的是農業經濟博士戴國煇，他是中國人，也是中國人在東京大學取得這項學位第一人。不但如此，也是東京大學有史以來第一個農經博士，因此受到校長的敬重，特別趨前握手向他道賀，這是戴先生個人的光榮，也是中國人的光榮！

　　戴先生祖籍廣東梅縣客家，幾代以前遷來台灣楊梅，以後在中壢定居，因此他會說客家話也會說閩南語，梅縣、楊梅，加上梅花是中國的國花，他又是中國人，院子裡最多的又是梅花，因此他把自己依山的庭園，命名為「梅苑」。

　　他中學前半在新竹中學念的，後半在光復後的台北建國中學念的，大學是現在中興大學的台中農學院讀的，修的是農業經濟，畢業以後考上日本東京大學大學院農經科，在民國44年東渡入學，兩年以後取得碩士*1，又八年才取得博士。他夫人林彩美原是他台中農學院農經系同學*2，後他三年來日，在東京結婚，

---

*1 於1958年取得碩士學位。
*2 為小三屆的學妹。

也在東京大學讀農經，早年業已取得碩士，現在也在攻讀博士，夫妻倆同在東京大學讀一樣科系而且同修博士，傳為留日學生佳話。

　　十年寒窗，戴博士夫婦是經過相當艱苦的，家鄉雖然在台灣，可是卻得不到絲毫接濟，因為他們中壢戴家人口眾多，食指浩繁，又並非富有，因此不可能有餘力分給他們，同時他們也不接受家庭的接濟，引為恥辱，生活就靠夫妻倆課餘兼任家館微薄束修來維持，捉襟見肘，窘況是可以想見的。其間全仗他夫人苦心安排，才得撐持下來，戴先生之能安心讀書以臻功成，林彩美女士的相助之功也是不可抹煞的。

　　難得的不僅是生活的刻苦，而是他夫婦倆思想觀念的偉大和正確，他們沒有一些本省人和外省人的那份狹義偏見，什麼時候都是站在中國人的立場上看事和講話，他認為做為一個中國人而自豪，連他四歲的孩子——興宇在一群日本兒童遊戲之中也嚷著：「我是中國人！我是中國人！」他把觀念都灌輸到第二代身上了。

　　　　本文原刊於《新聞天地》962期，1966年7月23日，頁11。由記者黃揚報導

思考同學會應有的狀態
——東大中國同學會歷屆總幹事座談會

◎ 蔡秀美譯

時間：1971年3月7日下午5至9時

地點：學士會館（本鄉分館）

與會：戴國煇（第1、2屆，1960至1961）

　　　謝世輝（第1屆，1960）

　　　黃昭堂（第3屆，1962，書面參加）

　　　陳仁端（第4、5屆，1963至1964）

　　　凃照彥（第6屆，1965）

　　　陳能敏（第7屆，1966）

　　　劉進慶（第8屆，1967）

　　　陳文政（第9屆，1968）

　　　張勝凱（第10屆，1969）

　　　盧顯仁（第11屆，1970）

主持：賴石傳（第11屆，1970）

　　註：由於第3、4、6、7、9屆的總幹事已經離開日本，所以由當時

的幹事代理出席。

11年的歷程

賴石傳（以下簡稱賴）：所謂「十年一昔」，東大中國同學會成立以來，已經過十年的歲月。此一期間，同學會的足跡在《暖流》中可略窺其一端。本會創立以來，各屆總幹事幸而仍在東京，勞駕各位前來，也想聽聽各位的辛苦經驗，希望能探究同學會的原點。

竹子雖是中空，但之所以能耐強風，不外是每一成長都產生竹節之故。本會亦為了明日的躍進，而回顧十年的足跡，全面再檢討本會的情況，希望能產生竹節。因此，今天座談會的召開具有此一意義。

然而，在請各位發言前，我先談談個人對於本會的看法。先從結論說起，本會具有自主性的活動似乎已出現轉折點。我想這正是由於如下述本會體質的脆弱而造成的。亦即是本會存在的問題，其一為既是新的也是舊的問題，係參與本會企畫活動者難有突破。其二為財政基礎未能確立，尤其是發行《暖流》之際，坦白說特別令人憂心忡忡。去年〔1970〕總會雖決定以幹事會兼任《暖流》基金委員會的形式出發，但實際上幹事會全力投入本會的企畫活動，已無餘裕顧及，因此而擱置也不能解決問題。其三為與OB〔譯註：old boy的略稱，意指畢業生、前輩〕的關係薄弱，亦即是OB對本會的關心淡薄。最後則是新的問題，本會會員數目漸減少似乎是最近數年間將出現的現象。這從最近在學人

東大中國同學會的幹事合影，左起：林清贊、謝世輝、吳讓治、戴國煇、邱淑枝、廖春榮等，1960年（約）（林彩美提供）

數顯著減少可推知，原因之一，乃是東大當局招收留學生方針的改變。現有會員130名（包含OB則近200名）的團體，成為四、五十名或以下的小團體時，對抗內外嚴苛的風雨而能否持續自主性的活動，令人憂心。由上述各種現象顯示，同學會已來到轉折點，雖不免有誇大的表現，但關於這些問題，仍希望聽聽各位的高見。

　　戴國煇（以下簡稱戴）：儘管賴先生的報告中，提到入會學生數減少，是因大學方面招生制度改變所致，但我未必這麼認為。不如說東大當局變成開明了吧。我抵日時，只有早稻田大學有招收外國學生的制度，東大方面如何處理外國學生，仍全然不

明朗。發給入學許可證（admission）等事，乃是最早來日留學者經過相當努力後的成果。最初，東大連究竟書面審查是什麼都不知道。

　　若無入學許可證，則台灣無法辦理出國手續。為了讓當局了解這點，頗費苦心。先發給研究生入學許可證，到日本之後參加考試而入學的過程，乃是大家的努力所致。茲再稍微談談前輩們的辛苦。第一，關於免除外國學生的學費，當時完全沒有施行，若自豪地說，似乎是以我為中心進行奮鬥取得。最初學則中有規定，亦給予外國留學生免除學費之特別待遇，然而以什麼方式給予，則未明白規定。我也曾與台灣大使館文化參事處進行交涉。當時文參處的參事為宋越倫先生，另一位專員是徐飛，他們表示免除學費關係到國家的面子，而說不可，所以緊抓住面子不放。我也有所堅持，多方交涉的結果，大使館終於發出類似推薦書或證明書的文件。現在究竟如何不得而知。第二，為了參加入學考試，需要大使館的推薦書，關於此事，我也長期與大學交涉，可是現在不必了。蓋因我們已經在台灣接受留學考試，若必須台灣大使館再推薦一遍，不是很奇怪嗎？第三，與東大當局並無直接關係，而是有關結核病預防法第35、36條的適用問題，究竟全額或部分補助，有各種的爭論。罹患結核病並非我們的責任，亦即是進入日本之前，照理日本大使館已有查核。抵日後罹患結核病，我們毋寧是被害者。最後外國留學生亦一體適用。

　　像這樣，我認為日本方面的招生制度與昭和30年代相較，已更加開明。其後，隨著日本與亞洲的關係迅速密切化，日本的大學關係者開始出外遊學，因此處理外國留學生的想法更加深入。

僅根據數字，對於像賴先生這樣的判斷，我有一些異議。這是事實確認的問題。第二個問題是，若人數減少則抵抗來自內部或外部壓力之力量將減弱，並將此做為事實的確認，只依數字思考，是有一些問題吧。就我的理解，如前所述，東大當局毋寧是呈現善意的。我認為世代漸次年輕化，而有了日語的問題、從台灣出國的問題，以及直接前往美國較好等各個因素，才造成留學生數量減少。因人數減少而無法抵抗內外的壓力，似乎有些奇怪吧。就向來的本會觀之，我想大多數的人都只在觀望。不如說是因為幹事們努力的結果，與人數沒有直接關係。我覺得問題在於做為會員的自覺之問題。東大中國同學會的情況，係做為校內團體，以在學生為中心的組織。一言以蔽之，OB的問題是非常困難的。關於與前輩的關係應該如何，我想在稍後與各位一起討論。不過，我想人數減少一事，我們即使擔心也莫可奈何。

　　謝世輝（以下簡稱謝）：戴先生說是昭和30、40年代，我想不如分為西元1950年代、1960年代、1970年代較為合適。我來到日本是昭和28年，也就是1953年。我想或許是戰後最早留學日本者。1950年代時，由於日本官立大學拒絕招收留學生，所以用私人的關係就讀私立大學。然而，因為我們的努力，使得國立大學敞開大門。雖然1950年代入學相當困難，但1960年代相對地容易，這是事實。就1970年代最近的傾向觀之，令人憂心困擾的是由於東南亞（留學生）的水準低落且容易入學，輕易地畢業並回國後，在本國被指稱日本的大學程度竟然只有如此，如果被這樣談到就傷腦筋了。因此，可以說變得嚴格吧。關於人數減少一事，我想與其說是問題，不如說是熱心會員的比例問題。相對

的，人數減少時，會員相互間接觸的機會相對增多。而且，從日本的物價來看，經濟上不得不仰賴OB的援助。

賴：關於本會最初成立的經過，我想向當初創會的各位請教，以便做為今後本會營運的參考。

戴：我認為謝先生的時代區分較為適切。1960年代後人數急遽增加。當時我被選為總幹事，相當堅持地貫徹了自力精神。如同中國的諺語說，「有奶便是娘」，只要出錢，誰都可以是贊助者，我強烈反對這點。既然身為知識分子，我覺得不能做這種事。即使關於總幹事的角色，當時的經過及幹事會的氣氛而形成這種方式。當時有各種狀況，因為係向「學生課」登記，所以屬於校內團體。總幹事只不過是聯絡者，而且由於本會的運作係採取民主的合議制，所以經由全體幹事的同意方得運作。我認為總幹事沒有任何的權限和權力，且不得握有權力。其後，關於《暖流》向外收取廣告費一事，當時本會已經建立主體性，若僅收取廣告費，我認為不會受影響所以贊成，並接受捐款。大體上，我想東大中國同學會似乎不會接受帶有奇怪條件的援助。

儘管對東大中國同學會的名稱有各種的意見，但為了讓華僑及許多人可以入會，所以經過大家的討論，而訂定此一名稱。事實上，「暖流」的刊名也是採公開徵求的，絕非幹事會所決定的。

謝：1959年的忘年會上，約有四、五十人在駒場聚會。至那時為止的同學會是有名無實，聚會的話只是吃飯而已。到了1960年春天，此一中國同學會開始起步，當時被選為總幹事的是戴先生，我則是學術幹事。戴先生不論什麼事情，總之，他身為總

管，非常用心地經營本會。當時也有在日華僑，有各自不同立場的人，所以掌理本會的戴先生貢獻很大。

戴：關於《暖流》作者不可採用筆名一事，老實說是幹事會所決定的。這是因為幹事會無法完全承擔此一責任。雖然並不是不接受政治性的文章，但盡可能避免。卻以去除政治性正是最具政治性為由，受到強烈的抨擊。不過筆名確實僅曾使用過一次。

賴：本會會則〔參見《全集》16〕係致力於會員的親睦、並促進相互研究之實，以及生活的互助。與此相關的是，例如，每個會員基於自己的思想信念而產生的問題中，本會的介入將關係到本會的分裂。因此，本會該努力到何種程度、基準或尺度宜設定在哪裡是困難的。

戴：此一會則是由一些人制訂的。儘管法律系的人看後說缺點很多，但也沒做什麼修改。關於生活的相互扶助，由於當時（1959～1960年）日本人對侵略中國的罪惡感仍相當強烈，所以我本來想訴諸日本人的善意，對日本人進行街頭募款，並以此一募款為中心成立留學生會館，做為促進中日親善的場所。其後，我認為此舉將產生許多問題，遂放棄此一想法。因此導致生活的相互扶助流於有名無實。

賴：以淺近的例子來說，在校外發生了會員個人有關的事件。因為那是關於人權的問題，本會能出面介入到什麼程度呢？例如劉顏事件*1之際，當時總幹事劉進慶先生介入，也就是說做

---

*1　1967年8月，東京大學台灣留學生劉家欽、顏尹謨因主張台獨遭到逮捕，此舉引發部分在日留學生的抗議。

為會員的人權、福祉或利益等密切相關的問題，所以不問意識形態。與此對比的是去年的劉彩品女士事件[*2]。發生這樣的事件時，本會的界限該放在何處，希望聽聽各位的高見。

劉進慶（以下簡稱劉）：在進入上述問題的討論之前，我認為宜先敘述11年來本會大致的梗概，然後隨著時間的推移，探討本會的原點。

賴：那麼，請各屆的總幹事發言敘述。依順序，先從第三屆的黃先生開始。

黃昭堂（以下簡稱黃）：我並不是總幹事，而是第三屆的普通幹事。

我記得，儘管對於其他的同學會也是如此，但對於東大的同學會，來自權力者方面的政治壓力似乎相當強烈。由於像這樣的壓力大致上係由總幹事承受，所以擔任該職務的人應該是非常辛苦吧。不過，我認為本會竟能存續至今日，實在不容易。

雖說是幹事會，大體上做事情的是總幹事，此外，若有兩三位願意協助的幹事還可。因此，與其說該年度的「幹事會」是否活躍，不如說應該以該年度的總幹事是否活躍，而進行評價吧。

我個人認為，同學會的名稱似乎是奇怪的。無論實體如何，「東大中國同學會」之名稱，乃是以方便同學們參加做為考量而定，也就是妥協的產物。明年似乎將是改名稱的時期。

賴：對於黃先生的意見，我是這樣想的。抱持各種不同想法

[*2] 1970年劉彩品的中華民國護照遭台灣駐日大使館拒絕續簽，引起劉女士等的強烈抗爭，並獲得日本支援團體的後援，結果劉女士放棄台灣護照，改拿中華人民共和國護照。

的人們，能夠像這樣在共同的溝通場所，並且持續十年以上，是非常珍貴的。若探討其原因，怎麼說也是從同學會成立最初以迄今日的一貫原則——不得將政治活動帶進本會中之不成文規定。在本會之外為會員的自由，唯在希望本會繼續存在的範圍內，不得不在本會中大體上禁止政治性，則為實情。也可以說是做為校內團體的局限。

　　陳仁端（以下簡稱為陳仁）：茲粗略敘述個人的感想，我連續二年擔任總幹事，大體上平穩地經營。當時最費神的是校內團體及政治中立。另外則是本會的團結，務必要避免本會的分裂。

　　無論是學術討論，還是《暖流》的編輯，由於幹事均有各自的政治立場，所以進行調整之後，以幹事會的全體意見決議。最令人高興的是丸山真男先生的演講會。我連續擔任兩屆，並未有特別大的困擾。

　　涂照彥（以下簡稱涂）：經濟學部方面，擔任幹事是依所謂的「年功序列」而決定的，我之所以擔任幹事亦是符合此一序列的緣故。經濟學部在「立場」上並未有大的歧異；加上，因為大家都很忙，乃以「年功序列」來決定。正好出現與法學部分別產生幹事（為了聯絡的方便）之情況，也是使之容易推動的要因之一。總幹事是劉錫江先生，我則擔任會計幹事。本會的會計更加明確似乎是從我們這一屆開始。例如，設立「醫藥基金」（正確的名稱忘了），以及在郵局開設存款戶頭，均為其一端。因此，我們特地備置本會的印鑑。當時的事務中現在還記得的是其一，先前的幹事會出刊《暖流》一年二期，我們因為經濟和能力方面均無法做到，所以回到出刊一期。我們的幹事會在某種意義上，

就像「延長內閣」一般。蓋劉錫江先生和劉彩品女士均是前屆幹事會的成員。而最近幹事會的情況,似乎就像幹事會員大換血之所謂的總辭職的狀態吧。(笑)

戴:不,最初就有留下兩三位前一屆幹事,讓本會順利經營的意圖。

涂:那樣的意圖並未影響到經濟學部。我身為新人,似乎也不需怎麼操心,即可順利地經營會務。也許是因為總幹事認真負責,所以工作沒那麼多,唯取而代之的是幹事會每兩週開會一次,就這一點來看,總覺得似乎頗為忙碌。

另外一件我記得的是,關於舉辦晚會的事。我以擔任會計的立場,最擔心的是收入與支出能否平衡。

而且,若就時間的演變觀之,本會成立至今已有十年,我們的時期可以說正處於中間位置的1966年左右。似乎正因為如此,所以還沒有出現可以特別提出的大問題。

陳能敏 (以下簡稱陳能):我代表宋明順先生,簡單地介紹第七屆的概況。

由於這一期的《暖流》最薄,也就是頗為寒酸,我身為學術幹事感到責無旁貸。非常抱歉。

由於幹事間意見不太一致,所以五所大學的聯合晚會發生許多不愉快的事情。但是,我確實還記得此一聯合晚會非常盛大地舉辦。

關於《暖流》,雖然也是因為各幹事欠缺責任感所致,但因稿件不足,不得已而附上OB及會員的名簿。

劉:我是被經濟學部「推出來」的人。就任總幹事不久,我

已感覺到本會出現鬆弛的情況。雖然剛才陳能敏先生就《暖流》一事，客氣地表示道歉，但我認為我的前一屆同學會的活動相當活躍。因此，我想陳先生的時期並不那麼衰微。只是可以看見的東西，亦即未留下許多文章而已吧。

關於我這一屆，從接任開始，為了挽救本會的鬆弛，乃在幹事會與會員之間緊密聯絡之意義上，開始每月發行會報。

儘管我們大致上依照慣例舉辦過去一般性的活動，但即使是那樣的情況，我想也要稍微去突破至今仍被視為禁忌的事情。例如即使在政治上抱持鮮明立場但在學問也有相當成果的人，不管其政治立場如何，我們都設法邀請其前來報告和討論。連大家心裡所想的但未說出口的事情都光明正大地討論，在幹事會提出時，即出乎意料地獲得贊成。因此，我們也邀請宋越倫參事及王育德先生舉行學術討論會。對我而言，可以說是命中註定的相遇吧。宋參事蒞臨時，前述的劉顏事件在會中被提出。

在這裡，關於劉顏事件，剛才賴先生提及本會的態度之問題，遇到此一事件，我個人陷入苦思，並自我省思著，若這兩人的事件本會不介入，那麼本會存在價值何在。根據會則，本會的主旨係致力於會員的親睦、學術研究、生活的相互扶助；就我個人的解釋，關於劉顏兩人的問題，我認為的確本會做為代理會員利益的團體，為了會員的利益，不出聲不行；至少必須將事實關係公諸大眾。這是攸關本會態度的基本問題。於是，我提出各種問題，例如，提出關於留學生活的言論思想問題、關於基本人權問題等即是。加上，我覺得不只是做為會員，同時也是做為全體留學生，上述問題具有不得不提出的性質。關於必須將事件公諸

大眾一事，當時幹事會的行動非常一致，我對這一點也非常感動。真是一群非常明白事理的幹事們。我也受到其支持，而打算做應該做的事。當時雖然也有各種壓力，但我徹底堅持嚴正的立場，完全不顧個人利害地做事。還有，由於劉顏兩人以中華民國留日同學會的歸國訪問團團員於返國時被逮捕，所以我認為當然有必要向「中同會」〔譯註：中華民國留日同學會〕詢問情況。然而，「中同會」採取完全置之不理的態度，我不得已乃向所有在日留學生團體告知事件經過。也就是透過喚起輿論以進行申訴。因此，導致眾議騷然而有了各種意見，各位也已知悉。

關於《暖流》，因第九號過於單薄，所以本屆幹事會基於研究者的集團之自覺，獲得會員及各位幹事的協助，第十號《暖流》才有這樣的成果。關於會務的經營，會員雖裝作漠不關心，但絕非如此。只是能否轉變成行動而已，關於這點我學到很多。

陳文政（以下簡稱陳文）：我代表總幹事林清涼女士出席。林女士是非常熱心的人，若出席的話，我想將可提出許多話題。可惜的是林女士已經回國，無法出席。

我是法學部的人，也就是根據「年功序列」而被選出的人，總之，並不是懷有抱負而擔任的，也未有像各位那樣地從幹事會學到寶貴的經驗。不過，我想提出兩點感想。其一，關於幹事會的經營，幾乎是仰賴總幹事的積極倡導而進行。各幹事毋寧是礙於總幹事的熱情，才開始以協助的態度出席幹事會，似乎最初即欠缺積極地以熱情經營幹事會的態度。我想這似乎是今後宜檢討的幹事會體質之問題。其二，因臨時想不出來，稍後再談。

張勝凱（以下簡稱張）：我是繼林清涼女士之後，接任第十

屆總幹事的人。在總會的席次上，農學部包括我，只有兩人還未擔任幹事，所以兩人都成為幹事。九名幹事相互合作，幾乎沒有幹事之間的問題。

我們這一屆的問題特別多。可列舉的問題概有，因已故林昭義先生之事件*3而對其遺族賠償的事；還有，從劉進慶先生時期開始的劉顏事件尚未獲得解決，以及入管法的事等。

關於入管法的問題，我們已於六月或七月召開討論會；因為全體會員一致反對，所以提出表示反對的請願文。至於已故林昭義先生一事，與東大校方交涉費時大約一年，其後則由賴先生接續處理。目前大致上均已獲得解決。

六月中旬，由於台灣的教育部以日本的學生運動為由，決定全面禁止留學日本，所以幹事會全體會員一致向教育部提出抗議聲明。本來我們認為若東大中國同學會發表反對聲明，則其他大學也將表示贊成，但事與願違。經過半年，儘管日本的學生運動已大致平息，但因教育部仍然禁止社會人文相關領域者留學，所以這次我們聯合其他大學團體，提出抗議文。可以說透過此一事件，不僅東大的連帶感，連全體留學生的連帶感都更加強化吧。

關於《暖流》，我們只付出印刷費25萬日圓，但根據印刷公司所言，花費在30萬日圓以上。本期的特色是刊載戰後研究所畢業生的名簿。

關於會員人數減少一事，雖然剛才前輩們已提及，但我認為其原因之一乃是台灣本身與日本的接納的問題；最近由於連日本

---

*3 東大醫學系學生在研究室不慎被燒死，學生發起向學校請求賠償的抗議事件。

人也增加許多研究所考生，因而剩下的名額並不多。至於第二個原因，我認為是由於最近留學生的年齡已降為30歲以下，其日語能力因而有相當的差距所致。儘管我覺得會員減少乃屬不得已，但今後如何強化OB的會議，以及將如何藉此加強連帶感，我衷心期待各位前輩們的努力。

　　陳文：我想補充說明剛才的第二點。我認為目前學術討論幾乎偏向文學科系。但學術不只是文學科系，似乎也應該重視理工科系及其他美術、音樂方面的學科吧。這將如何修正呢？我希望各位思考看看。

　　戴：我認為陳先生的意見非常正確。不過，若是太專門化的問題，恐怕難以共同討論，所以今後我們將特別提出非常基礎（basic）的問題，例如我覺得若討論方法論、認識論、科學史等展望未來的問題，似乎就能好好地集合大家吧。

　　賴：第11屆經常思索的問題是擔心台灣的留學生普遍封閉在自己的專業之中，從而喪失社會性一事。因此，身為知識分子，我們把必須思考的問題，以啟蒙的方式盡量適當地整合，然後以提案方式提出來。

　　戴：我另外有個提議：想邀請加藤〔一郎〕校長以「大學與大學人」為題，做一次演講。目前在台灣鮮少有哲學性的思考、而只偏向技術論。來到日本後，與其說做出什麼成果，毋寧說找可聯繫到賺錢的，或是盡快取得碩士及博士學位而回國，不僅較體面，也容易找工作。正是以學位為目的，幾乎沒思考大學人的自覺就前來留學。這樣的想法也反映在本會中。如同劉進慶先生所提出的，會員裝作不關心一事，我認為這是其中一個面相。正

因為我很早就在東大，所以對欠缺自覺頗感寂寞。去年，我經過14年回到台灣，感到非常苦悶。一般人或許這樣就可以，但連知識分子也如此，不就沒有大學人的自覺嗎？因此，我認為若邀請加藤校長，將可帶給大家收穫。當然並不是全盤接受加藤先生的談話，而是以他的談話為中心來思索我們本身的問題。

劉：做為今後本會的展望，例如與OB的關係應該如何，我認為歷經11年的東大中國同學會已在經驗的累積上，獲致一個共識。接著我要提出問題，將來會員減少的同時，該如何處理OB增加的情況？各位似乎也可以思考這一點。

張：就我的經驗，我覺得東大中國同學會可以大致獲得社會的信賴。例如，在其他大學的學友之間，有所謂東大中國同學會大體上有良心之風評。我認為雖然我們聚會的會員人數很少，但彼此之間有信賴感。能具有這樣的信賴感的，目前只有東大中國同學會而已。

劉：本會到現在為止似乎並未受到政治利用，同時也未利用政治。即使試著舉劉顏事件為其中一例，我想本會也採取非常嚴正的態度。

回顧11年來的活動，依據「會員的學術研究和生活的相互扶助」沿著這兩項主旨而推動本會活動之實際成果是齊全的，頗為一致。

賴：本會經常站在會員的立場，亦即是以會員的利益為前提而行動一事，過去的成果如實地說明該主旨。這就是本會一貫的態度。連最近已故林昭義先生之賠償問題的解決，就某種意義上來說，也可說是因為同學會歷經兩年的全力以赴而取得勝利吧。

　　關於潛在的連帶感，例如對李政光先生*4的募款，本會即使僅是在校生，就獲得了近八十位會員的協助，我覺得這似乎是其中一個證明。

　　陳仁：不過，我認為只要本會繼續存在，就有意義。每年幹事更替之際，這期間表現良好的幹事和不錯的建議也將出現，可以說向來本會應有的狀態及原則均是正確的。不過，隨著時勢的變化，若這一些原則不改變的話，說不定將有無法走下去的可能。我認為這似乎是我們所得出的結論。

　　戴：賴先生的焦慮並不只是他個人的問題而已。我也認為僅是李政光先生的事就是非常好的例子。因為個別認識李先生的人並不那麼多，而有能參加和不能參加的情況。

　　盧顯仁（以下簡稱盧）：我認為即使有聚會，大家也難以聚集，雖是因為我們台灣的環境所致，但也受到留學中的經濟壓力之影響，因此喪失了精神上的餘裕，以及出現不太關心聚會的人。前幾天我看到來自美國友人的信件，表示因為美國種族歧視的關係，所以生活變得單調；反而在東京時的生活較有情趣。因而據說在美國的留學生，若有聚會則必定出席。在此一意義上，我認為留學生似乎因為經濟上和精神上的緣故，受到很大的左右。

　　劉：回到剛才我所說的話題，由於我們幹事會出面為會員的重大利害代言，透過這點，我認為今後當局對學生的態度，例如就像洪毓盛先生的問題一般，將變得相當慎重。至少充滿矛盾的

---

*4 李政光夫妻遭到祝融之災，因而募款。

類似事件將不再發生吧。我覺得本會已完成了這樣的任務。我認為各位均以共同一致的看法和健全的判斷力來面對這些事件。總之，本會將不會改變自己設定的界限，也不會從事政治活動。所以，我認為本會將不因此而陷入進退兩難的窘境。不過，本會在某個意義上，如同賴先生所說的，已來到一個轉捩點。關於今後本會的展望，若能重新組織OB會，並與在校生相互交流，似乎將有可能發展成類似海外文化人士的會議吧。

　　張：就今後的客觀情勢觀之，恐怕不能認為將有大量的留學生特別從台灣來到日本。我覺得今後將變成三十名左右的會員。

　　戴：我認為OB會的事很困難。校內團體而以東大中同會的名稱是非常困難的。同時，我認為積極地邀請OB一事，即使是例如《暖流》的基金做為實際問題，也是非常困難的。就我所知，戰後的OB，現在擁有職位者大約二十名。有能夠捐款千圓的人，也將有能捐款萬圓的人吧。關於《暖流》，我認為廣告及銷售額，也許能請OB稍微贊助，但本會的經營應該盡量以自立的精神，盡可能靠會員本身來經營。我們最初的基本方針乃是，全體會員自己負擔。不過，我覺得由於《暖流》的印刷費用若以會員自己持有的經費將難以支付，所以在此一意義上OB多少負擔一點也無妨。

　　賴：本會過去一貫地拒絕權力的介入，而招惹很多風雨。

　　戴：所謂校內團體，意指雖受到大學的監督，但不受校外團體或機構的管理。

對同學會的期望

　　賴：由於剩下的時間不多，請各位簡單提出對今後本會的期望。

　　陳文：我想可能稍微離題，我覺得幹事會頗費苦心地籌劃盛大的活動，而會員的參與情況卻欠佳，十分可惜。那麼，如果也對其他大學公開聚會的訊息，並與其他大學取得聯絡，號召他們也來出席我們的聚會，如何呢？

　　戴：那不恰當。因為至今並未拒絕個人參加，在某個意義上是隨個人自由參加的，但是一旦公開將引起各種問題，所以我覺得不恰當。

　　陳仁：我們留學生均各有專攻的領域，除此之外，我認為我們也必須努力提高自己的政治自覺。期待同學會在此一方面也發揮作用。

　　劉：我認為本會主體性的確立，就是這11年來本會的足跡。但是，處於逆境下的道路並不平坦。例如劉彩品事件即為本會的痛處。透過該事件，我們清清楚楚地發現本會的局限。明明知道不可以隨便碰觸的局限，但良心不允許而煎熬。將如何接受這樣的問題呢？我想這是留待解決的問題。

　　凃：誇張的說，《暖流》會以歷史紀錄之一而流傳，儘管就此一意義來看，發行《暖流》可能在經濟上非常辛苦，但希望各位能想辦法繼續維持。

　　盧：由於聚會的會員幾乎是固定的，若不想辦法讓全體會員更加重視愛惜本會，很可能不久將成為有名無實的會吧。我認為

唯有我們的會實質地存在，才能在某些方面為會員謀福利。

　　陳能：東大中國同學會是我們自己唯一的會；為了使其更加出色地成長，全體會員的協助和愛護實屬必要。盡可能協助參加本會的例行活動吧。同時，本會的學術活動方面，為了盡量喚起各學部會員的關心，希望能舉辦具有綜合性主題的活動。例如關於「公害」的綜合座談會，幾乎各所屬學部的會員都十分關心，將可望增加本會的出席人數吧。

　　戴：民族、文化、歷史都是源遠流長的。這不外是不弄錯方向、慢慢地努力下去。在此一意義上，各位同學和朋友們啊！包含我自己，讓我們一起期望彼此不屈不撓地繼續努力吧！

　　賴：從各位的發言可知，本會似乎具有不屈服於權力、徹底自主地經營會務的傳統。而且，另一方面，也有做為校內團體看不見的界限存在，那就是本會的局限。不知道我的表達是否適當，但可以說產生了所謂的「使我們具有節制的自律性」之狀況，今日也依然傳承下來。如何超越現況並且脫胎換骨，也可說是本會今後的課題吧。各位的建議，在某種意義上做為啟發本會一個方向的指針，是十分珍貴的意見。

　　非常感謝各位的出席。謹此結束今日的座談會。

　　本文原刊於《暖流》第13號，東京：東大中国同学会，1971年4月，頁2～16

主觀的中國評論
──尾崎秀樹vs.戴國煇

◎ 陳仁端譯

對談：尾崎秀樹（文藝評論家）
　　　戴國煇（亞洲經濟研究所調查研究部主任調查研究員）

不會掌握渾沌的日本人

　　戴國煇（以下簡稱戴）：歷來日本人的中國研究，特別是正統馬克思主義者，可以說以為風土或者民族的問題是低水平性質的問題而有意避開它，但是我認為要理解日本和理解中國，情形是完全不一樣的。不用說中國是比得上歐洲那麼大吧，而且也未實現平衡發展，所以二者完全不同。略微可聯繫在一起的只有漢字。就說漢字吧，因為有很多文盲，所以還是不能簡單地下結論「這就是中國人」。我自己也沒有直接認識新中國人。從雜誌、出現在日本電視裡的人物、日本的老師或者外國研究者，這些去過中國的人談論的等等，通過這些只能體會，沒有辦法確認。所以，我想所談的就變成主要是關於舊中國人的事。也就是說，我想與其性急地提出漂亮的概念規定，不如依據自己親身感覺到的

那一部分做清楚確認的方式來理解事情為好。從這個意義上來說，就不算是正統的，而是成為主觀片面地看問題了。

　　尾崎秀樹（以下簡稱尾崎）：可是，主觀的、非正統的視點反而才是正統的，這種想法也是可能有的。就是說日本正統的中國觀‧中國形象有點像是建立在錯覺之上，卻深信那就是中國的全部，日本人中國研究的錯誤就在這裡。這種情形不論右派或是左派的都有。

　　近代日本人的思維方式是非常德國式的，慣於用概念的、範疇的方式來掌握問題。所以，在採用別的構思以前，首先就提出方法論來。因此勢必對超出自然諸條件框架的事物，就歸諸特殊性而把它拋棄掉，連難得的諸如不可捉摸的渾沌，如自然存在那樣的東西，也想把它切割成三角或四角。

日本人歷史認識的缺陷

　　戴：的確，日本人的切割方法像是劈竹子一樣完全區隔善人與惡人，有如陷進日本的審美意識裡頭去似地，這很不妙。但實際上不是如此，事物的進行就像在正面和反面中間有如皺褶那樣的東西是不是？如何理解這個皺褶，這個皺褶的部分在某種意義上有一點摸不著邊際而不明晰之嫌，但是我以為若能更正確透徹理解這個皺褶，也就能辨明正面和反面。

　　尾崎：這一點我想用下面的說法來表達。觀察現在的中國社會也好，或者觀察中國悠久歷史的各個時代的發展也好，它有不變的部分以及瞬息萬變的部分這兩個側面，而讓雙方都並存，中

前排坐者左起：吳濁流、竹內好；後排左起：戴國煇、尾崎秀樹、鶴見良行，
攝於日本戴宅，1971年5月3日（林彩美提供）

國社會有趣的地方就在這裡。所以，如果只抓住前者，就顯出仍
舊是昔日睡著的中國那一部分，如果只看後者，就顯出每天都變
化如此之大，到底中國社會往哪裡去，人們會因此感到不安。這
樣互不相同的兩個側面，的的確確並存於中國社會。如果不把問
題二元地掌握，然後在此基礎上再將之一元化地思考，就無法理
解中國。立足在唯物史觀的學者當中，有些人只追求變遷的那一
部分，結果成為僅僅是一位資料蒐集家的例子也有。另一方面，
只關注不變的那一部分的人，就表現出風俗考證等人文構想色彩
濃厚的、以趣味為本位的態度。如果不把這種情況在適當的時候
來個一百八十度的轉變，那麼日本人所理解的中國社會將永遠是
走樣歪斜、虛弱，或者是一面倒的東西。

對待文字態度的不同

　　再說，日本人是比較容易團結一致的民族。可以說是單一語言吧，雖然也有各種方言，但不是完全不能溝通。後面還會提到，去中國就會發現，福建話和廣東話還真是不同，北京人來廣州就需要中國人的雙重翻譯。只要看一眼那廣大的土地就可以知道中國是處於渾沌之中。坐上飛機飛到什麼地方都無邊無際，飛在陝北山上好久都是禿山和黃土地帶的起伏而已。看起來不能住人的，幾乎沒有一點綠色的地方無止境地連續著，是那樣廣闊的大地。不看中國的這種廣大而從事中國研究，有可能從根本犯下無可挽回的錯誤。

　　我問了這一次一起去的野村浩一先生他的第一印象為何，他說：「哎呀，和從書本上讀到的中國完全不同。」我想這才是真實的感覺。本來就該從這種驚訝開始研究中國的。聽說當宮崎滔天坐船到達上海的時候，感動得哭了起來。從那時經過40年後，輪到尾崎秀實以《朝日新聞》上海特派員的身分去上海，到了長江口的時候，嘴裡嘟囔地驚訝著：「呵，就是這兒！」這兩個人的體驗雖然非常單純，但我認為應該從這種實際感出發來理解中國才好。　沒有這種驚訝，只從書本的表面上來看中國，就會產生同文同種的錯覺。不知道即使是使用同樣的漢字，而其用法也會有所不同，或者寄託在其中的形象不同，只因以為是同文同種而造成歪曲的中國形象。這種錯誤始終糾纏在脫亞的背面。我想造成近代日本歪曲的亞洲認識的原因就在這裡。

　　戴：日本知識分子的書本信仰是他們的長處也是陷阱。在我

們看來，有時會覺得為什麼那麼相信書本。日本的報紙時常也會寫假的報導，但是原則和實質的乖離度並不那麼大。可是中國的情況真是相當不合情理，原則和實質的乖離度非常大。雖然大，實際上那還是存在的。我們似乎已經養成了可看穿它的感覺，而且是生活在若不以「眼透紙背」的態度接近的話，連自己的存立都不保的、渾沌的近代中國。日本人一般說來，自從明治維新以來就有比較能夠輕鬆看事物的條件，可以不像我們那樣要歪斜地看，所以無意中會自以為是、權威主義地做解釋。反過來這又造成把文字信仰予以擴大再生產的機制。

　　我認識的一位老師說，他研究了與中國有關的東西，把它帶到北京去試試看如何。我想這不是驕傲自大而是善意，但是現實並不那麼簡單。

　　尾崎：就因為是善意才麻煩。

　　戴：中國的現狀不是那麼簡單就能理解，而現在的北京又沒有發表各種資料，在這邊拚命調查也不可能知道那邊渾沌的情況。何況日本的中國研究非常細緻分化，能夠把事物有機地關聯起來掌握的人比較少。因此把研究結果帶去中國說這個如何，對方也不知道怎樣回應才好。這是當然的。

輕易道歉原諒的社會

　　這方面，到底是老好人。但是日本是老好人這句話我是不大喜歡用的。最近格外正經地在強調應該向中國人謝罪的論調吧。冒昧得很，請讓我談談自己的意見。這個謝罪的邏輯，歸根究柢

根植於口頭道歉易於起作用的日本社會，與此相應的也是比較會輕易原諒的社會。同時也會有突然改變態度不認帳的一面。從這個謝罪的邏輯，也就會有人反過來利用蔣介石的「以德報怨」了。

　　老實說，我從小學校（正確地說是台灣人學習的公學校）二到六年級受日本人老師的教育，那位老師經常說「道歉吧」這句話。但是，我不懂為什麼要道歉。後來在日本住久了，最近有時也會用日語對自己的孩子說「你道歉吧」。可是，仔細想一想，不知道為什麼要孩子道歉。後來漸漸發覺，我們的語言裡沒有這句話，做為母語的本土語言裡好像沒有道歉的語彙。北京話裡是有的。這是因為北京話是把許多外來語中國語化，雖然有些語言神韻上的差異，但這是外來的邏輯也局部地被引進來的一種「近代語」，是我這個外行人的想法。

　　也就是說，到底日本是個島國，如果不道歉就不好辦。中國人的情形是可以逃走，特別是像黃河流域那樣的地方，當河流氾濫時還管他地主什麼的。在一切都可能顛倒過來的地方也就不會輕易道歉和原諒，突然改變態度的邏輯當然也會以其他的形式出現。

　　最近，佐藤首相在記者招待會上對醫療問題發言。但有趣的是《朝日新聞》對此說法是：「做為承擔國政的人，一句話都不道歉。」期待著一句道歉的話這種邏輯，我們很難理解。

　　從而在中日問題上也就會說謝罪之類的。我也時常會向妻子和朋友們談論什麼是謝罪，謝罪後又如何。做為台灣出身者是不是期待著你們日本人的謝罪呢？老實說並沒有那樣想。也不是說

謝罪就能完事。同時，那究竟是怎麼一回事，說實在還真不太懂。

　　我也不安起來，打電話給東北（滿洲）出生的朋友想弄清楚，我問：「日本人說不謝罪不行。你對此期待嗎？」他說：「謝罪不謝罪，從挽回日本人自己文化的活力這一意義上來說，對其本身也許有效，從我們被害者這邊來看，那是不相干的事。」總之，對我們來說如何防止不再有相同的事發生，才更重要。

　　關於這一點，有趣的是汪精衛的夫人陳璧君。她到最後也不謝罪而病死在監獄裡。這是聽說的，不知是宮崎先生兄弟的哪一位，去找與陳璧君也很親密的廖承志的母親何香凝說：「為什麼陳還在坐牢，她也對辛亥革命盡了她所能盡的功勞，是不是應該有所行動讓她出獄？」何香凝說：「老實說，只要道歉和自我批判就能讓她出獄，可是她固執說自己絕不是賣國奴。」中國的女性是不輕易道歉的。最近由於入國管理問題而成為話題的劉彩品女士也是一個例子。先不談她政治選擇的好壞，讀她的記者會訪問和手記，以及她丈夫的手記，就會非常清楚這裡沒有一般日本人所期待的道歉的邏輯。至少，沒有道歉的邏輯似乎是中國人的共同點。當然，不用說，我所說道歉的邏輯與自我批判或互相批判的邏輯在本質上是不同的。

　　那麼，從這一點到底能引出怎樣的問題呢？所謂道歉，道歉者自己並不很清楚，一方面又能簡單得到原諒。這一點我想請教尾崎先生，據說在日本的流氓界為了被原諒要斷指立誓吧。就我調查，中國的流氓社會沒有這種習慣。倒是背叛了流氓社會的

話，不是被殺就是逃走後再報仇。日本的情形是無法逃走，所以要不就斷指立誓馬虎了事，要不就突然改變態度弒而取代之。

有預定協調的大前提

尾崎：日本人比較容易團結一致，而且隨便用「實在對不起」這樣的道歉話，中國不會有那樣的想法，最多不過是「對不起」一句話。有這樣構想上的不同。不過，在日本是會道歉，但是不負道歉的實際責任。8月15日之後，也是說一億總懺悔，這是沒有主體性的和尚懺悔。

在互相道歉的作法背後，有日本民族做預定協調或者能夠預定協調的大前提，我想這是日本島國意識的典型表現。不要說中國人，就是近代歐洲人也似乎不輕易道歉。向人道歉就應該要有相應的贖罪。

戴：德國的戰爭審判就是這樣吧。

赤裸的定義

談到預定協調就想起來了，我常和日本人一起喝酒。我並不怎麼會喝酒，但是因為愛聊天，所以以此為樂。在這種場合，日本朋友會說：「喂，你我來往這麼久，不同醉沒有意思。」當然，我也是男人，也會談下流話，但是不會變成日本一般的醉漢，所以不夠意思。又會被邀請一起赤裸著進浴池洗澡，那裡也許日本人一種類似安心感的東西存在，但是我們總是感受不到

日本人所謂的心的赤裸氛圍。我認為這是中國人的不幸。話又說回來，你們日本人之所以能赤裸，是因為即便稍有差錯，也不過是喝醉而凍死罷了。這是舊中國的傳聞，我們的情形則是不知什麼時候心臟會被剜去當作中藥煮來吃掉，所以理應不能醉才是。

尾崎：關於這一點，我的看法相反。我想日本人由於在日常生活上不能赤裸或者害怕赤裸，就反過來借酒的力量或用各種方法偽裝赤裸罷了。就這個意義來說，只要有能互相領會的共同體，與中國人就比較能夠虛心坦誠相處。

戴：是什麼樣的共同體？

尾崎：就像剛才說的舊中國那樣，處在看到第三者就要把他當作敵人般看待的社會狀況裡，可以想像在其生存本能上，隨時隨地要頂盔披甲的意識在起著作用。這種情形不論一般大眾也好，知識分子、權力者也好，都是一樣的。

可是，與此相反，有像大眾的共同體那樣的東西。這不論一個村莊型態也好或其他型態也好，進入到那裡面去反而會覺得比在日本更加沒有隔閡。中國人不會因為醉酒了就以這樣那樣的形式暴露出軟弱的內心來。所以，好像是要反對戴先生的意見，但是，我想事實上日本人在現實社會比較不善於互相融洽，因此反過來借別的形式來偽裝成融洽的樣子。

沒有一個地方像日本一樣能在街頭看到那麼多醉漢，這是我的論據。只有喝醉了才能說出真心話的社會以日本為最甚。不用說中國，到了外國就有該說就說那種明確的語言模式。

戴：那還是道歉的社會，就是說很輕易地道歉。雖然有著「偽裝得完全協調」這一句話，但是正因為這樣才會有連綿不斷

的牢騷。中國人是不發牢騷的。因為有信念，所以一心在想總有一天要反擊。所以，我想這就連接到尾崎先生的話。日本到底還是四疊半、紅燈籠〔譯註：通常日本小酒家掛紅燈籠當招牌〕能流行的社會。一旦失去這種預定協調或道歉的邏輯，應該會發生嚴重的失業情形吧。

中國的人事處理

有句俗話「君子報仇，三年不晚」。中國人是非常執著的。所以，只有總有一天能再回來，哪有斷指盟誓的。比如日本的人事處理也是這樣。在日本一旦失敗的人事就很難挽回，但是中國人的人事處理不是這樣，新中國的情形好像也沒有多大變化。

尾崎：我覺得很有趣的是，比如日本，特別是有權力的共產黨幹部被批判的時候，就免不了永遠驅逐的命運。史達林的社會也是如此，就是清洗這個形式。可是中國的社會不是如此。以前的李立三等一群人被批判後也還好好地留下來。這一次驅逐劉少奇，被批判的幹部照樣拿原來的薪水過生活。不是對個人的批判啊，被批判的人不再從事現場的工作，而工資體系原封不動，照樣拿以前的高薪。這在日本人眼中看來是很奇怪的事。打聽的結果得到這樣的回答：「哦，工資體系和無產階級文化大革命以前一樣，後來沒有改變，照原樣就好。」乍看之下好像是日本人想像不到的非常大方，而其實也有很細緻的一面。

戴：把「整風」和「清洗」混在一起的日本研究者遇到那樣的事就搞不懂了。類似的事很多。最近，我在調查1930年代的中

國社會性質論戰的時候，發現當時參加論戰的旗手、知名的托洛斯基主義者劉仁靜和李季等人在1950年還健在，而且還是大學教授或翻譯家。劉某是在上海政變之後加入國民黨，實際上在國民黨內部從事反共工作的人。他又是在1929年去找當時在土耳其的托洛斯基（Leon Trotsky），直接接受過指示的大人物。那樣的人物在1950年的《人民日報》上發表了自我批判書。從那篇文章可以知道當時他在北京的大學擔任教職。《人民日報》補充說明劉某雖然寫了這樣的自我批判聲明，但還不充分。局外人看起來似乎雙方都滿不在乎的樣子。

　　至於國民黨方面呢，曾經是汪精衛派的論客，也是國民黨裡屈指可數的經濟理論家顧孟餘大概厭煩了在美國的生活，為了要在台灣過晚年，於1969年8月12日遷居台灣。國民黨的張群等大人物在機場迎接，又是雙方都若無其事的樣子。這種中國人的思考方式在日本是很難理解，但我要提醒這是考慮今後的台灣問題時不可看漏的一點。

執著與怨恨

　　尾崎：再說，文革時被批判的人們現在怎麼樣了，像這樣極其日本式的關心我也有過，請求「讓我和被批判的人們會面吧」，那麼被批判的人們就確確實實地出來了。紅衛兵的一夥人、造反派的年輕人等，和他們一起同坐在一張桌子上，他們搔著頭說：「實在不願意老去。犯了這樣的錯誤。」那是日本人的感覺所不能理解的吧。

　　還有，我去看了幹部級的人接受再教育的五七幹部學校。北京大學的話，是在廣西省。從北京到廣西省可真遠。在那裡建了幹部學校，北京大學的教授們就到那裡去。聽了到過該地者的描述，看來滿不在乎的樣子。當然，他們是以如下的事實做為大前提發言的，就是說自己受了那樣程度的再教育，經歷了人的改造。可是尤其談話中感覺不到一絲陰影。

　　光說這樣的話題，乍看之下似乎與剛才說的執著有矛盾，可是我想中國所謂執著的本質裡面，具有明確區別個人和其罪行的理解方法。在日本就是將個人的罪惡看為個人整體的存在來理解，並把它與類似怨恨的部分糾纏在一起。所以就會表現為如同御岩的冤鬼故事〔譯註：日本女鬼阿岩的故事〕般永遠陰冷的型態。

　　從司馬遷的例子就可以知道，處在受到宮刑而失去男性自我的悲慘狀況中，仍抱著一種執著的心去面對歷史，在中國持續著憤慨之情而具有離心性，以致構成小宇宙。我覺得這和日本所謂怨恨的型態不同。問題就在這裡，是不是？

　　戴：中國人的執著有時會帶有個人的某種殘酷。這和如何看待死亡，或者說與審美意識有關。常聽說，與日本相反，中國作家被殺死的人數很多，但自殺的人幾乎沒有。我想和這一點不無關係。比如說受了某些屈辱或者被逼得走投無路時，為了表示抗議就跑到對方的家去上吊，有什麼問題發生時就抬著棺材遊行，但是日本人絕對不會如此。有一種看法，就是說在日本不給死人添麻煩。

　　比如為淺沼先生遭刺殺*1的抗議遊行，和此前發生的吉拉德事件*2等如果發生在中國，中國人就會抬出棺材。姑不論會不會抬出屍體，總之會抬出棺材。向日本人說這種話，他們會回應：「不，那太怪誕了，恐怕示威的效果會減半吧。」我也這麼想。

對歷史審判的畏懼

　　那麼，我的話題要轉到今後的中日關係上。就是說思考今後中日關係的時候，是不是有必要聯繫考慮到中國人對歷史的看法和這種執著。因為我認為中國人對歷史審判的畏懼以及對背叛民族的罪惡感，其實對今後中國的動向不無關係。日本比較有承認既成事實的習氣。台灣既然已經變成那樣不也就好了嗎，這樣認為的「現實主義者」在日本是很多的。

　　總之中國人不承認既成事實那樣安易的想法，依中國人的傳統思維，只要是不合理的，就是既成事實也是不足道的。這與剛才說的人事處理一樣是可以「變換」的。不充分理解這一點就不能理解今後的動向。

　　編輯部：和公明黨會見的時候周總理發言說：「關於一個中國、一個台灣的議論不用重提了吧。蔣介石不也說一個中國嗎？」意思是不是說只要蔣介石還在世，就不可能有國共合作，

*1　1960年10月12日，日本社會黨領導人淺沼稻次郎於東京比谷公堂演講時，遭右翼分子刺殺身亡。

*2　「ジラート事件」，1957年1月30日，日本群馬縣農村婦女遭美國士兵射殺，對此美日間出現裁判權之爭。

而且北京方面並不勉強，會尊重他的面子，等待柿子熟了自然掉
下來，讓他守氣骨、守氣節嗎？

尾崎：也許是吧。戴先生，《紐約時報》的祕密文書目前正
在台灣的民間報紙《聯合報》連載中是吧，聽朋友說其中含有微
妙的意思。一方面故意嘔美國的氣，另一方面新聞本身可以理解
為具有「不要重蹈吳廷琰的覆轍」的自我警惕之處。這一點，戴
先生認為怎麼樣？

戴：還是適當地想像比較愉快吧。可是我想再補充一點，剛
才說的中國人不一定承認既成事實這一句話，日本的情況似乎比
較有主張或積極肯定既成事實和既得權益的習慣，但總覺得中國
人沒有這個習慣。

互相轉換的邏輯

也許這是因為在中國人看起來，壞人也會變好人，好人會因
條件而變成壞人，有這樣一種互相轉換的邏輯關係吧。在日本如
不把好人與壞人予以明確處理就不放心，就不能預定協調。同時
右回來也很困擾，因為既存的秩序會被搞亂。

尾崎：日本人總是勸善懲惡的。這一點左派的邏輯也一樣。
封建道德的邏輯是如此，立足於近代社會科學的方法論的認識裡
面，也有好人、壞人式的勸善懲惡主義。中國的情況則是從人的
認識出發，一切依辯證法而成立。日本是以絕對的、道德上的問
題來處理。

可是，中國的情形是有經常在對比中理解問題的思維方式。

所以所有的問題可成為對句，或者說想法都具有相對性。雖然說毛澤東思想是馬克思‧列寧（Vladimir Lenin）的中國化發展，但是其背後的辯證法卻是立足於極其中國特色的基礎上。

比如說以《毛澤東語錄》為例子，在第一頁的「領導我們事業的核心力量……」那一段和下面的「指導我們思想的理論基礎……」那一段形成出色的對句，富有節奏而且思想內容的展開也是相對的。那樣的思維方式到處可見。所以說，雖然不用辯證法的詞語，但辯證的思維方式卻存在於生活感覺裡，發揮理解現實的作用。日本人完全沒有成對的意識。

這種極端的差別總是無止境地凸顯出這兩個民族的不同處。

切腹就是懦怯

戴：我想從否定面接近問題的思維在日本好像比較少。還是從正面接近的多。因此就日本的美感來說，若不是二人互相扭在一起的相撲方式就是懦怯，所以會認為切腹是非常好的。但是如果逃走後再回來反撲就會被認為是卑鄙的行為。

關於這一點可以舉珍珠港的例子。日本海軍沒有預想攻擊珍珠港就能勝利，充其量能維持兩年就很好了。儘管如此也要打。中國人根本不會用那樣的打法。中國人說的考慮時機，一般指的是主動地等待的意思，管見以為日本人說的機敏指的是趁機的意思，重點在於出擊。中國人是等待時機，掐住對方的頸子然後才攻擊。不是喪失主體地等待，而是由等待來掐住頸子，這樣的想法比較強，是不是？

順著這個思路想的話，對中國人來說大概不會有珍珠港式的攻擊。我想中國人不會打那樣的戰爭。

尾崎：「持久戰論」等的思維正是如此。所以說，當面的戰爭雖然沒有打勝日本，但是從歷史上看最後必勝那樣的想法，如果沒有從整個潮流來看問題意識的話是不會有的。日本人不懂這個道理吧。

戴：這一點有些日本人極端地說，把它解釋為傻勁的假信念。但是實際上並不是如此，那好像是有分析的。

關於這個問題覺得有趣的是，東京大學安田禮堂的攻守戰〔譯註：安保鬥爭時學生據安田禮堂抗爭〕的時候日本人的反應。一位跟我有親密關係、年齡已過60的日本人，也是一位知名的思想家，對明知會輸而仍然鬥爭的全共鬥表示認同，一方面說民青很狡猾。

我不是說民青好，或者全共鬥好，和這個沒有關係，而是覺得日本人的想法很有趣。在某種意義上我以為是典型的思考方式，由於民青方式（我不知道是不是有那樣的東西，大膽臆測是有的話）出現而變得有意思了，我有那種感覺。這一點，珍珠港的情形也是一樣。神風特攻隊也好，切腹也好，我認為有共同的審美意識做為其基礎。

尾崎：三島事件*3的時候，雖然在他生前批判過他，而一旦死了就產生「為了他……」那樣的想法，這在日本人中可以普遍

---

*3 1970年11月25日，日本作家三島由紀夫為憲法改正一事，向自衛隊員發表演說，隨後切腹自殺。

看到。中國人不會有那樣的想法。

　　戴：切腹不如說是懦怯。如果這樣說的話也許會被多數日本人圍剿，但是我們的感覺是扛責任的方法與我們不一樣。中國人死的時候要抗議而後死，而且要為活用此抗議而行動。所以說，切腹還是有期待於死後世界的一面。

相反的運動過程

　　尾崎：切腹也具有抗議的一面，但畢竟還是對內的問題的一面比較濃厚。對自己本身的側面，這部分是中國人不能理解的。

　　戴：從某種意義上說，特別是想走近代化路線來解決中國問題的思想家們，他們最想追求的就是像日本人那種每個人都負起責任，來為富國強兵而努力的精神。中國的1920、1930年代就是因為沒有像日本人般負責的人，所以才有搖搖晃晃的情況。在日本做事失敗了就要負責辭職。在中國，至少國民黨政權不是那樣。從這個意義上來說，追求近代化路線的思想家對日本的這一面給予很高的評價。例如公德心，守本分而分工合作，再加上符合體制所期待那樣地負責。這就是以培養順從於體制而不大發牢騷的順民為目標的想法。所以冒昧得很，在我們看起來，日本的民眾對於統治者來說是非常溫順而良好的臣民。

　　反過來說，中國人不能用由上而下的形式來掌握民眾的能量，所以要由下發起在民眾認可的基礎上動員民眾。就因為採用這種形式才得以動員農民，這是我任意的推測。

　　在近代的中國使其成為可能，如果說要感謝誰的話，那麼，

來自歐洲的衝擊當然也有，但是我覺得尤其要感謝日本帝國主義。以前我聽北京的領導說應該感謝日本帝國主義時還苦於理解，但是最近重新讀了有關1920或1930年代的書就很能理解。《二十一條要求》是不能小看的，為什麼要向日本帝國主義道歉，屈服於那麼小小的國家怎麼受得了，這種想法是使中國知識分子醒悟過來非常重大的因素。

　　總之在中國，不是從下面發起的話就無法負起責任來。

　　尾崎：在日本，就說文革吧，都認為是所謂的毛澤東・林彪路線或者其他等，這種來自上面的指示自始至終一貫地推動著運動，只能以這種思維來理解中國的動向。於是最多不過只能從「對劉少奇路線的權力爭奪戰」這樣一種極其日本式的視角來看問題。但是中國的情形則完全相反。比如有「星星之火可以燎原」這一句話，有必要把問題降到最下面的層次。然後讓大眾去批判幹部級的人，文革就以這種形式發生。這是讓非黨員的年輕人點火，來批判黨員幹部的方式。可以說在日本恐怕是絕對不可能理解那樣的體系吧。在這一方面，根本上對文革的認識就亂掉了。

紙老虎的優等生文化

　　戴：人們說具有這樣悠久歷史的民族當中，到現在還沒有喪失文化創造力的是漢民族，我也認為這種說法是有正確的一面，但是這樣說的時候，也要看到周邊諸民族對中國的侵略相對地產生了有效的作用。然而，孫文也好毛澤東也好，吸收外來思想的

時候絕不迷失自己。所以在孫文那裡有各種各樣的東西。日本人是由於潔癖感較強吧，或者是由於不喜歡雜燴吧，也有人說「孫文是個雜燴，是位沒有什麼了不起的理論家」而看不起他。在孫文看來那是和他無關的。問題在於怎樣實行自己的革命這項課題。

最近，在日本以本大三*4的書為首，諸如日本人論啦，怎樣思考人的問題，或者民族學之類的書很暢銷。這種現象也可以理解為一種反省的表現，就是說原封不動的西歐式近代化是不行的，而日本的優等生方式是不行的這種反省。那麼今後會從什麼找到榜樣呢？我擔心會不會對「日本人論」反覆議論的結果，同往常一樣，大和民族優秀性的主張和國粹主義再次結合起來而陷入褊狹的民族主義呢？或者馬上又熱中於尋找榜樣呢？特別是隨即要以中國為榜樣，依靠中國權威的、沒主體性行動方式也值得檢討。光聽日本的正統中國研究者的話，自己就會變得失常，好像變得有一點中華思想的傾向了。我自己是中國人，所以了解中國人的內情，實際上並不都是那樣的漂亮事。正如尾崎先生所說，渾沌的狀態才是真實，表現在表面的部分是好看的部分。

尾崎：我想日本人好像有傾向於求名而捨實的地方。這也分毫不差地表現於做學問的方法和態度上。具有極其實證的門面，然而，非常敏於從先進國家引進各種各樣的東西而做為其祖述者。正因為這樣，在向歐洲的先進文明學習，把它吸收進來這一方面，比亞洲各國的各民族更早形成先行一步的優等生文化。從

---

*4 イザヤ・ベンダサン，山本七平的筆名，以《日本人とユダヤ人》一書成名。

比較文化論來說，如果歐洲近代文明是優等生文化的話，日本人具有向優等生文化學習的第二手的、好像亞優等生文化一樣的地方。這像是形式模仿文化吧。以前是向中國學習，引進其形式。真的，自從唐朝開始只管引進其形式，因此自然而然地其醞釀過程就被遺漏，只把完成的成果直接帶回來。然後，把它用紙糊式的方法建造成好像一夜城般之物。在日本也有重要的泥濘似的東西在底下，但是不會等其凝結成大地，播下種子紮下根、大樹聳立在上面的樣子。就算紙糊也好，總之先築城，然後把如同戲劇裡畫的布景似的樹在上面豎立起來，以為那就是文化。不會有把鋼管打進底下的土壤裡，從那裡往上吸取問題的形式。因此，文化的型態也總是亞流化。

所以說，只有關於某某方面的研究家，但是沒有關於某某方面的學者，理由就在這裡。比如說，是有研究中國某某人的研究者，這種人恐怕在日本算是最多吧。在中國沒有這種人。在中國做這樣的研究也沒用。

戴：不是說沒用，而是看不起這種研究。

尾崎：所以日本有的淨是關於某某方面的研究家，而重要的問題，例如那究竟會如何，做為現實的力量能發揮何種作用，甲和乙的關係如何之類的關係學就不會被提出來。總是祖述而已。編纂辭典的時候日本有很多極有才能的學者。但是，要活用那本百科辭典的時候，這些研究者就不中用。這樣能不能稱為學者是有問題的。

因地區而異的氣質

戴：那麼，最後想議論舊中國人性格的地域性。首先，大致分別之，上海以南是南方人。以揚子江、長江為界，其北大體來說是北方人。至於北方，其內陸一直到近代才成為問題焦點，一般來說關心的對象是沿海各省。東北人（居住在滿洲的人們）可以說是山東人，其他還有天津人，北京人，大致上可以考慮這三種類型。

東北人可以說是質樸剛毅吧，非常地血氣方剛。比如和南方人比較起來讓人覺得有趣的是西安事件，張學良去了南京一事，如果是南方人則絕對不會那麼做的。還有湖南人。北方人一般都把湖南人看作是南方人，但從南方人看來，由於湖南靠近北方，好像是當作北方看待。

尾崎：正好位於中間，所以被雙方說是南方、北方吧，我想。

戴：毛澤東是湖南人。我們常說「湖南騾子」，非常堅韌又頑固，容易發脾氣，也就是說血氣方剛。另一方面，四川人很自豪，號稱天府之國，如以農業社會的發展階段來說，相當於日本一個國家甚或以上很富裕之處。因此把從外地來的他鄉人都叫作「下江人」，說是來自下游的揚子江的人而看不起他們。或者更嚴重的是叫作「腳底人」，這是四川話，意思是腳背面的人（最底下之意的蔑稱）。是相當具排他性的一面。

廣東人也是血氣方剛而勤奮的人，比較具有農民的氣質。至於上海人，具有非常愛沽名釣譽的性格而善於逢迎。但是到浙江

和江蘇一帶就文人很多。知識、教育水平也都很高，是很富裕的地方。

尾崎：紹興等就是典型的吧。

戴：酒也很味美，好像老酒。那裡比較多的人出來後成為上海人，可是在地的浙江人和江蘇人很聰明而有氣骨。至於福建人雖然聰明但沒有氣骨，我們想像中舊時代的中國人類型大體上是這樣的。

尾崎：且封閉性很強。

戴：其中有一點較為特殊的是客家。據說客家也是屬於北方系，但客家本身可以看作是歷史上的亡命集團。亡命集團可以說一方面具有革命的能量，另一方面做事精明，有這兩個側面。所以說在某種意義上，1949年階段出現了新客家吧。所謂新客家是指流浪到香港、美國等地的一群人。這一群人當中革命的部分最近圍繞釣魚台的歸屬問題而在香港和美國展開運動，這是值得注意的動向。聽說，在美國的一部分人提出中國統一的口號而開始行動。所以說對中國人不能一概而論，不是那麼簡單就能理解的。

尾崎：從海外匯美金回來的華僑就是那些新客家嗎？

戴：除了明朝以外，歷朝皇帝屬於南方系的並不多。北方人比較多。我想原因之一是中國文化本來就以黃河流域為中心，南宋以後才轉移到南方。另一個原因是太聰明所以當不了皇帝。

尾崎：我有一種感覺，南方的血氣太盛而稍微缺乏控制的理性，所以革命家滿多。像水戶浪士一樣，點火的人很多。

戴：做為幕僚是很優秀的。周恩來似乎也可以視為一個例子。

差異大的生活習慣

尾崎：關於南北差異，在氣質之外，生活習慣也幾乎不同吧。剛才舉了毛澤東是湖南人的例子，湖南的寢室是牀。可是，到了延安是炕。在火炕上鋪草席，上面蓋棉被睡覺。毛澤東沒有睡在炕上的習慣，在延安的窯洞時就趕製牀來睡。

南北差異的不同也有這樣極端的例子，在宴席上端出雞冠子，有的地方認為是珍味，有的地方則認為是非常污蔑客人的行為。

在日本也有南北差異，但是沒有到這樣的程度。在這一點上，食、衣、住全部不同。

首先，水稻農耕地帶與非水稻農耕地帶的北方的型態，其生活環境的差異是很明顯的。不過「南船北馬」這句話本身是揚子江以北範圍的想法吧。不一定意味著南方的中國。但是儘管如此，牽引駄運貨物的馬、騾的型態，這和黃牛、水牛的型態當然會產生差異的。所以，包括這種微妙的生活習慣的差異在內，以致南方人・北方人的差異同居在中國這樣一個龐大的全體之中。忽略了這一點，就不能理解中國矛盾的全貌和其中的差別。若疏忽主體只議論性格的話，就會變成只談氣質的思考方法。

戴：這一點，比如就稻作社會來說，揚子江以南可以種稻，所以生產力很高。於是就有地主和農民的關係。北方是旱作，至於黃河流域不知什麼時候會變成什麼樣子吧，特別是收入會變成怎麼樣都無從知道，這是一般狀況。至於滿洲是新開發地，土質相當肥沃。諸如此類有各種各樣的差異。

在變化中的中國

在某種意義上說，台灣現在也正在驚人地變化中。不是談論政府的體制如何，而是說以國民黨上層為中心的人們都流入台灣來。料理變了，語言也變了。抗日戰爭時在重慶的時候還算好，因為四川話接近北京話，但是在台灣的情形就不同了，因為以福佬話為中心，互相不通。為了接近北京話就用普通話奮戰。生活觀也在變。以前的台灣人知道的只有福佬話或者是客家話，生活圈也有限度，現在不同了，理解日語的人開始減少，而北京話則做為普通話開始普及。

在殖民地時代，台灣人子弟的留學對象頂多不過是日本，近年來延伸到美國、歐洲，反倒是美國超越日本成為主流。年輕人的來往不限於在內部與外省出身者之間的交流，和外國人的接觸在過去只有和日本人，現在迅速地擴大交流圈。我想是會變化的。應該說台灣人的島國氣質正在變化中。

尾崎：中國大陸也是一樣。文革以後，類似民族移動的變動有好不容易穩定下來的感覺。現在的中國人，出生瀋陽的到廣州去，北京的中學畢業生到陝北去務農，省別的分布圖大大地改變了。

戴：這種變化促成新的能量、新的想法而互相刺激。

尾崎：從更大的意義上來說，這幾年來進行著一種類似平均化的運動。所以冷不防就會在延安的山裡遇到很多來自北京的年輕人。不論到哪裡去都會覺得語言確實平均化了。不過，老年人是不行的。總之，可以說直到最深處也正在進行著很大的變化。

　　就在這樣談論的時候，覺得還只在腳尖上搔了一點癢而已，令人焦急，還有想說的但說不出來，覺得好像全世界的可能性都在未分化的渾沌狀態中。

　　戴：最後，希望今後日本的各位先生、女士不要以太拘謹、太形式化的方式交際，要更積極地站出來一起交談。

本文原刊於《別冊經濟評論：全面特集‧中国人と日本人》增刊号，東京：日本評論社，1971年10月1日，頁19～31

做爲思想方法的台灣
——新島淳良vs.戴國煇

◎ 陳仁端譯

對談：新島淳良（中國研究者）

　　　戴國煇（亞洲經濟研究所調查研究部主任調查研究員）

做為出發點的台灣

　　編輯部：目前要談論「中國」或者是「亞洲」已經成了一種熱潮的地步了。思考和議論有關中國和亞洲的事是相當重要而且也是必須的，可是一方面媒體等也在放出非常大量而且混亂的資訊，反而使得思考這方面的問題成為一件困難的事。因此，今天想把這種「流行」所具有的意義放在念頭中，來重新思考我們對「亞洲」的「思維方法」或者是「思想方法」。本月特輯的本來意圖是從聚焦於「台灣」著手來制止這種情況下形成空疏的「亞洲」概念。悖論的情況是在說「一個中國」的時候，做為詞語的概念或者是印象而言，廣泛慣行的說法是它不包括台灣。政治上如此，學術上名為中國研究的範疇也常習慣於不包括台灣。我想這有很深的歷史根據，現在就請以做為「盲點」的台灣為中心進

行談話吧。

　　新島淳良（以下簡稱新島）：比如NHK有「中國語講座問題」吧。據說要換講師或者修正課本，其實問題的焦點在於「一個中國」或是「兩個中國」上面。在那裡似乎以「不觸及台灣」的思維方法被意識為是進步的，是「一個中國論」。而且，把「中國是一體」翻譯為「中國語是一體」。至於那「一種中國語」是什麼呢？就是現在大陸上相當於日本的標準語、被稱為普通話的中國語。這樣教學生就算是站在「一個中國」的立場了。我現在是非常象徵性地使用「中國語」這個詞語，如以社會科學對象上的領域來說，既使談到大陸的政治、經濟、文化，也有意識地不談台灣。可是這實際結果卻與「兩個中國論」是一樣的。這可以說從「台灣領有」以來一直是如此。就是把做為中國非常有機一部分的台灣割開來，進而又把東北（舊「滿洲」）也割開——這不只是物理上如此，在意識上也割開——剩下來的部分就是中國。

　　很多日本人是這麼想的，不是嗎？我自己就是其典型。一談到「中國」，大體上就想到大陸，被教育成習慣於這樣思考。由此產生怎麼樣的結果呢？例如說，有各種各樣所謂的「中國人論」，在其中所說的「中國人」，若在北京就不過是指北京的中國人。可是日本人日常所見到的中國人應該是不同於那些人的。在日本現在也有大約五萬人的中國人，那些中國人與「中國人論」框架裡的中國人是不是相同呢？在日本人中存在著渾沌狀態的「中國人」，是沒有經過分析的非常強烈的觀念，如有不適合這個觀念的情況出現時，比如說就會認為「這是『台灣人』」。

也就是說在自己觀念中創造出有別於「中國人」的「台灣人」。總之，如果看到實際的台灣人，應該會立刻知道這和自己創造出來的「台灣人」不同。我想，我們的「思考」不是往解構所謂「中國人」觀念的方向發展，而是一個接一個、添加上模糊不清的觀念來加強它。拿有關外交的議論做為例子來看，「周恩來外交」、「現實主義外交」、「中國人的大人風格」等日本國語不被反省地出現在評論或者學術論文裡。總而言之，自從明治28年（1895）以來就有「台灣」不是「中國」的想法，怎麼會有把中國做為一個整體去思考的出發點呢？說「滿蒙」是日本生命線的時候也是一樣，不但學者這麼想，極其普通的意識也是如此。就是說「滿蒙」不是中國。但是那是不行的。那就和思考日本人的時候，若是漏掉了「沖繩」或「部落」就會出現非常奇怪的觀念一樣。外國人寫的「日本人論」很多是屬於這一類，很容易發現它的毛病並予以批判。至於「中國人論」呢？以為既然專家或者「中國人」那樣寫，所以就相信「中國人就是如此」。

　　戴國煇（以下簡稱戴）：最近四、五年來我一直在思考日本人的台灣認識和台灣研究問題，並將其當作自己的研究課題。我之所以會這麼想，是因為我覺得本來應該由我們這邊來整理「日本的台灣統治」，但是前輩沒有做這個工作，而日本人也不大有人做。我想若雙方都互相把它放在應有的位置上，然後互相對證，就有可能得到建設性的成果。日本的亞洲研究相關學界總好像缺少總括或整理，評價過去的研究遺產（應該有負面和正面雙方）的共通執著。好像我在說大話覺得很對不起，經驗過曾經被魏特夫搞得團團轉的歷史，而戰後卻不想談魏特夫，是不是因為

他轉變〔譯註：指思想與主義的變節〕了，或者由於是「已經過去的事」，心情上不願意去談。與此相反，似乎對學界的展望或動向之類很感興趣，而不擅於遺產的整理。就算是有，充其量是把過去一年的研究做評價罷了。然而將內面的自我批判和負面的研究業績都收納進去，以這樣的形式來評價過去的研究業績，像這樣的研究幾乎沒有。全體的潮流是如此，所以不把台灣當作問題反倒是很自然的事。新島先生所說的中國認識裡缺乏台灣的情況與之相乘，造成了現在「台灣論」的迷茫狀態。對待整個中國的態度也是一樣，受到什麼衝擊就以沒有做過什麼了不起的研究為理由而把問題模糊掉。對這種意見，中西功先生最近投書給《朝日新聞》說：「哪有此事，敗戰前也有中國研究。」我也部分贊成他的話。我想也可以含括整個學界舉行學術研討會等，總結一下日本人學術上的前輩是怎麼樣看待中國或台灣，或者以怎麼樣的想法從事何種研究並且如何行動。

　我曾經在私人的場合上多次說過這個意見。不好好地整理而光憑潮流、氣氛說話，只是說他是變節者而不把魏特夫放在應有的位置上給予評價，或者不加負面的評價而僅僅羅列研究史是沒多大用處的。包括目前的亞洲論、中國論、台灣論等，誰說過什麼，你們新日本文學會的各位年輕人都富有精力，應該好好追究下去。「你在那個時候關於中國問題與台灣問題說過如此的話」把這個話這樣擺出來，要養成習慣，那麼馬虎的發言，或者雖然是個研究者而簡直像個「情報家」般發言的情形就會減少。關於台灣的我看得比較多，有不少相當奇怪、不負責的發言。我想，幾年後新日本文學可以編個「你這樣說過」的特輯擺在面前，那

就不敢信口開河了（笑）。這樣說也許不禮貌，最近新左翼那些人所說的怨恨——也許就是因為沒有才說（笑）——若抱著如此的怨恨繼續發言，追究社會責任的話，就一定會有所獲吧。還有，剛才談到關於普通話的事，那不是中國大陸的專用語。在台灣內部現在50歲以上的，從中國大陸來的一群人裡——有逃出來的，也有偶然來了回不去的——跟不上北京話的普及運動，鄉音很重（由於中國很大，方言很多），說話很難溝通。所以正努力要接近北京官話，像這樣的近似於北京話的也稱作普通話。

新島：總之，「普通話是中國語，而台灣話完全是別種語言」是在「中國語檢定問題」上自稱親中國派的、左翼反對派的議論。而我們沒能批判它。「的確，語彙不同、敬語形式的措辭也沒有了」，非常看重這一點，往往就以為這是變成別的語言了。

戴：語彙這個東西是會隨著社會的生活條件而豐富起來，也相對會減少。我想任何語言都一樣。比如說，在一位從台灣來的留學生的結婚典禮上，媒人致辭時——這位媒人是來自台灣的華僑——使用愛人這個詞語。在現在的中國大陸，愛人的意思是夫人，可是在台灣的說法，愛人是指情人，所以還是會感到有些不協調。還有，在台灣的國民黨員之間互稱同志。可是在社會上用這句話，就會被懷疑是不是共產黨。另外關於中國語的簡體字問題，簡體字也不是開始於現在的中國大陸，也有宋朝的簡體字。五四運動以來的白話文運動裡，包括國民黨系的人在內就有人提倡使用簡體字。後來共產黨開始更積極地推動，國民黨才反對它，這就是歷史的事實。所以有所謂共同的簡體字。中國共產黨

積極推動簡體字，國民黨就作罷。實際上，國民黨當局也在大約兩年前吧，以那位有名的何應欽先生為中心，提倡整理繁雜的舊漢字和普及簡體字以減輕孩子學習的負擔。正如新島先生所說，我們過去缺漏了這種問題而走了過來。就說我自己吧，是不是能正確發音台灣所謂的「北京話」就是個疑問。這也難怪，因為到了初中三年的時候才開始學做為國語的北京話，事實上是在勉強說北京話。所以我的中國語與其說是國語，不如說是普通話，這樣表現才適恰。現在台灣的年輕一代能按照「注音符號」很正確地發音，好像沒有普通話這個想法。最近，從圍繞NHK中國語講座的議論看來，很清楚中國語學者的台灣認識，或者對標準語普及運動在中國現代史上的定位是多麼貧乏。我因為是局外者又是旁觀者，不懂這個議論的政治背景，可是對大修館發行《中國語》（1971年5月及6月號）中望月先生關於台灣的發言，一點也不知道他想說的是什麼。最近新承擔講師的藤堂先生也說「要忽視台灣」，望月先生也發言：「在這一點也要否定應該與台灣人民友好的主張。」（《中國語》1971年5月號，頁45）。真傷腦筋，我們台灣出身者不管政治主張如何，都有可能任意地被忽視，被否定做為中國人的身分。

　　在這裡我想提起一個問題，不論是台灣或者是中國大陸，都把居住在海外的中國人稱為「華僑」，並以華僑身分對待。就是說，保持著友好關係，不否定是他們的母國。華僑因其居住國之不同，不懂北京話或普通話的人很多，這些人既不會被忽視也不會被否定友好關係。居住在台灣的中國人不算華僑，他們被日本的先生們忽視或否定，這真是糟糕的事（笑）。為了先生們謀生

的手段而忽視或否定1,300萬平民〔譯註：當時的台灣人口〕，該怎麼說，做為台灣出身者之一，我請先生們稍微寬恕一點吧（笑）。因為好像還不理解這樣的忽視與否定，會和先生們倡導的口號「一個中國論」完全不同的兩個中國論連接在一起。

　　過去我和各方面的日本朋友和研究者談過話，總覺得日本人對台灣是中國的一部分這個意識有點淡薄。我一直說這終有一天會成問題，於是我沒有預測到以「周四原則」為契機爆發了台灣問題——對日本而言的台灣問題。像這樣的事不從學問上，或者說從日本人的內面來自覺，就是自我發現，這是我感到不滿的地方。當然，竹內好先生很早就說日本人對待台灣的態度，以情緒化的態度是不對的。我覺得那是卓見，這是意識形態以前的問題，是翻開圍繞台灣的中日關係史就會知道的簡單事情。很多人不自己去確認，而以街談巷議或美國的遠東政策不變為前提，原封不動地接受台灣獨立運動者的言論活動。於是繼「周四原則」之後有了尼克森訪問中國的聲明，這才驚慌起來。相較之下我想保守系的人很早就把「台灣的問題」當作是「自己的問題」看待。《文藝春秋》今年八月號刊登了〈救了蔣介石的日本軍官團〉〔〈蔣介石をすくった日本将校団〉〕一文，是當事者之一寫的所謂舊日本軍人對國府的救援活動實錄。從該篇文章就可以知道，日本的保守派在相當早的1950年代初期就把台灣問題看作是自己的問題。左（派）的或一般的中國研究者沒有這樣想過，即沒有當作是自己的問題來思考。

做為觀念的「中國人論」

　　台灣缺漏論就到此為止，下面就轉到時髦的「中國人論」
吧。中國擁有比得上歐洲的廣大國土，有各種民族，地方的性格
雖然說不上千差萬別，但有相當不同特色的人們。不根據這些
事實，善意的人們就輕易地說中國人的性格是「大人的風格」
等，那是曖昧模糊的，很不好。說起我自己的事覺得很不好意
思，有人讀了我最近出版的書（《與日本人的對話》，社會思想
社）──包括認識的和不認識的人──來信說「真是令人震驚的
書」、「真是廣博」、「大人風格的探討」等（笑），正因為大
家是善意的，所以覺得很為難。真是非常感謝，說的人並沒有不
好的意思，我自己也並不覺得有什麼不舒服，但總覺得有點虛假
的地方。

　　新島：那是有的。比如有人做「毛澤東‧劉少奇論」的時候
說：「自己在文化大革命以前喜歡毛澤東，覺得他具有大人風
格。但是看了文化大革命的那種作風就覺得完全不像大人了。」
看了劉彩品的態度就說：「假如是真正的中國人的話，就不會採
取那種態度。」（笑）。

　　戴：真是拿如此情緒化的研究態度毫無辦法。一般平民的話
倒還可以說得過去。做為社會科學家，以「喜歡‧討厭」來下判
斷是不行的。可是，社會科學家裡面到現在還不能脫離抱持「支
那浪人」式思維方式的卻大有人在。於是很輕易地就說「為了中
國人民」、「為了台灣人民」什麼的。雖然那並不是出於惡意，
也對其善意切身感謝，可很多時候會覺得這樣做為鄰人有點不可

靠。也就是說，那樣任性地一下喜歡、一下又不喜歡的話實在很令人為難。如果被認為是「大人」的話就馬上靠近，而如果這個印象變了，就很有可能被罵作「你是個奇怪的人。是清國奴」，所以才會說很為難。你們日本人是老好人，會跳出來說「願做中美的橋樑」等，最近在「尼克森訪問中國」後的《朝日新聞》投書欄上，清水安三先生寫了要旨如下的一文：「日本應該居中斡旋蔣介石和毛澤東之間的和平會談吧。」我想這也是出於善意。因為清水先生是個被稱為「北京的基督」的人，他有這種感觸。坦率地講，我以為那樣的老好人還是免了為好，你們日本人是不是該把自己放在應有的位置上，把事情看作是自己的問題好好想一想才是。馬上就跳出來說「我來斡旋」，說不好聽的就是「多管閒事」。把不被接受的善意強加於人，還是收起來吧。何況現在還不知道今後會如何開展，美國也因為過於多管閒事，以致現在不得不考慮從太平洋撤退呢。也許這也是我的情緒論，我以為「別人」的事，最好還是少管吧。

新島：剛才戴先生談到以「喜歡・討厭」來看問題。這事關聯到我們一般的行動，所以我想可以引申一下。這不過是一種假設，人總是先設想某件事是「壞」（「惡」）的吧。那個「壞」事包括從「不好意思」、「丟人」以致「醜陋」等，而「對不起」這一句話在日語是說「不好」（「惡い、惡い」）吧。所以現在日中問題的議論中也出現「談及台灣是不好（惡い）」。或者稱呼「支那」是「惡い」，稱呼「清國奴」更是「惡い」。那個「惡い」的裡面一定含有對「中國人」有「對不起」的意思。於是，雖然這些地方被想得非常曖昧，就是說不做那個「壞」

（「惡い」）事，那就是「好」（「いい」）事了。任何國家都有善惡的判斷，可是我們不大知道「積極的善」。所以例如從制定近代法以來就會知道「違反法律是壞事」，或者在那之前的「不守約定是壞事」。對「壞事」理應可以設定很多標準，可是不管什麼都被混在一起看做「那是壞事」，反過來變為「不做壞事就是好事」了。所以不只說「喜歡・討厭」，那裡面也包含「美・醜」、「善・惡」，以這種眼光來處理事情。

　　為什麼會從那種觀念裡產生殘酷的非人道行為呢？這是由於認為「壞」就是「壞」，把事情都絕對化的緣故。別人做了自己認為是「壞」事的時候，就認為這是真的做了壞事。這個「壞」不再是曖昧的，就是參照天上的道德律也認為是「壞」的。例如「日本人論」裡常見到這樣的說法：「平均化的日本人不可能殺人」，理由是「不是肉食民族」、「日本人心地慈祥」等。所以反過來說，如果有誰殺了人就被認為真正做了壞事。就會認為像大久保清〔譯註：為一名殺人犯〕那種人一樣非殺不可。究其根源，我想就是「喜歡・討厭」和「善・惡」成為渾然一體的觀念。但是這種觀念對對方是否行得通，就好像沒有加以反省。例如歧視的問題，認為不使用歧視言詞是好事的人很多。而無意中說溜了嘴的時候就馬上道歉，於是「壞」事就消除了。如有還沒謝罪的人，就說「那個傢伙才是壞人，是個種族歧視主義者」。可是實際上，這裡並沒有什麼變化。

　　話說得有一點抽象了，應該怎麼想才好呢？我以為這就是戴先生說的學者・知識分子的任務了──那一點有必要分清楚。比如如果要說「未守約定了，對不起（「惡い」）」的時候，

就不要使用「惡い」這樣曖昧的觀念好了。然後，既然未守約定，理應會造成什麼障礙，就要一直追查下去究竟發生了什麼障礙。這就是學問，至少是調查的步驟。我想，把日本對中國的侵略，或對朝鮮・東北的殖民地占有，用以上講的「善・惡」的觀念——把剛才戴先生說的「喜歡・討厭」這樣擴大解釋也許有問題——來思考似乎不妥當。關於對台灣的占有盡是說「惡い、惡い」——當然相反的說法也有——而無法改變自己的觀念，應會永遠束縛著自己。如一種憑感覺的說法吧。當你缺乏某一種知識的時候，比如說遇到外國人不會說英語的時候——我想戴先生不至於這樣——我就會覺得那是「壞事」（「惡いこと」）。這真奇怪，沒有經過一定的學習所以才不會說，這是當然的事。為什麼非要把這個事實感覺為「壞」事不可呢？

日本人的台灣理解

　　戴：我還在大學的時候，有一位老師拚命地想用蹩腳的英語與來自亞洲的留學生談話。我想，留學生是來日本學習的，沒有必要服務到那種程度吧，也許那位老師覺得不說英語是一件「壞」事。可是想要研究中國的時候，不會覺得不懂中國語是「壞」事。這種相反的情況，真傷腦筋。有留學生在場的各種集會裡，總覺得日本人有意避開日語說得好的留學生。留學生若是白人的話還算好，感覺特別有意避開來自亞洲且日語說得好的留學生。不論學生或是記者，好像喜歡接近日語蹩腳的人，拚命想打聽什麼的樣子。最近日本人自己寫的《日本人論》裡有如下的

反省：「日本人不善於『對話』」，我覺得這是很重要的一點。
我自負日語說得好（？），所以一直以來不受歡迎（笑）。

　　新島：我想今後台灣的問題會受到關注。公明黨和中日友好
協會的《共同聲明》裡的五原則都牽涉到台灣問題，考慮對中國
外交的時候，台灣問題必定會成為中心課題。到時候會出現「我
們不知道台灣」的現象，我們是真的不知道啊。到時以剛才說的
「惡い」那種感覺來敷衍是不行的，我想不努力去搞清楚是不行
的。

　　戴：我這個人就是這樣，一旦變成熱門的課題我就撤出，總
之想趕上流行的人總會出現的。談到「台灣問題」，對台灣的歷
史和現實什麼都沒有做研究就發言，不研究台灣的經濟就談論大
陸貿易和台灣貿易哪一個比較賺錢，貿易量有多少等等，說些像
小孩子的算術計算之類的事。不是比較大陸和台灣的潛在力量，
而馬上搬出來的是GNP，做出「台灣的GNP現在是300美金，
到了1970年代末就會增加到500美金，是大陸的三倍」之類的比
較。不是說不可以做有關台灣的發言，畢竟台灣研究者也不太用
功研究。不說了，說得太多會討人厭（笑），老實說連事實都沒
有好好地確認。這一點，不論國府反對論者或者是國府擁護論者
都一樣，根本上沒有人做研究工作。最後，還是那些厚臉皮的人
出來，應驚慌失措的媒體之邀而寫各種各樣的東西。厚臉皮的人
又是很膽大地發言（笑）。

　　在日本，編輯者和讀者不大要求執筆者對其發言負責，社會
上也是這樣，是不是說「過去的事就算了」？特別是對於寫書的
人來說，變成印刷字確實是可怕的。在日本也把「可怕」當作一

回事，但是也和剛才的無視台灣同一個邏輯，還是把它漠視了。那個傢伙說了奇怪的事，以後不再理睬他，這樣一切就過去了，不再多做追究。在戰前，說中國人是「清國奴」、是不行的一群，到了戰後就變成「中國人不會背叛人，可以信任」。我想那是為了把日本人曾經有過對中國的蔑視觀糾正過來的一種強調說法，其善意是能夠認可，但是這樣對待事情是無濟於事的。雖說是出於善意，但同樣是片面而缺乏說服力。任何地方的人都一樣，會背叛的人就是會背叛，被逼得陷入困境時背叛是理所當然之事吧。被逼得陷入困境而不會背叛，那是神佛的世界才有。日本就有這種呆板的想法。

　　日本人是單一民族，互相之間容易理解，彼此的容貌也大致一樣。中國的情況是北方人和南方人不同，相鄰的福建和廣東語言不通。福建之中的北方和南方也完全不通。於是就會努力互相溝通、互相理解。雖然也有難於應付的情況，但總會帶來能夠互相信任的結果。日本的情形是從明治維新以來就一直相當順利進行，也就是說已形成了近代國家的國民意識，因此對地方的特殊性，人的特殊性之關心也就淡薄了。像我自己總覺得日本人似乎有一種不願容忍古怪的人以及異端者存在的那種心情。由於這個原因，才會馬上做出「這就是」或者「那就是中國人」這樣非常平板的結論來。所以會馬上斷定來自台灣的留學生是國民黨。如果有從大陸經由香港出來的人，也不確認那個人物到底如何，只因為來自大陸，左翼的人們就愛護他們。從中國大陸出來的人也會變，從台灣出來的人也有像劉彩品女士一樣的人。這才是一般的情形，這樣的事怎麼也不能得到理解。嚴重的是，也有人把所

有出身台灣的人都看作是台灣獨立運動者，真是沒辦法。

　　在日本由於近代教育的結果，對文字的信仰是相當普遍的現象，比如說只要是大學的老師寫作的、出版的東西都會相信。關於台灣也是如此，戰前就居住在台灣的漢族系住民，和戰後或1949年以後從大陸渡台的人們之間感情上存在的隔閡被過分地強調。對從事獨立運動的人來說，那是他們的台灣民族論根據，是他們的政治口號，還算有其理由，而一般日本人卻被那樣的言論搞得暈頭轉向。事實是如此嗎？一直到戰爭結束之前，日本人寫的書本都把台灣人當作支那人對待，可是不到十年就當作不同民族對待了。這與其說是奇怪的邏輯，不如說已經不是邏輯了。

　　我從小學到初中二年級受的是日本教育，被教什麼「鬼畜美英」等，這本來就是無所謂的。可是戰敗了就不再是「鬼畜美英」了。這種邏輯完全沒有弄清楚而延續到今天。尼克森訪問中國的話，就說是台灣島民有可能被屠殺等，非常焦慮不安的樣子。尼克森能不能到達北京都還不知道呢（笑）。就算到達了，還會有各種各樣的問題出現。這似乎和戰時說的，如果讓敵人登陸日本本土的話會被「鬼畜美英」屠殺的邏輯在什麼地方交錯在一起。在《自由》（今年〔1971〕10月號）上面，《每日新聞》的三好修先生詳述了據說是尼克森的基本立場，摘錄部分如下：

　　　美國不能容忍放棄過去的同盟國民政府，而結果1,400萬人台灣
　　　島民被中共屠殺，或被迫陷入經濟恐慌狀態，或隨從國府移居
　　　台灣的中國人受中共的報復行為等事態發生。（頁69）

可是冒昧得很，我想這是玉碎的邏輯，既使是日本的，亦即三好先生自己的邏輯歸結，也不是尼克森的邏輯歸結。這是因為從一個容許向敵人投降的美國社會的邏輯來看，是不會有相當於台灣人口數的1,400萬人全部被屠殺的想法的。這是意識形態，是政治立場以前的邏輯的問題。尼克森不會看到三好先生的這個報告，如果看到的話一定會大吃一驚。日本人的各位先生裡面——特別是老一輩的人們——對曾經統治過的台灣抱著一定的親近感，這不是不能理解，但是老實說，過於情緒化的發言就請免了吧。

無法解決的難題——日本思維方式之提示

編輯部： 從中國或者台灣所看的日本的形象，或者說日本的思維方式、日本的語言觀，這些都已經相當凸顯出來了。目前，圍繞新島先生所謂「親子一同自殺」說有各種各樣的議論，恐怕這些議論做為對象的本身，或者議論的方法本身也關連到日本的語言觀吧。這一點也許不好說，請新島先生談一談。

新島： 這很不好說。我想，做出攻擊的人們必須有一致的意見。或者說必須有一致的觀念，決定性的是必須有一致的主觀性，這像是一種非常強烈、藏在內心深處的衝動。下面我要說的或許可以把它當作一個比喻或者一個新見解來聽吧。朝鮮人與日本人一樣，是非常相似的單一民族，而且以單一民族的形式經過非常長的歷史，朝鮮曾經多次被征服而仍然守住朝鮮文化的自我統一。做為這個民族的自我統一基礎到底是什麼？我注意到一個有趣的事實。日語和朝鮮語有一個共同的性格，就是指示詞有三

種，不過不定指示詞則除外。就是說，在日本語把指示詞稱為「こそあど語」〔譯註：指「これ、それ、あれ、どれ」，「この、その、あの、どの」，「こんな、そんな、あんな、どんな」，「こう、そう、ああ、どう」等指示詞的總稱〕。一般以為近稱和遠稱大體上與英語的「this」和「that」相對應，與中國語的「這」和「那」相對應，但事實上是不相對應的。為什麼這麼說呢？因為還有一個在中間的中稱「それ、その、そんな」，這個在英語是不屬於指示詞而屬於代名詞，在中國語也是如此。所以要把日語的文學作品翻譯成中國語的時候，應該如何翻譯「それ、その、そんな」就成問題了。

　　有一位日本的中國語學者曾經做了一個統計，不過這是限於魯迅的翻譯情形。結果是，把「それ」翻譯為和日本人普通的語言感覺不同意思的，就是說翻譯為近稱的占85％，翻譯為遠稱的占15％。這也是一件有趣的事，至於翻譯為遠稱或近稱的結果意思是不是通了，那完全是另外一個問題。對於英語如有人做同樣研究的話，將是很有趣的吧。那麼什麼是「中稱」呢？那是出於和近稱、遠稱完全不同的想法的。就是說，在第一人稱的時候，近稱和遠稱是完全正相反的。第一人稱的時候，一根棍子的「這邊」在第二人稱看來是「那邊」。可是「それ」、「そこ」如果問題在於距離的話，應該位於雙方等距離的地位才對。這就是所謂的必須觀念一致、主觀一致的想法──並不是說想把這個做為語言上的根據，我並無此意思──就是說會有那樣思考。相信一定有這樣的東西，而想去追求它。「それ」、「その」就變得非常多。可是，事實上──這樣說似乎不恰當──中國人或者西歐

人認為沒有那種東西。語言上沒有，所以意識上也就沒有。對方看見的，不會是和自己看見的完全一樣。同時也認為你的想法、他的想法不會照樣為自己所理解。

所以關於台灣或殖民地，用當時的說法是外地，就會以為進入外地的人（日本人）會和住在那裡的人所看到相同的東西。凡事用「就是那樣」的方式思考事情，沒有意識到這是一種強制。當你說「就是這樣」的時候，自己會意識到「我強制你這樣」。雖然我在南京大屠殺的戲劇（收錄於《情況》8月號）裡提出「親子一同自殺」說，那是從「日本人犯下40或80萬人的南京大屠殺。假如是我的話，在什麼情況下能夠殺人？」這樣一個想像中產生的。不過，大體上我的結論是殺不了人。

有一種統計說明戰爭的時候哪一種人會強姦或屠殺人，結果表示知識分子最不會做，而當時日本農村出身的人最會做這樣的事。所以說同樣是日本人，同樣受軍國主義教育，同樣參加侵略戰爭，有會做和不會做這種事的人。想到如果是自己的話，在什麼樣的情況下能夠殺人，就是懷著自己已經死了的心情時才能夠殺人，我就說這是「親子一同自殺」罷了。所以我從來就不記得教別人以「親子一同自殺說」來理解屠殺，別人會有另外的看法是當然的。不過，過去有關南京大屠殺的原因的說法，不是在自己看來是如何，而是從「這樣說就不壞」，也就是「可以吧」的角度而寫的。於是就以為「那種壞事」在任何人看起來也同樣是「壞事」。於是我也不過是正襟危坐說「我看的是這樣」罷了。

產生屠殺的原因

　　戴：那樣說明就很容易理解了，關聯到這一點，在我最近出的書裡也稍微提到，就是有關南京事件、宋米*1、新加坡血債、奧斯威辛等事件，類似這樣的事舊中國人果真不會做嗎？中國人也曾經做過這樣的事吧，在某種情況下也做過吧。雖然是非常曖昧的說法，人在某種情況下或被逼得走投無路時會獸性發作，平時被壓抑的欲求會以那種形式爆發。朝鮮人、黑人被說成「犯罪率」高，但不應該僅僅從犯罪率來考慮問題，而要考慮逼著那些人去犯罪的是什麼。似乎是反論，我們中國人莫如要向日本人道歉，我有這種想法。我想假如我們更振作的話，日本人也不必做那樣的事情吧。或者說日本人的亞洲認識之所以錯誤大體上是始於「甲午戰爭」。台灣是做為其結果以「割讓」的形式被殖民地化了。那時候我的曾祖父們也做了相當的抵抗，我的故鄉也死了非常多人，台灣的一夥人跑到大陸去參加中國革命——那個時候並無所謂共產主義革命或者什麼的——以為只要中國振作起來就能拿回台灣。話有一點離題了，我在想該怎麼樣我們才不至於做那種屠殺，或者若有可能「連帶」的話，一起制定不讓屠殺發生的制止機制那樣的安全裝置。這樣想來，對新島先生提出的「親子一同自殺說」，我們有一種不協調的感覺。

　　總之，從新島先生剛才的說明，大致理解了那是做為日本人的新島先生「自己內心的意思」。但是以自己的生活體驗為題材

---

*1 指Son My Massacre，係越戰時美軍於宋米村美萊（My Lai）聚落的屠殺事件。

的小說式的想法，在被論說的這一邊是無法理解的。不過，新島先生也沒有想強要別人理解吧。就是到最近為止發生在印尼的「九三〇事件」，五一三的華僑屠殺事件，在宋米、柬埔寨一連的屠殺事件等，已經是20世紀後半了，希望停止這樣的事吧。

新島：這一點完全感同身受。就是說關於強姦或屠殺，不要以剛才談到的「善・惡」論來對待，而是從各種的條件重疊時，人就會這樣行動這一角度來徹底地、科學地思考才好。就因為沒有這樣做，大家就很快地靠向「善／惡」論，而馬上就說成「那個民族就是這種民族」或「那個傢伙本質上是壞人，所以會做出那樣的事」。這是戴先生也說過的，對人的壓迫會引起如何強大的反作用，這一點要好好思考。

戴：是的。

新島：這不限於物理上的壓迫，比如也有剝奪語言，剝奪表現的自由的情形。還有性的壓抑，這也關係到強姦，它與言論的壓抑相輔相成，表現為其成分較少的人就不會去做，其成分較強的人就會去做。這種問題也非應用性科學來追求是不行的。光說「強姦是壞事」，一定還會發生這樣的事。正如戴先生所說，對於這種問題，把以私人的生活體驗為題材的小說式的想法搬進來是沒有用的。

戴：就台灣的問題來說，「霧社事件」也是一個例子。受強大壓迫的人們發起了那樣的事件。可是，當時的日本人一方卻以「那是斬首的陋習遺留下來的結果而引發的。所以蕃人是野蠻的」，以這種態度去處理。還有，以1949年為界，國民黨的軍隊開進台灣，其中特別是非軍官的來自大陸的軍人，他們自從中日

戰爭以來沒有回故鄉，也不能結婚，薪水偏低，性的方面也受到壓抑，於是發生了問題，就是有一位軍人愛上了台灣女性，拚命追求，可是卻讓台灣女性覺得很為難。假如是軍官，或者有正經的職業的話也許願意結婚。軍人最後用手榴彈強迫女方和自己雙雙自殺。於是本省人（戰前就居住在台灣的漢族系住民）就認為「所以說外省人（戰後從大陸移居到台灣來的人們）是壞人」。這個時候不是就某一個民族而言，而是對某一個集團說「這個集團很壞」，卻很少想到將這個集團逼到如此地步的到底是什麼。於是我就會對他們（本省人）說：「假定換個立場，我們當兵去海南島，在那裡打中日戰爭，因此戰後不能回台灣，薪水也很低，那個時候我們是否不會做同樣的事？」那麼一說，大家就會恍然醒悟過來。被壓迫的人們會做出這樣的事情，原因到底在哪裡，應該科學的思考其社會機制才對，可是實際上連知識分子都停止思考，失去冷靜而流於感情論。

新島：不過那種情況，也不是說制度或客觀條件包含一切吧。

戴：而且，就算用科學能夠解釋明白，而不據此以創造出某種安定機制也是無濟於事，我總覺得科學──人類的睿智是無用的（笑）。但是，話又說回來，「馬來西亞人說柬埔寨人很溫順」這種說法也是無濟於事。

新島：正是如此。看了北越的電影也可以知道，同樣是越南人，殘酷的人照樣會做殘酷的事。

戴：那是提著斬來的腦袋出現在日本的電視上因此受到批判。當然是可悲的事實，我也希望盡量避免以流血的手段把事情

處理好。也許有人會說戴的議論缺乏階級理論，可是我是這麼想的。

新島：我想做為日本人首先要徹底分析，把事物看作矛盾來理解，總也要穿越只有不是「此」就是「彼」的思維。當然不是說矛盾終究不會得到解決。

戴：真的，是不是可以用人類的睿智來制止侵略和屠殺，並且制止多管閒事、干涉別人事情的行為呢？問到什麼是人類的睿智，的確難以答覆，可是世界性的溝通方法——比如衛星轉播等——在科學的世界已經出現了，總能制止吧，或者，也許這畢竟還是白面書生的想法而已？

新島：我不那麼想。這和魯迅說的「文學來自於愛」是相通的。「多管閒事」是不好，應該要做持續的調查和研究才好。「人類的睿智」的問題，終究還是不半途而廢的意思吧。照魯迅式的說法就是「愛」。可是，這樣的事用語言來表達就有一點彆扭。

戴：不是社會科學（笑）。反正我是文學青年，想說的人就讓他去說吧，我是不管的。像新島先生的「親子一同自殺說」那樣，我就以「人類的睿智」將錯就錯吧（笑）。

本文原刊於《新日本文学》第26卷第11號，東京：新日本文学会，1971年11月，頁6～18。為「アジアにとってのわれわれ」特輯內文章

石原莞爾與中野正剛
——松澤哲成vs.戴國煇

◎ 林琪禎譯

對談：松澤哲成（東京大學社研助手）

　　　戴國煇（亞洲經濟研究所調查研究部主任調查研究員）

石原、中野與「滿洲國」的成立

　　松澤哲成（以下簡稱松澤）：石原莞爾與中野正剛兩人有許多相關聯的地方，不過在政治史上卻未必有相關聯的地方。這兩人初次接觸、交集，應是滿洲事變前後吧。石原莞爾前往當地策動事件的時候，人在日本的中野則起而呼應——其實也不算是真正的呼應——只是經過幾個過程之後，變成類似呼應的形式。這個動作也是造成當時政界改組的起點——他應該還是想當個大臣吧。因此在民政黨內揭竿舉反旗，成立新政黨。從政治史來說這應該是他們最初的關聯。

　　而且我們提及石原與中野時，考慮他們思想的共通點的話，對於他們自身的問題，換句話說，就是自己的國家或民族，與其他國家或民族之間關係的問題，所謂「自」與「他」的關係，或

松澤哲成（松澤哲成提供）

許在這地方可抓住問題。具體來說，大概類似「滿洲國」這樣的課題。

　　總之，從一開始就結論說起，這在做學問的方法上也如此。例如中日關係史的想法，相互關係的角度切入的研究不多。所以我才思考住在日本的日本人如何與「他者」發生關聯，這樣的想法難道不是更應重視嗎？以批判性地來說，如果欠缺關係論的想法，談中國的人還是談中國，談日本的人還是談日本，或者談論日本國內某些問題的人就只談日本國內的事，這樣不是很奇怪且互不理睬嗎？我認為這樣不好。

　　戴國煇（以下簡稱戴）：我個人的興趣是中國歷史──透過近現代史中的台灣與華僑的角度，就某意義上，是從中國的邊境切入吧。而我現在查閱的是1920年代後半，亦即孫文過世後的國共合作、北伐、武漢政府、張作霖暗殺事件。此外還有1930年代最初的大事件，「滿洲國」的成立，也是這五、六年之間的事。不用說，滿洲國成立的研究非常具有今日的意義。

　　其實，滿洲國從某方面看，是日本企圖從旁插手中國革命的一種手段。一開始日本支持張作霖，可是張作霖也反過來利用日本擴張自己實力，與當時的廣東革命勢力以及其他軍閥對抗。張作霖其實是讓日本勢力進入干涉中國的始作俑者。而當張作霖在某個時機想要擺脫日本的控制自主行動時，關東軍看不下去了，

於是採取行動。事實上，張作霖如果待在北京的話，遲早會被北伐軍收服，如此一來，日本的企圖就失敗了。因此向張作霖提出回到奉天的建議，張作霖接受了，歸途路上被河本大作大佐以炸彈暗殺。也許從這裡說到台灣有點跳得太快了，不過如今台灣的情勢有類似滿洲國成立前後的感覺，以滿洲為例，闡明當時日本的行動，對我現在的研究，具有很重要的意義。在這層意義上，我想從中國人的角度回答松澤先生的問題意識。說真的，中國人在這方面的研究還非常落後。

松澤：日本也一樣落後。

戴：我並非只是概觀看日本帝國主義與中國的關係而已，而是微觀地深究中國內部的各種勢力，與日本內部的各種勢力之間的錯綜關係。探討中國這邊接受日本干涉的主要人物，以及日本方面策劃干涉中國的要角，並鑽探這些人物的想法與體質。

日本這方面的人物，在我的眼中石原和中野正剛兩者之間有幾個共通點。兩人對於辛亥革命都特別感動，因此他們可說都算是中國革命的同情者。另一點是兩人都對白人帝國主義有反抗意識，但我總覺得石原與中野的反抗意識上有點不同。石原的東亞聯盟的五族協和，雖是形式邏輯但比較清楚。要之，是提出日本人也是滿洲國的一員，或東亞聯盟之中各民族平等看法。從中國人與亞洲人來看那只是欺騙，不過依石原的說法直接表現出來，至少有倡導各民族的平等。相較來看，中野的想法就比較接近東條英機的興亞聯盟，也就是由日本民族領導、教導其他民族，日本民族替亞洲的民族解放的形式。也就是說，對於資本主義的局限，兩人都有一定程度的認識。但他們的邏輯的展開方法，比如

說石原的「世界最終戰論」，裡頭最後的歸結還是東洋人與西洋人的對決吧。

松澤：像是算總帳吧。

戴：不過中野應該是相當的法西斯主義，對納粹曾有一度非常感興趣。因此當東方會成立時，他還是會想成為對抗白人，或者對白人帝國主義，自己以像是非白人組織的領袖發言。從這件事來看，中野在某意義上比起國內問題，還是較關心國外問題。第三個一致點，還是滿洲國問題。最後一點，兩人都反抗東條英機，結果一人自殺，一人則被疏遠到最後。

松澤：沒錯。從近代日本歷史來看，最初辛亥革命時兩人的態度頗相似，至於滿洲事變時——我指的是政治過程，石原莞爾被認為是一人策動的，成立滿洲國也是站在指導者的立場。另一方面，這個時候中野正剛在國內，從內部瓦解民政黨，企圖將政黨政治也就是國家社會體制從內部加以瓦解。兩人形成對應。最後似乎連成一線，成為兩個端點。從滿洲事變到滿洲國成立前後，從外交到內政，這一連串的政治過程之中，他們兩人可說是代表人物。將這部分加以戲劇性描寫的話，一定相當有趣。

石原的苦惱與日本國家的矛盾

戴：如果提早在此做一個結論的話，現在的日本的狀況也處於這種狀況吧。有人說現在日本的狀況和戰前很像，我不想就形式邏輯上做這樣的看法。但話說回來，從亞洲的觀點來看，至少日本產業結構與日本資本主義的問題，已經走到了必須對與亞洲

的關係做最後抉擇的緊迫時候。

　　還有一點，戰後日本追趕美國與歐洲，已到爛熟階段。回頭看石原與中野，當時的日本在滿洲事變之前，無論是學歐洲或者是學德國，已到了巔峰。當事情走到了極限，遇到瓶頸，就製造滿洲事變當成緩和策略，總之就是避開國內問題跳到滿洲事變，這是歷史告訴我們的教訓。在這種情況下，中野與石原對國內的問題抱持怎樣的看法呢？就我所知他們基於興趣，在《改造》和《中央公論》雜誌上，對於馬克思主義與俄羅斯革命皆有深入的探討研究。矢次一夫的回憶錄也提到，中野好像也與「曉民共產黨」有關係（《エコノミスト》，1971年10月12日號）。從這點來看，中野正剛從一開始就相當的……

　　松澤：所以，以傳記式說法來說，中野開始與國內問題有牽連——最早跟隨頭山滿、犬養毅等這些大人物，在辛亥革命時一起前往中國。此外，他在此之前又和林長民等人有所往來，因此回到國內，就發動第一次護憲運動吧，之後成立了老壯會或改造同盟這些雖不怎麼樣的組織，然後加入政黨，在國內活動。就中野來說，從這個意義來看在國內完全有他的地盤。

　　戴：石原在這方面是如何呢？

　　松澤：就我來看，他自覺地要成為一個「軍人」，做了很多努力。

　　戴：從他的出身來看，他出身山形，不是農民出身，階層應該比較高？

　　松澤：不，也不能這麼說。

　　戴：所謂的出身比較高是指武士的意思。

松澤：只能算是沒落的武士吧。

戴：那麼，他對於山形的農業問題或農民問題有沒有自己的想法呢？

松澤：他在這方面沒有什麼作為。

戴：我想那就是他們關鍵性的不同吧。就石原來說，他一開始就志不在國內，而是對滿洲有著巨大的夢想而飛去。當然在這樣的夢想之中，也包含了認為「支那人」是不行的優越感。因此相較於他關注日本國內的基層問題，或日本資本主義的矛盾，其實他一開始就異想天開地對俄羅斯革命、法國革命，或是產業革命具有高度關心。所以才會一直研究戰爭史之類的學問，也因此知道戰爭的悲慘。但他還是認為日本，以至於亞洲，需要在東亞同盟的指導下，與白人做最終決戰。這段過程，就我來看，實在相當搞鬼。相對來說，中野他反對藩閥政治，投入護憲運動與自由民權運動，甚至於加入曉民共產黨這些行動來看，他和石原其實差距滿大。

松澤：不過，如果就自己與他者的，或者說用精神史的角度來看，石原其實也很關心自己身邊的問題。比如說宗教救贖的問題。也就是說，他認為還是要透過社會與國家的救濟，才能拯救個人。所以，往外出去他還是有遵循著由「內」而「外」，由「自己」到「他人」的過程去實踐他的理想。

戴：二二六事件的時候，他的角色是如何？

松澤：當時已有反叛軍的存在。從發動政變的青年軍官來看，石原是軍閥。石原則是想政治性地利用這個政變。因此當時的他，簡單的說是站在「調停」的立場。他對擁有1,500人兵力、

90挺機關槍、1,000挺手槍，占據國會議事堂周邊的青年軍官提出勸退的建議。但也向他們打包票，說會提出東久邇宮稔彥內閣案，達成他們所要求的改造與革新等交換條件。為了調停，他和橋本欣五郎、滿井佐吉、龜川哲也等人在帝國飯店見面、協議，希望以剛才說的條件讓事件落幕。不過結果失敗了。

　　戴：因此石原沉迷日蓮吧。

　　松澤：日蓮系的一派，國柱會。

　　戴：那麼，中野正剛的宗教是什麼？

　　松澤：一般說是陽明學。

　　戴：陽明學不是宗教吧，是政治的實踐學吧？

　　松澤：我不太懂陽明學。不過就中野的著作，比如《憶大塩平八郎〔《大塩平八郎を憶う》〕、《西鄉南州》，講的是有關心性的東西。

異想天開與走在時代尖端

　　戴：那是亞洲式的感觸，也具有一般日本庶民的心情與重視義理人情的東西吧。

　　至於石原的話，就我對他的感覺，似乎有點異想天開。總之，他的演出格局真的不小。德國留學時，一個人穿著和服出席重要場合，讓其他的外交官以及歐洲人嚇一大跳，和中國人見面又穿上了西裝，和日本人見面卻又穿上中國服。我覺得石原其實不只是個單純的國粹主義者而已。他潛心研究過資本主義的局限、矛盾以及戰爭史，對於為何而戰抱有懷疑的心。但他還是謹

守著職業軍人的本分，認真地深究戰爭技術，有很強的像職業意識的東西。不過，最後吸引他的卻是日蓮，這種宗教的事物。

松澤：但從過程來看是相反的，他熱中研究戰爭理論，也一邊思考究竟為什麼而戰爭的問題。當然不只在戰爭論上，凡是理論或研究都是會碰到這樣的問題。畢竟戰爭就是殺人。既然如此為什麼非做不可？因此而煩惱，然後認識了田中智學，也得知了智學的國柱會，才發現宗教會讓人安心，這是他自己後來說的。當時，他說過不想再當軍人了，惹了田中智學生氣，才打消退出軍旅的念頭。

戴：另外，我覺得他們兩人很有意思的地方，像石原的處事有點不漂亮。

松澤：聽說他的方言一直沒有改過來。

戴：那也是其中之一。說真的他其實頗不修邊幅呢，也許這是愚人的多疑心。對這位在軍隊之中人脈不多，又是山形出身的鄉下秀才來說，也許需要用這種誇張的偽惡去確認自己的存在吧。他對部下的愛護是「兵如神」，也許除此之外，也沒能建立其他的地盤吧。相對來說，中野就漂亮多了，比如那騎馬的英姿。

松澤：他那黑襯衫也是啊，還製作制服。

戴：還有他的文章。說到這個也許會被中野的崇拜者抗議吧。他非常喜歡賣弄文字，耍帥。腳不好卻愛騎馬，喜歡說大話，常改變看法。就這方面來說他應該是喜歡趕潮流走在時代前面的性格吧。這也許也可以歸類為愚人的多疑心。他畢業於早大，或許因此不斷透過與帝大出身的人之間的較量，確認自己的

存在。思索至此，雖然覺得石原和中野的行動表現大異其趣，不過他們同樣都是在日本國內被排除的少數派，因此只好向外發展，對外面的世界懷有憧憬。這樣的推測也許有點大膽吧。

松澤：石原不太講究文章。

戴：石原好像有點預言者的感覺，而且近似宗教的。但他卻是透過實踐，將宗教的東西藏了起來。所以我覺得他們兩人的性格有很大的不同。具體的例證就是，石原在戰後完全沒有受到遠東戰犯審判，這是為什麼呢？連他自己都覺得不可思議。

松澤：他甚至還跳出來說自己也參與了那些論爭的吧。

戴：所以說和東條唱反調這事……

松澤：應該有所關係吧。結果，就因為反對東條，所以最後沒有被列名在戰犯裡頭。

戴：所以，日語中的支那事變〔譯註：盧溝橋事件〕與大東亞戰爭，以他的邏輯都是遭到否定的吧。但是那邏輯上的否定，從中國人的觀點來看卻不值得肯定。他的邏輯是滿洲才剛建國，還沒穩定時，不應該又發動這些事變。不過他的看法在中國人眼中卻是相當困擾的。就我們來看，也許比東條、石原更糟糕。若照石原的計畫走的話，我想中國的革命會被拖得更久。雖然說歷史採用假設是禁忌，但是硬要講的話。

松澤：我還沒深究東亞聯盟這個問題，因此不敢斷言。石原前往滿洲是昭和3年（1928）。當時他已有了滿洲事變的想法，或打算發動事變去的。他是帶著滿洲占領論去的，認為中國人沒有統治能力。因為中國人不行，所以該換日本人了。這也是當時日本人的普遍看法吧。石原也因此而去的。但是實際狀況並非盡

如人意，因此才出現滿洲國。石原，在某個時期，對中國人的認識還是維持前述的看法，只是在1936年的西安事變時被顛覆了。西安事變之後，他發現中國還沒有放棄自己，不能小看西安事變所引發的新生力量，他們還有相當的自立性，所以被說成逆轉向，我想石原有這樣的性格。

戴：再微觀一點來看的話，昭和3年6月，張作霖被炸死，這件事和石原有什麼關係呢？

松澤：當年的10月他就去滿洲了。

戴：下手的是河本吧。但這件事真的是河本一人策劃的嗎？

松澤：應該和關東軍之間有了默契。

戴：當時和政友會關係又如何？就田中義一（當時的總理大臣）們的想法，中國要是統一就麻煩了。

松澤：但對田中義一來說，他和張作霖是舊識，比較偏向和張作霖「合作」吧。

戴：我們的想法倒不只是如此。對田中義一來說，並不樂見中國成立了以蔣介石為中心的統一政權。當時日本的主流，是分割統治論，其中之一是張作霖——對日本言聽計從為前提——把張控留在滿洲，再與中國談外交。日本希望張作霖聽話，在奉天好好努力。蔣介石在南京壓住共產黨與國民黨內左派就行了。蔣與日本有關係，張也與日本有關係。這樣子就形成了分割統治的權力平衡。但是，河本炸死了張作霖，其實等於毀了政友會。

松澤：確實是如此。

戴：事實上，隔年田中內閣就下台了。因此從這一方面來看，當時關東軍與政黨的關係，讓我難以下定論。

日本的大陸侵略與中國方面的動向

松澤：也許真正的敵人就在身邊。河本實際上殺的是張作霖，但其實也葬送了政黨。

戴：田中義一與當時政黨政治主流的企圖，在某意義上是被推翻了。若說河本得到關東軍的默認——這幾乎是現在的共識了——那麼關東軍與當時的政友會當然處於對立的立場。這麼說來的話，關東軍和憲政會比較近嗎？

松澤：從這個邏輯來看，可以這麼說。

戴：關於這方面——雖然我不是很清楚——不過到目前為止的研究，比如說提及台灣的殖民地問題時，總督的更迭其實是和日本國內的政友會、憲政會，以及陸、海軍之間的關係交錯在一起決定的。這方面的觀點是到目前為止比較欠缺的。關於此方面，在日本近代史的研究如何？在日中關係的研究上又如何呢？

松澤：日本外交史及其他的研究者，研究張作霖的人不少，或者說還滿多的。但是，就算看法有很多種，至少如剛才戴教授說的，張作霖其實是反過來利用田中義一等日本友人的這種說法，到目前為止還沒有。

戴：從張作霖方的……

松澤：基本上都是將張作霖看成日本的傀儡吧。但是，其實張作霖自身也具有「抗日」的一面，再加上他並不只是「封建」而已。

戴：是否在田中義一階段，我並不知道。至少在北伐開始之前張作霖是可以稱霸全中國的，或者有稱霸全國的打算，也因此

引進日本勢力，結果卻是受到日本的干涉，最後自掘墳墓。就歷史上的教訓來看，實在是極具象徵性意義。

松澤：想把日本當成統一全國的靠山吧。

戴：對。所以他不停擴張軍勢，還攻入了北京。但是，北伐軍也從廣東北上了。這個階段實在很有趣。武漢與南京的分裂與對立，國共合作的問題、第三國際與北伐的問題等，全部堆疊在一起。另一方面，張作霖還在北京殺了李大釗（1927年4月29日）。

松澤：李大釗是那個時候被殺的啊？

戴：張的部下襲擊蘇聯大使館是4月6日，同月29日李就被處刑了。但是，北伐軍勢如破竹的氣勢，讓日本有困擾。這樣下去張作霖可能會被北伐軍收服，因此日本才會對張與北伐軍提出有名的「五一八通告」。另一方面派芳澤大使說服張作霖撤退。

松澤：大概是威脅吧。

戴：張作霖聽了日本的勸告，撤退到奉天之前（1928年6月4日），就被河本炸死了。因此就某意義來看，日本的對中國政策，在日本內部有混亂。從我們現在的觀點來看的話，雖然付出了很大的犧牲，但也許要感謝河本。從歷史過程來看，或許因為有張作霖的犧牲，因這事件的巨大衝擊，直接高漲了抗日的意識，最後促成了西安事變。

松澤：西安事變中，監禁蔣介石的正是張作霖之子張學良啊。

戴：這是邏輯上的必然了。當時日本內部的各種動向，與中國內部的軍閥割據都在角力著。尤其當時勢力強大的馮玉祥、張

作霖、孫傳芳，以及從廣東以北伐軍的總司令出現的蔣介石，還有與武漢政府的主要領導者汪精衛（兆銘）、鄧遠達等這些國民黨的左派保持不即不離的態度參加北伐的中國共產黨、毛澤東此時正擔任廣東的農民運動講習所所長，也在湖南從事農民運動。

松澤：另外還有另一個派別，那個在山西的……

戴：是閻錫山。具體而言，日本與我們到目前為止討論的事件之關聯，今後思考1920年代後半到1930年代之間中國革命問題上，是決定性的重要，十分有趣。對了，河本策動事變之後，是石原去收拾善後的吧？他們兩人之間有什麼關係嗎？

松澤：應該是河本拉他過去的，或者至少是河本推薦石原過去的。

戴：但被放大鏡頭的，應該是板垣征四郎與石原的關係吧。

松澤：所以說，昭和3年石原去的時候，在河本高級參謀的轄下做了半年的作戰主任參謀。昭和4年5月河本被判退役處分，板垣則是他的後任者。石原前往關東軍赴任，聽說是國內的一夕會系統在背後支持的。一夕會是日本陸軍中反對藩閥政治的團體——也就是所謂的近代化論派，石原也是其中的一員。因此一方面有他們的推薦，一方面關東軍的河本大作也要求希望用他，等於雙方都互有要求。

戴：張作霖在1928年的6月4日被殺，石原抵達旅順是10月20日吧。

松澤：實際前往是10月的那天沒錯。他並不是決定就任就馬上動身。至於為什麼沒有馬上動身，一說是因為生病的關係。正式的人事異動是8月，如果有要到關東軍的人事協調，理應是在

那之前。

戴：板垣則是隔年的6月去的。

松澤：沒錯。石原是在昭和3年的5到7月之間，住進了九段的陸軍醫院。至少就我所確認的，當時他對同期的飯村穰透露想去關東軍的心情，請他轉告河本大作。

戴：然後捏造滿洲國。但是石原似乎很早就被叫回東京了，這又是為什麼？

松澤：昭和7年9月吧。就大局來看，石原的想法和日本政府的滿洲或進入大陸在那裡建立統治中心以為立足點的政策搭不上。也就是說，這些所謂的建國派的板垣、石原、片倉衷等人，有可能會衝過頭，做奇怪的事，像是國家社會主義等事……。

戴：對於當時國際聯盟一連串的動作，日本覺得這樣子下去不行，所以才叫他們回來，這也是原因之一吧。

松澤：還有一點就是要不要把財閥帶到滿洲，日本的建國派對財閥的資本有所要求與意見，亦即腐化是令人傷腦筋的。

戴：以既有的財閥為主吧。雖說同樣是資本主義之路，但是還是要找能加以控制的部分。

松澤：因此，三井和三菱就因為規模太大了而被排除在外。最後，也許可以說有內部矛盾，需要稍微改變一下讓事情比較好進行。要說具體的名字的話，像是星野直樹、現在的岸信介、椎名悅三郎等，都在昭和7年初一起到滿洲。

戴：主要是革新官僚吧，以及之後的新財閥。

松澤：新財閥的興起還要再晚一些。畢竟法制、機構都還沒有完備時，工作無法開始。因此首先要有能「作文」的官僚。雖

然滿鐵提供了不少人才，但還是不夠。加上之後的財政、稅金等非常專業。所以許多不算革新派的菁英官僚逐漸被調到滿洲。最後形成不透過關東軍，就直接和內地的官僚進行人事交流了。

異民族控制的原則是分割統治

戴：有趣的是，如我一開始說的，石原與中野對辛亥革命都很感興趣。但是，之後因為日本國力增強，以及辛亥革命的挫折等產生大國意識。「支那人」果然不行，為了解放你們，所以我們要成立滿洲國。這種轉向的內在契機究竟為何，值得探討。另一方面做為外面的說辭上，他們提出了用東洋的王道取代西洋的霸道的說法。即使這王道別有居心，至少打動了部分中國人。我的說法是如果不能釐清愛管閒事者與引進愛管閒事者之間的瓜葛，就不成為研究。中國方面，就有不少清末學者等相當的人物。

松澤：像丁鑑修……

戴：鄭考胥，還有羅振玉，是一流的學者。他們的書法，真是一流啊。羅振玉在辛亥革命後，曾經投靠京都大學一陣子。他們因為沒法接受辛亥革命的結果，因此出走海外，算是一群失落者，也就是趕不上時代的人。就此意義而言，與之後的汪精衛一派本質上一樣。有趣的還有台灣的出身者，因為不能在台灣內部反抗日本統治，因此為了逃離差別的待遇，寧願到滿洲做日本人的爪牙，當個二等日本人，抒發怨氣。當到外務大臣的謝介石就是吧。此外還有不少從事抗日運動，受到打壓，逃到中國大陸

後，又因為大陸的革命情勢過於混亂而找不到方向。他們大多為知識分子，因此很難加入中共，而國民黨又因為地域派系的蔓延，也很難打入其中。難以出人頭地，但有地租收入可說受保護的台灣抗日言論，和中國革命論述之間的狀況其實有著很大的差距。這也是台灣人最後會到滿洲求發展，或者加入汪精衛旗下的原因。

松澤：就是所謂的奉天文治派吧。

戴：不知道能不能涵蓋到那邊。謝介石是新竹人。其實就是在這種錯綜的關係下，我所說的連帶與干涉，接納方與投靠方之間，有了共同的新領域（frontier）。如日本提出了滿洲生命線，中國想要守護「正統」，或中國固有的文化主義等堂皇的理由。

松澤：山縣有朋以來的……。

戴：沒錯。所以今後還有以何處為生命線，重新開始的可能性。滿洲動員了很多學者、評論家出來證明滿洲不是中國的一部分。當然中國內部也出現了一些呼應的人士。不管如何，到派遣農業開拓團，滿洲的農業開拓重點不在南滿而是在北滿。這可看成是對抗蘇聯共產主義防線的一部分。另一面是我自己的想法，就某個意義而言，石原若想要打造自己的王道樂土，南滿洲的農業地帶既有的勢力還很大。一則難以進入，一則會攪亂秩序，硬做的話只會樹敵而已。不如往北滿洲條件較差的地域去，不，是不得不去。像加藤完治這樣的農業領導者會在北滿洲實驗日本的農業也是基於這個理由。本來，被動員到滿洲的農民是在日本國內被排擠的，多少都對滿洲帶有某種程度的夢想吧，再加上滿鐵調查部中存在著馬克思主義者之類的問題等。這些要素所拼湊出

來的歷史皺褶，說真的很有趣呢。

松澤：關於移民的問題，我不了解這在經濟學上的意義。就我個人的興趣來看，像是抱著夢想、理想之類而出去的，還滿有意思的。

戴：確實是如此。當時日本的農村，從狀況很好之處也沒人出去。

松澤：我也這麼認為。單純就生活而言，生活都已經過不下去了，如果有可以討生活的地方，自然帶著這樣的夢想前去。也有這種模式。

戴：將日本農村的一部分矛盾帶到國外去解決。

松澤：就經濟學來說，這部分倒不是那麼重要。相較起來，資本上的日滿經濟一體，也就是所謂的區塊經濟化，實踐了不少。我認為這部分比較重要。

戴：問題是對當時日本的資本主義來說，打算把國內的農民問題、農業問題等矛盾帶到國外去解決，有其體制方的打算，不是嗎？

松澤：其中比較大的是土地問題吧。

戴：確實。不過，將下層的農民帶到滿洲，在他們之下又有可歧視的當地人存在，因此也有將他們完全組編入統治體制的一面。在台灣，當局不讓日本人當農民，雖然到了末期在台灣東南部成立移民村，遷入開拓的農民，但這是與台灣的農民隔絕的狀態下進行。因為如果一起的話則會喪失殖民主義者的優越感，不易統治。

松澤：階層上有所不同。

　　戴：是的。畢竟控制台灣人的機制無論如何必須建立，這是統治異民族的原則。所以連日本工友也很快就升職了，有即使文章都寫不好的警察在我們的街鎮，他們還是在地方上跋扈。

　　滿洲的情況是一開始就移入了開拓農民吧。這方面該怎麼看？加藤完治導入了日本的農業方式，不採用美國的大規模型農業。對研究農業的人來說，探討加藤完治的想法是有趣的課題吧。

　　話說回來，松澤先生對於中野拿出法西斯主義其內面的契機有何看法？

中野是「搖擺不定型」的人物

　　松澤：關於他的法西斯主義，以及黑襯衫之類吧。我認為中野並不只這些表現是「轉向」。他的一生，最明顯的是常轉換所屬政黨這一點。

　　戴：所以說極端一點，這個人沒什麼中心思想。

　　松澤：因此，我認為他是「搖擺不定型」的人物。

　　戴：這是不得要領的知識分子啊（笑）。似乎非常漂亮聰明，其實是非常難看的作法吧。因為他的中心思想並沒有定型，為了敷衍因此就走在時潮前，他的弱點就是如果不追尋時勢潮流，就穩不住陣腳。

　　松澤：不過令人不解的是，他的行動當然有些是追著潮流的，但也有比潮流還快，走在潮流前端的一面。這就難以了解了。無論如何，這些都是他的特性之一。

戴：從這個角度來看，他有記者的敏銳感覺。不過，就因為敏銳，而缺少思想家的深沉思考，因此不趁時潮就很不安。所以，他某一面確實表現很精明幹練，但是做為著述者來看，卻給我們最不得要領的感覺。

松澤：我認為「搖擺不定型」就是缺乏內在的統合性的感覺。所以明治末期他前往中國和朝鮮，認識到亞洲問題的重要，又在看了巴黎講和會議之後，提出了人種對抗、國際資源再分配論等。現在也有人是這樣子做的吧。

戴：現在年輕左翼青年之中，也有這種人吧。被熱氣沖昏頭，而且帥帥漂亮的。

松澤：是指沖繩吧（笑）。

戴：所以我讀中野正剛著作的過程，意外發現在我們的周遭有不少小號的中野正剛，那種認為自己走在時代尖端的人，依舊充斥在這個世界。這種說法也許有點僭越……。

松澤：說是典型的日本人，或許有語病，但很接近。

戴：這話就不說死了。總之就是英雄主義、沽名釣譽、只寫會受人注目的文章、需要他人的奉承……這種知識分子，我認為就是典型的中野性格。中國從1920至1930年代的動盪期間，出了很多這樣的人物。

松澤：不過還是不及中野（笑）。

戴：但是，單就文章來看，我認為他的文章好得沒話說。

松澤：他年輕時就開始學儒學了。

戴：乃木大將身為台灣總督雖然評價低，所作漢詩卻是一流。「山川草木」一首〔譯註：指其詩作〈金州城外作〉〕詩就

算不用日文，用中文詠讀也是一首好詩。是個不可小覷的敵人
（笑）。我並不是要特別美化乃木，我想說的是，那時代的人漢
學素養相當高。

　　松澤：竹內好先生的論文〈大川周明的亞洲研究〉〔〈大川
周明のアジア研究〉〕中指出，大川的基本學養是宋朝儒學，他
總是內與外、精神與形式清楚區分，其實有許多模糊不清的地
方，大川捨棄很多曖昧的部分。

　　我覺得從中野身上也可以看到這種傾向。這是海外的「外
部」問題，也屬於「他者」的層次問題，辛亥革命就是如此的問
題而幹了。但當這些問題變成「自己」的問題，回到「國內」，
成為「自國」的問題時，他沒有辦法釐清之間的關聯性。中野的
邏輯缺乏這種關係論的構思。因此他的邏輯都是東拼西湊，這也
是我將他定義成「搖擺不定型」人物的原因。現在對於亞洲的認
識屬於這種類型的人並非沒有。

　　戴：正剛當然是反共產主義者。我不認為他一開始就是天皇
制的崇拜者。

　　松澤：應該是共和主義吧。若試著整理石原的邏輯，他是希
望國內的社會體制透過「昭和維新」的形式改造吧。若發展下
去，將形成以日本為中心的東亞聯盟與以美國為中心的西洋聯盟
之間的世界最終決戰，然後迎向人類共同的黃金世界。這就是他
的想法。

　　戴：那是把天皇制束之高閣的變革呢？還是包括在內的變革
呢？

　　松澤：戴教授指的天皇制，是怎樣的意義呢？石原莞爾對天

皇個人也並非不尊敬的喔。

戴：我這麼問的原因，是因為最後日本碰到的問題是自身內部意識形態的問題吧。無法解決最後就到外面去。不釐清這概念的話就無法了解。滿洲國建國的愛新覺羅溥儀，不就是日本天皇制在外地的複製嗎？只是道具而已。袁世凱當了皇帝，日本一半是諷刺，一半是加以利用了。因此，所謂王道的實踐與天皇制也是有趣的問題。所謂的王道，其實是日本人領導的王道而已。我沒有鑽研過天皇制，所以沒資格說什麼，但要理解日本人，非得先去了解天皇制。滿鐵調查部的馬克思主義者，在日本的研究，最後碰上了天皇制就沒輒了。他們後來才會改為投入亞洲的生產樣式與中國社會的研究，是可以這樣理解的不是嗎？

松澤：我倒覺得石原莞爾並不是這樣子。我個人不喜歡搬出天皇制加以探討的作法。這麼做也沒什麼效率。

我想，石原不將社會變革問題單純當成一項國內問題處理的原因還有一個。認為「內」與「外」，「自己」與「他者」，具有相當大的關聯性。如果說有個人必須被救濟的，如起動力的東西，那個人的救濟，還是要靠社會的力量去實現。也就是說日本必須要從根本去進行變革，然後將這個變革擴大到亞洲，全世界。他的想法就是用同心圓的方式去展開。

連帶、侵略、管閒事

戴：中野正剛有段時期對白人帝國主義十分反感吧！

松澤：大概是去參加巴黎和會的時候。

戴：可是辛亥革命開始時，他曾為了日本對中國應有的態度，批判過德富蘇峰不是嗎？可是之後又說中國人不行，並控訴白人帝國主義。以此為基調，要以日本民族為指導民族去指導亞洲，替其解放的想法。剛才我們談過的，他沒有什麼思想，所以不會有大的轉向，但是他有記者的敏銳，搶先賣弄文章賺取高額的稿費等。我們可以下這樣的結論嗎？（笑）

松澤：好像分數打的很苛刻呢。

戴：話說回來，具體進入目前的問題，會是怎麼樣？

松澤：我想問題在於：為什麼不管石原也好，中野也罷，都為了尋求「連帶」關係，向「外」發展，甚至走到「管閒事」或侵略地步的問題。必須從政治、經濟、心理，或者其他各方面，全面探討為什麼會這樣發展？這是歷史的必然嗎？我想必須把這些問題做全面檢討。先就想法部分，最大的前提還是要為自己挖個立足之處，也就是屬於「內」的「自己」的確立與建立根據是大前提。

戴：確實沒錯。我想到之前的新聞報導，美濃部都知事和金日成首相見面的時候，談到了那些日本赤軍劫機客的問題。那些人說希望加入人民軍，金首相苦笑說我們自己的國家自己可以保護而加以拒絕。這個新聞很有趣。感覺這些劫機者的思考模式和中野正剛有點類似，不是嗎？

松澤：就個人史來看，中野是有段期間目光朝向海外而展開議論，又有段期間專心國內問題，有此感覺。但僅就新聞來看，金日成和劫機客之間沒有交集吧。

戴：雖然不知道那算不算理想的型態，不過有斷絕的話其實

就不太好吧。

松澤：在剛才討論的大前提之下，我認為還是不能孤絕在「內」，還是要有向「外」、「他者」同心圓地展開的因素，我想是絕對必要的。

戴：但是展開邏輯，一定要內部有根。如果不先深入探究內部的話，就沒辦法向外展開了。

松澤：或者是說向內鑽研，向心地追究自己到底，如能這麼做也能再從那裡展望「外」與「他者」，而不一定要出去。這樣的想法，不也可能嗎？

戴：日本年輕人的事先擱在一邊，日本另一方面也有經濟協助吧。處理不好，會將日本尚未解決的公害問題帶到國外。對於日本現今的政治人物提出的技術協助、經濟合作，當地人當然會加以利用。但也會出現否定的聲音。再者，日本年輕一代拚命地搞，遇到瓶頸後，又將希望寄託在連帶上，安易地抓國際主義。方便有利時就喊著連帶、協力，卻無法解決任何本質上的問題。就某種意義來說，只是延緩矛盾衝突的時間而已。我想說的是，不管是滿洲國的例子也好，還是越南的例子也罷，總之就是不要插手干涉他國的革命，因為最後都落得互相受傷的不好的收場。日本和美國最後還不是不能不收手了嗎？不要妨礙覺醒群眾自己選擇的未來，以善意的態度觀望，只能這樣不是嗎？從外部加以干涉，不管左或右，最後絕不會有好結果。這是我的想法。

話說回來，松澤先生剛才說的，要先控制好自己的立足點，沒有一個「根」的話，就向外發展，也沒有意義；或者向外發展卻回不來，也是問題。這方面，今後該如何思考，也似乎是留下

課題。

　　松澤：在此，我想正好回到開始的話題。也就是，光有
「內」、「自己」，或者光看到「外」、「他者」，都是不行
的。只有一方的話，都會欠缺效率。將兩者關係論地連結是必要
的。今天我主要想說的，尤其在想法邏輯上就是如此。所以我不
會用類似中野的思想中部分的剪貼邏輯，或「搖擺不定型」的想
法。讓前面說的「內」、「外」兩個指向，產生關係的一種想法
是如石原的「世界最終戰論」中，這個連續的同心圓的展開，以
及導引出來對於世界末日的期待、預測，類似宗教性堅信——我
們今天幾乎沒有多加探討將兩個指向「內」、「外」，「自」、
「他」做統一的關聯性的想法，其他也有。總之，必需先細緻地
分析其有效性的程度。

　　　　　　　本文原刊於《現代の眼》第145號（新年特別號），東京：現代評論
　　　　　　　社，1972年1月，頁150～163

回顧日本殖民地政策

自分與「他分」
──日本人的亞洲認識座談會

◎ 林彩美譯

時間：1972年1月29日

與會：堀田善衛（作家）

　　　長洲一二（橫濱國立大學）

　　　戴國煇（亞洲經濟研究所調查研究部主任調查研究員）

　　　三浦昇（前《中日新聞》文化部次長）

各式各樣的亞洲相貌

堀田善衛（以下簡稱堀田）：我在1956年第一次去了印度。依那時旅行的經驗來說，思考亞洲的時候我想應把印度隔開比較好。亦即印度半島像是與亞洲分屬不同的單位，亞洲好像擺脫不掉以緬甸和孟加拉為界就是盡頭的感覺。

說起來，馬來西亞、印尼、孟加拉與巴基斯坦雖然同樣是回教，但印度半島有太多不能包括進亞洲之中的東西。加上我想印度人自己也沒有什麼亞洲人意識。

戴國煇（以下簡稱戴）：我也有印度人朋友，他們對日本有

所求的時候，就同是以亞洲人——亞洲這個相同架構講話。但是他們也做出了以所講的是標準英語（king's English）——依我所聽也不怎麼標準——為傲的主張。我避免以自身狹窄的接觸範圍下斷定，而印度人的上層之中有自己是白人這種很強的意識，有令人感到他們所抱持的自尊心，好像可從白人的屬性去尋出根源似的。

　　堀田：說是高加索人種（白色人種的別稱）。或說我們是孟加拉人、喀什米爾人等那樣的感覺很強，自覺上不是亞洲人。同時，我想日本人也沒有什麼亞洲人的意識。因此，若把亞洲放在中間看，我覺得印度半島與日本兩方都是異質的。所以如果泰國人在談論或思考有關亞洲情事時，除去日本和印度思考的情況較多，也有另做思考的必要吧。

　　長洲一二（以下簡稱長洲）：常說亞洲有中國文化圈與印度文化圈，向西更有回教文化圈。那麼，崛田先生所說的亞洲就是中國文化圈吧。

　　堀田：中國文化，還有一個是佛教文化。馬來西亞與印尼雖是回教，但那是亞洲。

　　長洲：那裡的回教好像與發源地的回教不一樣。

　　堀田：是的，回教大概是乾燥地帶的宗教。從北京開始到新疆省，通過中亞細亞到摩洛哥或西班牙止，幾乎都是乾燥地帶。然而馬來西亞、印尼是非常的高溫多濕地帶。那裡的回教我不太懂，但與乾燥地帶的回教比起來，覺得就是有點不一樣。

　　長洲：回教進入印度是10世紀以後的事，進入馬來西亞、印尼就更晚。

堀田：在這中間我想應有什麼改變。而奇怪的是，回教圈的國家，如巴基斯坦（Pakistan）、烏茲別克斯坦（Uzbekistan）、阿富汗斯坦（Afghanistan）都附有意義為土地或國家的「斯坦」，而馬來西亞、印度尼西亞則是「西亞」。（笑）為什麼？

戴：真有趣。剛剛出現宗教的話題，我當下正對孟加拉的拉曼們所提出的政策主柱——脫宗教的問題有所關心。稍後想做為話題，堀田先生對此有什麼想法？

堀田：到底是什麼我也不大清楚，但孟加拉的障礙太多，宗教的問題是障礙中相對較小問題之故吧。另外是與印度教的孟加拉人也必須相處得好吧。

戴：要之，孟加拉是孟加拉人的國家，所以本來應包含現在是印度領土的西孟加拉。印度當局如何想另當別論，就是抱持有那樣的展望吧。

堀田：我想是，不過這是推測。

長洲：宗教的問題是我們日本人最不能理解的事情。脫宗教即進步的信仰能如此廣泛展開的民族，在世界之中是很特殊的。因此變成了很難理解外國情事的體質，這是應該自覺之點。

緬甸以東是「謙讓」為美德，孟加拉以西是「自我主張」

堀田：是這樣的。我們日本人在明治以前就已經是「脫宗教」了。對以宗教為中心的生活方式是不能理解的。

還有，這不是宗教的事情，而可說是感覺吧，和印度人講話用英語的確可以溝通，卻有心情上不能溝通的地方。然而緬甸以

東是語言不通，但感覺上卻有可以溝通的地方。

　　戴：我在1969年末去過馬來半島的農村，的確是有那種感覺。只是我已在東京生活了十多年，恐怕連中國人的感覺都有些淡化和失去的部分，所以有些講不清。但是，皮膚的顏色、體格、舉止態度很像，所以語言雖不通，感覺卻可互通。

　　堀田：例如都市的貧民區，即使是那種地方在緬甸以東令人幾乎沒有恐懼感。然而進去阿拉伯圈或印度的大貧民區就有無法忍受的恐怖。我想那是與語言通但感覺不通有關係。事實上是什麼事也沒有，但這按捺不住的不安，會感到自己在哪裡都不對勁，像水與油的不相融，同樣是貧民區，緬甸以東就沒有這種事。

　　戴：這是否可用「習慣」或「熟習」來解釋。比如看到很高大的白人或黑人，即使未抱有偏見的小孩也會怕。

　　長洲：印度人的面貌與我們不同，每個人五官都過於端正，就連乞丐的眼神都像實存哲學家一般。有那麼地不易熟習也未可知。說實在，我從印度進到泰國時都會鬆一口氣。這種說法或許會被泰國人罵，但是不像在印度那樣，對赤裸「人性」的駭人壓迫感而膽怯、受震撼的感覺頓時消失，在鬆了一口氣的同時，有輕鬆而舒適的感受。（笑）

　　這只是微不足道的感想，但在印度，完全感受不到女性。（笑）在街上是當然，塔及馬哈爾飯店的女性也有許多裝飾奢華的美人，奈何看起來都很了不起的樣子，令人難以親近的印象很強，好像是另外一個世界的人。然而到了泰國，就可看到胖胖嫩嫩可愛的女性，還靜靜地微笑著，啊啊，有女性哦。（笑）

　　戴：那在某種意義是當然的。因為日本一直到東南亞是屬於季風（monsoon）地帶，共有稻作文化的一面。依我在馬來半島走動的經驗來說，除了房屋的結構之外，幾乎與台灣沒有什麼不一樣，所以沒有不協調的感覺。

　　可是，與印度人交往後領略到的是，印度人對他人提出要求的方式與其他國家的人不一樣。那是向人家討東西的要求。我們的感覺是若以向人家要東西做為要求，是很難以明白清楚的形式啟口吧。

　　堀田：可能與嚴酷的自然環境有關係，我想孟加拉以西是「自我主張」為美德的基礎，緬甸以東則是以「謙讓」為美德的基礎。「自我主張」與「謙讓」不調和是當然的。

　　還有，對事物的想法、邏輯不一樣。我以為孟加拉以西，對事情的說明方式，比如用英語的話，就是頻繁地使用because，是「由於……什麼什麼，因此……」的想法；對緬甸以東，同是英語的話，就是使用and，是「……是什麼。而且……」的想法。

　　因為我們日本人是「and」，所以對「由於這樣因此這樣」的「because」，是無論如何都不習慣。印度以西，阿富汗、伊朗都是這個「because」。包含阿拉伯地域的人，話是相通了但感覺不能通，歸根究柢彼此不易交往的根本原因，就是有上述的理由。

　　日本人所感受的印度是有難以使之加入到同一個亞洲的殊異感。然而，不是日本，而是從中國看印度的話，就完全可以放入亞洲。怎麼說呢？我主要是以文學家為對象，與中國人交往的經驗來說，他們對事物的想法是「because」與「and」的雙方共

存。亦即，中國人具有與印度人說話和感覺皆可通的秉賦。

把異質之物同化的中國

　　戴：對此我也有同感。因為從做為《西遊記》藍本的玄奘三藏所著《大唐西域記》也可看到，6至10世紀，特別是唐代，印度曾是中國的老師。三藏法師實際去過印度。所以，做為史實，印度是中國的老師。中國人和日本人不一樣，不會區別自與他，不是不區別，而是普通所說的「潔癖」感淡薄。日本人則容易封閉在自己的小框框裡，中國人是把進入到中國的東西全部融合成中國式。

　　那在某種意義上是當然的。因為中國的歷史，比如唐朝首都長安是超級國際都市。不只朝鮮、日本或中國周邊的國家，以至現在的所謂歐洲、中東等地域都有很多人來到中國。而且那異質的人們擁有相當的勢力並存著。中國人之中漢民族原則上不喜歡與他民族混血，亦即是雜種──這在中國也是罵人的話，而實際上叫做中國「世界」的文化，卻可說畢竟是託進入中國的混種文化之福才保持了活力。雜種亦即容納，在容納異質或異端的結果，漢文化才存活下來，是否可以這樣看。

　　不像日本同質文化普及全國，中國本身就是一種渾沌。所以堀田先生所說的「because」與「and」，在中國可以同時存在，也同時存在著。加上中國的情形是本來就沒有亞洲或歐洲的觀念，那種廣域的概念全部以東西來表現。有一個叫作中國的大的「世界」，其他則是東或西。

堀田：「中華」就是意味「全部」吧。包含東、西、南、北全部的全世界。因此，中國是僅一個中國就是全世界。遊戲中也只有麻將使用東、西、南、北全部。（笑）

長洲：亞洲（Orient）聽說是意味太陽上升的地方。要之，西洋人追逐太陽上升的地方而來到東方。（笑）

起先以為亞洲的地方，又發覺再前面有更大的亞洲，所以以來到的順序而取名為「小亞洲」、「中亞細亞」，最遠的地方叫遠東（Far East）。（笑）因此，中國人是亞洲人，或印度人是亞洲人等，本來是與生活或文化的內容無關，而是以歐洲人的意識造出來的亞洲概念。

再者，中國也有意識的不去考慮，從這個地方開始是東洋，而那邊是西洋，只說西邊角落、東邊角落而已。

戴：歐洲稱作「泰西」，是中國的造語，而日本又將之輸入的語詞吧。

傳統上中國把玉門（在敦煌附近）以西叫做西域，南海（南中國海）以西叫西洋。大概印度洋一帶是西洋。然而到了明朝，利瑪竇來布教（1582～1610年），對印度洋以西的諸國始有意識，也就是對極（極字通泰）西開始知道。事實上利瑪竇把自己和以往在中國的西洋人做區別而自稱大西洋人，「大」又通泰。如剛才所講西洋與泰西都以模糊的「東西」之感被稱呼。

那麼，現在中國說東洋就是指日本。戰爭中的「東洋鬼」便是日本軍。

長洲：簡單來敘述亞洲，其地理界線其實很曖昧不明，大略地整理一下，就是日本與印度在亞洲之中稍微異質，以中國世界

為中心，宗教是佛教與回教的世界。

戴：為亞洲做界定的時候，亞洲季風地帶以稻作農業為中心地域之風土與農業型態也納入考量比較好。只提宗教的話，天主教國家的菲律賓就不能包含在亞洲中。

堀田：說到菲律賓，讓我想起日本如果沒有鎖國或許也變成天主教國家。

因為，禁止天主教的時候，日本國內天主教信徒人數有幾十萬人，與當時的人口相較那是莫大的數字。現在日本國內包含新教在內的基督教徒也不到百萬人吧。況且當時的信徒位處權力中樞的人物很多。日本人的好奇心很強，如果隨其發展或許變成如菲律賓那樣吧。

長洲：有關亞洲舉辦若意識調查那樣的事就好啦。「說到亞洲會聯想什麼」，我想結果會因人而異、各式各樣。如「飢餓」、「人多」、「廣大」、「有資源」、「血緣」、「永遠」、「精神文明」、「殖民地」、「發展中國家」、「民族主義」等。然而日本人出乎意外地在凌亂的亞洲形象之下各自談論亞洲。在這點上對「西洋」是有共同的印象。

「後進性」的基準是西洋

戴：的確是如此。又，亞洲的思考方式或說感情的世界，做為歐洲合理的理性世界所對應的世界，這種理解亞洲的態度，在亞洲人與非亞洲人裡都有。

在落後地域的亞洲人們，安住於不一定是合理的感情世界的

傾向也有。所以，後進國、落後的國家──在當地觀察也的確如此──的人們說「這樣不行」，在心情上或倫理感上很拚命，然而那根源是感情與心情之故，被先進國家以「開發中國家」這一美麗外交辭令表現稱呼便陶醉了。我以為後進國就是後進國，後進國哪裡不好？我的意思是應真正去認識此一事實，然後專心致志努力去解決自己國家或民族內部的問題才行。

長洲：所謂後進國（複數）叫作開發中國家。但是以經濟學者的立場來說，其實先進國才是現在也在developing──正在發展中的國家，也就是所謂「developing countries」並不是─ing的進行式。

堀田：此語詞的變化很有趣。最初是叫作「backward countries」（後進國），接著是「underdeveloped countries」（低開發國），而現在是「developing countries」。最近是「emergent countries」──正在抬頭的國家，也就是抬頭國。好像有那樣的說法。這就是說，可理解為需要改變語詞來對應工業先進國受低開發國意識形態的抵制。或相反地，如戴先生所說低開發諸國受工業先進國巧妙的語詞所騙了。

戴：是受騙了。上那花言巧語的當，從後進國的實際狀態移開視線。後進國沒關係。毋寧是後進國做為後進國，不要以語詞來矯飾，而是要直視實際狀態，自己思考，把內部問題解決，這才是重要。雖然如此，卻陶醉於語詞，向先進國伸出手說「因為是開發中國家所以援助我吧」而直接連結到援助。那援助也從「請給我吧」而至「不給援助是奇怪的」，最後是「曾經剝奪了，所以退還一些吧」。

在那樣的語言往返之間把問題擴散。好像在後進國出身的菁英意識中可以看到，因開發中國家或抬頭國等這些別人給套上的美麗面紗而感到飄飄然的好心情。真是沒辦法。

長洲：本來「backward」是以西洋的尺碼來衡量的說法。西洋是先進國，對它靠近了多少，依距離決定諸民族的序列。位置於序列後方的國家是後進國，那樣的國家社會結構就是後進的社會結構。

還有「underdeveloped」或「developing」是戰後以美國為中心的聯合國開發理論為背景的說法，投下多少資本可得到多少效果，投資GNP的百分之多少是先進國的條件，工業化的比例等等，是基於數量的理論。「development」在日本譯為「開發」但也可以譯為「發展」。簡易地說，其發展是那些民族大致上都應循的各種階段和階梯，照著以前西洋所做的模式由投下資本等逐漸爬上階梯的觀念，即「低開發國」、「開發中國家」也在這種說法之中。

對此，近來也有「第三世界」的說法。這是超越西洋為基準的前後、上下之外的中立性講法，在這一點上我認為是不錯的稱呼方法。

戴：對於美辭麗句有提防的必要。我認為不合實際的語詞，還有「green revolution」──綠色革命。語詞很美，但那是最大的虛辭，哪裡是革命啊。

堀田：所謂green revolution是說技術革新，或有關能夠大量收穫的稻米品種一事嗎？

長洲：米之外有小麥、玉蜀黍等多收穫品種改良事情，被國

際性地評價為解決食糧問題劃時代的戲劇性事情，的確是產生大幅度的增收。只是，這種新品種需要投下大量的肥料、水和機械，簡言之要有巨額投資與大規模經營的必要。對於貧農是不可能的，能夠做的是富農與大地主經營者而已。如此一來綠色革命促使貧農沒落與富農的上升發生階層分極化，擴大社會的不安定。也有綠色革命會變成赤色革命的說法，亦即迴避了土地改革等根本的問題，僅以技術革新，是不能成為真正農業革命的批評。

尋找近代化遲滯的內部要因

　　戴：這種「綠色革命」實際地推給菲律賓農民在做。像我們這些坐在書房寫稿子的「口舌之徒」（笑），不管寫什麼，即使錯了也對大眾的生活無大礙。但是農民種稻種麥，是憑此在吃飯、生活，如果冒險失敗了就無以為繼。而且東南亞的農民，不太具備所謂近代科學的農業技術知識。像肥料與農藥的配合很複雜，危險性也很高。然而卻塞給這樣的農民們「綠色革命」。先進國把「後進國」以「開發中國家」的美麗語詞來對換，「綠色革命」亦是一個在後進國民上移換語詞的典型案例。

　　後進國不僅限於「綠色革命」，總是把自己的問題轉移到外部，不喜歡去碰觸內部的基本問題，縱使是知識分子除了少數之外也都如此。

　　為什麼後進國變成後進國，動輒說是帝國主義諸國的掠奪，被華僑掌握流通過程。我有一群印度人的友人，我和他們個別吃

過飯。然而，有一天我招待多位印度人友人吃飯，但只來了一個，其他的人沒來。詳細問了理由說是種姓制度（caste，印度獨特的極度封閉的身分制度）不同，不可同席。這是十餘年前的事，階級遺制之強令我吃驚。在同一所大學內是不得已同席，但一起吃飯卻是毫無道理的。

不能克服這種內在的問題，但會說帝國主義的掠奪云云等進步的話。東南亞也一樣，在很多的情況中把近代化遲滯的原因挪移到外面的習性很強。

其中一個例子是華僑的問題。東南亞諸國在政治獨立之前，顯然外部敵人一直是所謂的帝國主義。然而一旦獨立，帝國主義在形體上不易出現在表面。這麼一來，容易吸引一般庶民感性的外部敵人就變成華僑。那麼華僑為什麼這麼多（約一千五百萬人）定居於東南亞，為什麼掌握了村落階級的流通過程等的問題，不去查歷史的前後關係以尋求問題的解答，就馬上說華僑是壞傢伙，應該將之排除而限制職業的選擇，並從零售商將之排除，採取訴諸法律的措施。

可是，支撐華僑存在型態的各國農村經濟、社會經濟結構，再者是包含土地所有的村落結構依然是舊有型態，所以幾乎沒有實效，而政府自己或華僑就將法律閹割了。

外在的問題當然很重要，但是不檢點內部，不考慮內部與外部問題的關聯，全把問題挪到外面，明白地說這是不對的吧。

所以思考東南亞的問題時，應追溯到帝國主義侵入以前自身的狀態，什麼事妨礙了自身的近代化，允許帝國主義的侵略的是什麼，首先把內部的問題清理出來才重要。內部「敵人」的發

現，往往比外部「敵人」的發現不容易，人的習性是常把責任嘗
試轉移到外面。我做為後進國出身者，特別要在此強調這一點。

堀田：柬埔寨與日本的賠償協定是在西哈努克（Norodom
Sihanouk）的時候（1959年）簽訂的，聽說協定中有非常期待日
本移民的內容。

那是與剛才戴先生所說與後進國的近代化有關聯，在掌握流
通過程的華僑與生產性非常低的農民中間想放進很多日本人。日
本人勤勞，又經營生產性高的農業。讓這些日本移民與柬埔寨的
女性結婚，從血統來改變做為理由。再者，在華僑與農民中間放
進日本人，可促成社會結構的近代化，西哈努克好像抱持壯大的
建國構想。總之完全變成空文。

戴：好像是從構想的階段開始，自己內部的問題與外部的問
題就沒有關聯。把柬埔寨內部的後進性問題，直接挪到外部的解
決方策──以剛才的話來說就是「放進日本人……」。

堀田：相反地，把問題全部向內部去求解決，就像緬甸把產
業全部國有化，去除華僑行動的餘地，讓國內的資本哪裡也去不
了地鎖了國。我想這也是過渡期後進國的一個典型。

長洲：在亞洲諸國，不管農民問題、勞動問題，可說是以階
級鬥爭的形式發生問題，但也不以階級鬥爭進行，突然變成caste
的問題或宗教的問題，以及人種、語言或地域的問題。然後在捉
摸不定之間，問題的本質隨之錯綜、擴散，常在奇怪的枝微末節
的問題上吵個不停，不久便變成含糊不清，無法進入本題。

從別的側面來說，亞洲社會裝有無數的所謂緩衝裝置，始終
在發生問題，但是在未深化擴大之時，被種種社會要因所吸收，

中途變成含含糊糊，最後便消失，然後又回到原來的狀態。

　　戴：「後進國」被「開發中國家」這美麗語詞移換，因此而陶醉的精神狀態，或者不向自己內部探尋原因，而撲向「援助」或「綠色革命」這些外面來的解決方策，把落後的原因，全部求之於「帝國主義」或「華僑」等，還是只求諸外部的話，是脫離不出舊的亞洲──「脫舊亞」，這是我的看法。

　　在自己內部摸索問題的意義上，我所關注的是剛才觸及孟加拉的口號之一的「脫宗教」。這個政策如果出自共產黨就無話可說。但是，現在孟加拉的「脫宗教」政策，是思考從上而下的近代化的拉曼們──要之，是出自孟加拉的資產階級與比中產階級稍微上層的知識分子。實際狀態如何並不知道。但如果此政策是貨真價實的話，現有孟加拉的國家體制，而且是從不可能脫宗教的這個地帶的資產階級中出來的，做為內部革新的思想萌芽，我願意給予評價。

　　我以為亞洲的後進諸國要謀求「脫舊亞」，就必要把窩藏在自國內部阻礙近代化要因清理出來。不是只是宗教、經濟，而是連教育、農業等從全領域清洗出阻礙近代化因素。那麼本質性的課題是什麼當然就可清楚，然後在各個因素的關係上也一邊整體地掌握，一邊決定先打破哪裡，以及接著是哪裡的順位。

　　除非其內部的革新由該國自律去做，不然就不能「脫舊亞」，也沒意義。日本要站在他們的立場是不可能。因為自律是基本。不是教日本人變成自閉症，但是，我來幫你近代化，我來幫你代辦，這是不合理而勉強的，如果是那樣想就自視過高了。不怕冒昧地說，我認為日本人多少有那種傾向。日本人是老好人

又有精力，加之是海洋國家之故，非常想往外發展。

長洲：不要什麼都怪罪外面，應該做內部的革新吧。誠如您說，同時因為是戴先生所以能夠這樣說，如果是日本人或歐美人，那樣講就會被誤會吧。例如經濟合作，我也覺得依存援助去從事自立經濟本來就自相矛盾。沒有自主的國民經濟，就不能從事經濟開發，那是本質上從自力更生的自助努力而產生的。援助如果有意義的話，總之僅限於對內發的自力更生的合作而已。

只是實際上，援助、貿易都不是如此。在這一點上日本自身若不改變，從長遠來看對日本也不利。把那擱著不管，真不想說你們只思考自己內部的事情吧。當然這是在承認戴先生的主張之後。

亞洲諸國的日本觀 ── 只透過商品的親日感

三浦昇（編輯部）：在日本談論亞洲時，我想亞洲諸國所抱持的日本觀可以做為話題。日本商品大量湧進的東南亞，聽說已萌生反日感情，被中國批評為軍國主義的復活。然而，這是聽來的話，去年秋天在印度舉辦「喜歡的國家」相關的民調，結果第一名是日本、第二名是蘇聯、第三名是英國，是至少在數字上也表現出親日感情很強的國家。在此，想把話題轉向亞洲諸國的日本觀。

堀田：關於印度民調的結果，我想是印度內部的印度人對生活無可奈何的反映，並不是知道日本而票選日本為第一。總之，在印度的生活是怎麼也沒辦法、找不到出口且讓人受不了的。那

種無可奈何感偶然地以第一名日本、第二名蘇聯、第三名英國出現。若是在印度的意識中所占的順位或經濟支配程度的順位，就相反了。

這是題外話，這樣的民調如果是在蘇聯舉行，我想日本也是第一位，法國是第二位。

戴：我也覺得民調不能盲目相信比較妥當。看看日本的民調也知道，去年的歲末吧，中國加入聯合國之後的調查，日本人對中國的觀感比以往有很大的改變，對中國的親近感升高。連日本這樣在各種意義上皆高水平、高教育普及的國家，民調結果都受大眾媒體的動向所左右。

不限於印度，被稱為庶民的人們與外國的接觸實際上並非直接人與人的接觸。與外國人的接觸而了解其國家的情形壓根兒就沒有，依大眾媒體的情報是有的，但最具體的是接觸外國的商品。以商品去了解這點來說，日本商品確實好。以印度的立場來說，英國是舊統治國，共產主義國家的蘇聯是「權益」相連的國度，相較之下日本是「優良商品的國家」或者「地理上相近的國家」等，以好的印象在接觸。

我想這「優良的日本商品」在製造亞洲諸國親日感的力量很大。

聽說東南亞諸國之間，對於使大量商品湧入的日本批判變得嚴峻，長洲先生也提出這個問題。但是，我認為這是非常尖銳的當地知識分子的批判，他們是預見、預設議題，不然就是以曾經受侵略的印象在發言。

依我所見，一般而言菲律賓也不到那個地步，馬來西亞的馬

來系人們透過日本商品對日本抱有好感，在庶民的層次還未到會與日本起摩擦的程度吧。然而今後因企業的進入等將會變得更嚴峻。

只是，以商品為媒介的親日感情是根深柢固的親日感情嗎？這又有疑問。台灣人常被說是親日，但對於台灣庶民而言，日本是曾經黏著的膏藥已被撕了下來——而即對舊統治國的過去已沒有多少痛切之感的樣子。與其對舊統治者，現在更對那新貼上的膏藥直接感到不協調。在這個時期上好的日本商品進口，影片也隨著進來，日本高薪的消息傳來等所造成的印象就是現在的親日感。因此說台灣人親日，日本人是否就可以馬上高興，是否對日本有根深柢固的好感是有疑問的，如果日本人簡單地照單全收更是意外地危險。

長洲：的確在馬來西亞有人對我這樣說：「日本人把電視或車帶進來，但是電視與車任何一個國家都可以製造，我不知道什麼是真正能說this is Japan的東西。」這是知識分子說的。

堀田：華僑如何？東南亞華僑的人數很龐大，華僑在東南亞的興論形成力是非常大的。而且 ，日本在戰爭時，懷疑華僑是間諜，在新加坡就屠殺十幾萬人，哪有十幾萬間諜的道理？

戴：談了有關東南亞一般的對日感，如堀田先生所說，華僑是有別於一般的存在，把這分開來比較好。

東南亞的華僑在戰爭中大都支持重慶（國民黨）、延安（中國共產黨）。因此當時在日本的「大東亞共榮圈」構想中是日本人的敵人，在日本占領地是日本軍政的敵方。而且統治方面大致是採取分割統治，以拉攏當地馬來人、印尼人打華僑的模式。菲

律賓的情況稍微不同，在戰爭中日本對華僑毒辣的殘酷打擊，如堀田先生所說，也做了大量屠殺的事。

華僑有此歷史體驗，所以現在他們是否視中國為祖國將另當別論，對日本的看法是很嚴厲的。

華僑的上層大多與現住國的政權黏連勾結，本質上是商人，所以與日本有交易關係，絕對不講日本的壞話。對日本有批判的是華僑之中的教員、新聞記者、大學生等知識分子。而且，這些人的輿論形成力相當大。

長洲：可以說是戰爭的舊傷口吧，日本人面對中國人、韓國人或東南亞人，不管怎樣都會有曾經做過壞事的意識。特別是這不知是知識分子的好習性或壞毛病，被那些國家的人觸及戰爭中日本的罪惡，便只有垂頭喪氣別無他法。如果我被中國人說「你們對中國幹過什麼」，我想也只有默默垂下頭。實際上做出這樣發言的是住在日本的中國人。

然而別的階層的日本人或許會說「此一時、彼一時，也沒辦法啊」，戰後出生的年輕人或許會說「我與此無關，是父親那一輩人不好」。特別是最近的年輕人對國家、民族不怎麼有意識，有如世界主義者的感覺，因此我想日本國民對於罪的意識已稀薄了。

老實說，我對這兩種主張有時也覺得說得有道理。但是，話雖如此，我被指責就垂頭喪氣的意識是不會消失的。背負著像日本人原罪的東西，日中恢復邦交愈早愈好，對東南亞日本不要再做壞事。為此目標應該做什麼，我想這可能是知識分子的觀念論。就如戰前的左翼從純粹理論而喊出「反對帝國主義」、「反

對天皇制」，但是現實的民眾意識更渾濁，與左翼的叫喊相反而被右翼給擄走，我覺得似乎如此。

這裡不知如何整理是好，也就是說戰前、戰時日本人給予加害國家人們對日本人的想法這件事，想請教聽聽中國人戴先生的意見。

對舊惡被謝罪也無濟於事

戴：我住在日本前後已18年了，因此做為中國人的感覺說不定已有些模糊。加上我沒有從事政治活動的意思，也一直迴避政治性發言。

但是，我以自己的方式一直觀察著日本與中國，或日本與亞洲諸國的關係與問題。對剛才長洲先生所提問題來思考，我想應該觸及住在亞洲季風地帶人們的思考樣式。其思考樣式或可像堀田先生所說，與其說自我主張，不如說是很強的謙讓美德。無論如何，對事物的想法上，就中國人而言，往昔的事，例如日本的舊惡，一般情況大概不會提，長洲先生問，如果被中國人說「你們在中國幹了什麼」，長洲先生所引用的在日中國人的那位（不披露其名）是特別的例外，中國人一般是不會提的。中國人不願談日本的舊惡，從事日本人戰爭犯罪採訪的本田勝一先生很難從中國人口中問出真相的事例就可得知。

對於那樣的中國人，長洲先生剛才說，日本人呈示三種態度。一種是整理罪惡感，抱持贖罪的意識；一種是無罪惡感，認為沒有辦法；一種是以為與罪惡感本來就沒關係，以年輕世代

為多。

　　推行中日友好運動的人們多是第一層。我以為「日本應該對中國、韓國、東南亞謝罪」的問題提法是很不高明的。我自己在台灣受日本的殖民地統治，叔父被徵用為軍醫，所乘的輸送船因被擊沉而犧牲，侄子以軍伕的身分被送去新幾內亞，至今遺骨都未尋回。為這些事我們沒拿半文賠償金。然而，接受謝罪又能怎樣？所以，日本人說，日本人應向中國人謝罪、應向東南亞人謝罪時，我這樣想，到底這個謝罪是在對中國人謝罪、對東南亞人謝罪嗎？不是這樣的，應是對自己自身謝罪，這是因為自己能心安所以要謝罪是嗎？

　　其實某位日本著名的知識分子圍繞這贖罪論而受年輕世代攻擊時，我碰巧在席上。叫作S先生的那位知識分子說，做了壞事所以應該謝罪而展開倫理論。年輕一輩不能領情，理由是我們沒有做錯事為什麼要抱持贖罪意識。

　　身為中國人的我想化解局面而自求發言，然後這麼說。

　　謝罪了，死去的人的生命會回來嗎？不會的。又能改變什麼？又謝罪以物質表現的話，有人談到賠償，以中國來說不只是賠償多少的問題，要不要接受也還不知道。至少我是不知道。對此，應是無法改變什麼，且連是什麼狀態都不知道的事情。更重要的是，如果日本存著要與東南亞搞好關係的用意，為了此目的日本人能做什麼？對亞洲人的蔑視不只腦子裡，在行動面也絕對要停止，自動地謝罪，築構從內部能制約再侵略的機制，以此來思考日本民族的再生。亦即把日本在歷史上、文化上所擁有的創造力，日本民族的創造能量，如何才能更確實不侵犯他人而能再

構築做為日本的問題之一去思考才好——比之把贖罪意識推來推去、沒有結果的議論，這是否更有意義？那麼一說，年輕人也似乎領會了。

戰爭當然伴隨殘虐行為，所以更重要的是如何才能消除戰爭。那不是如老一輩的世代，為自己內部受罪的意識所苦惱，浸淫在沒有出口的沮喪煩惱中，也不是去撥弄舊傷口。確認自己國家的歷史，將自己或國家之中聯繫到戰爭的要素整理出來，並且將之消除，以和平的邏輯去建構歷史。而且亞洲人如有謙讓的美德，包含日本在內，每一國都自己把問題整理好，在被他國指出之前把自國和他國的關係定位好，絕不要以遮掩發臭事物的形式去整理，由此造出新的關係即可。

沒有摩擦發生就不思考，事情未發生之前就拖拖拉拉擱著，將不能創造出新的關係，我想這是亞洲季風地域共同思考樣式的缺陷。

亞洲各地有受日本軍屠殺的紀錄。屠殺這件事，對於日本不是只用錢即可解決的，同時對該國也不是用錢即可以解決的問題。對於該國為何發生這種事，我以為應該將此體驗，活用做為將來的前車之鑑。由此處可締結與日本的新關係。

把嚴肅的、有關己國將來的問題，任由一部分的政客或與其勾結的敗德商人，把稱作賠償的生意調換成錢的問題，或者準備調換。更甚者是戰爭中自己做了什麼並未好好自我批判，全把贖罪意識推給別人者。所以誠如長洲先生所說，又有把民眾轉送給右派的可能性一直殘存著。

堀田：西蒙・波娃〔譯註：Simone de Beauvoir，法國人，

作家、女權主義者，與沙特新創並履行契約結婚〕寫了如下的見聞。她於十七、八年前，在中國旅行時去了南京。在那裡看到日本旅行團，因此問了擔任翻譯的女孩「妳知道南京事件嗎？」（註：南京事件，1937年12月13日，中日戰爭時，因入城南京的日本軍的掠奪暴行，屠殺30萬市民的事件）。

於是回答「當然知道」。波娃接著問：「那麼妳看了剛才的日本旅行者有何感想？」，那翻譯答說：「我們必須學習忘卻。」

波娃對此非常佩服。因為，中國人的翻譯員在南京迎接日本人的立場，與法國人自己在戰爭剛終了時在巴黎迎接德國人的立場類似。她那時有非常複雜的感受。而法國人也都抱持非常複雜的感受。大家都只把視線移開，絕不可能如擔任翻譯員的年輕女性般，馬上答「必須學習忘卻」。要之，這是很了不起的。

剛才長洲先生所提出，及戴先生所講民族間、國家間舊惡處理的問題，是異民族交涉中最困難的問題。一言以蔽之，只能說是由歷史去解決的問題。做為日本人來說，不是種下舊惡的年輕人說「不關我的事，是你們幹的」，而對上面施壓，老一輩的世代對年輕世代要將之帶進民族性贖罪意識而掙扎著，及被指責自我批判不徹底而煩惱。我認為這沒有即刻、短時間就可收拾好的解決方法。向上施壓、掙扎、說服，反覆幾次將之送進歷史之中，除此以外別無他法。這也許是粗魯殘酷的講法。

送進歷史之中，絕不是指丟棄在歷史之中。而是指將身處歷史之中的年輕世代、父母親世代都無法處理的痛苦膿腫加以定位。就此更具體地說，戴先生發言中提到的S先生，身為植下舊

惡世代之一人，受年輕世代施壓攻擊也沒辦法，S先生不苦惱也不行，也不能不對著年輕人說「必須持有民族的贖罪意識」。

由於有這樣的循環，日本與中國、日本與亞洲諸國，發生過此事的歷史性認識被刻入日本人心中或日本人對事物的想法之中，因此才會占據正確的位置吧。此外，我想是沒有解決的方法與可行之道。

橫井與劉連仁兩位先生

戴：　在東南亞旅行的時候，與華僑青年談話時，我曾經以「你們如何看日本人、今後與日本人如何交往」做為話題。

結果他們也如堀田先生所說的，與中國大陸的中國人同樣，期待著和日本人建立與戰爭中不同的新的關係。但是沒有說「必須學習忘卻」。期待著新的關係，「但是我們不忘記（日本的舊惡）」。

他們說，日本人是老好人但有善忘的壞習慣，因此很擔心。

我身為生活在東京的中國人，不知道是否能透徹地觀察日本。日本的情形，說起來還是善忘，或者說過去的事情已過去，就是那樣、是不得已的，好像有這樣就打發過去的精神結構。「知道了、知道了，再也不會做那種事了（如戰爭中的舊惡），跟你說已經知道了」，說得很輕鬆，令人感到好像只失去一個既得權益的感受似地。然後有什麼問題發生隨時處理的圖式、方式自戰前就存在於日本。所以處理某問題的方法，對下一個問題變成不合理時，前面的約定乾脆廢棄。在中國、東南亞也一直處於

被廢棄的情況吧。

　　所以日本人說「知道了、知道了」，在於另一方是「說是知道了，但是否真的知道了」而感到不放心。日本有對外發展的能量，所以不安是很大的。我也對此「知道了、知道了」的講法之中，是否真的包含堀田先生所說的民族交涉的原理、相互的同格、對等的原理，真是讓人很不安。

　　剛才其實我發言時，是一邊思考著橫井庄一先生的事件＊。若與三島由紀夫先生的事件連在一起，應會給東南亞諸國非常複雜的感受。因為日本的媒體強調對橫井先生的憐恤，我想這是當然。他據以支撐生存的原理另當別論，做為人，在極限狀況中活著撑過來的生活方式令人尊敬並起共鳴，也可說是令人驚訝。

　　如果有以對待橫井先生的憐恤同樣地去對待曾經被日本政府強制帶來的韓國人、中國人，那麼我就認為真正對等的異民族交涉原理已在日本產生。但結果是沒有，落空了。

　　例如1958年在北海道山中被發現的劉連仁（1944年從中國大陸被強制帶來日本的多數中國人之一。他從被強制勞動的北海道的礦坑逃脫，挨過14年的洞穴生活。《劉連仁》〔譯註：日譯版為《穴にかくれて十四年》，歐陽文彬著，三好一譯，三省堂版〕的事件。他遭受日本殘酷狠毒的對待，而且是在比橫井先生的關島更難以生存的寒冷北海道山中，度過悲慘的生活。對劉連仁、橫井兩位先生對待的歧異之處希望給予比較。劉連仁先生被

＊　橫井庄一（？～1997），第二次世界大戰時受召赴南洋的日本陸軍下士，1972年1月
　　24日在關島熱帶叢林被發現，回到日本引起轟動。

「發現」後受了相當冷淡的對待（雖然有一部分革新團體或民間人士基於善意的支援）。不去做橫井先生與劉先生兩事件的回顧比較，日本不會產生與亞洲諸民族的對等異民族交涉原理。我在等待著，從日本人之中出現此論調。

堀田：所謂歷史，就是異民族交涉。無論哪一國，與異民族交涉就是歷史。然而我國的情況是歷史並不是異民族交涉，只有國內交涉才是我國的歷史，沒有異民族交涉的經驗。在某種意義上日本可說沒有歷史。

此是因為島國的條件起了作用，總之日本人是非常不善於異民族交涉的人種。例如在新加坡，有馬來人、中國人、泰國人、越南人與菲律賓人，五人聚在一起談話，我想完全可以對話。但是如果在此加入一個日本人，對話就不成了，場面會變冷清。

日本駐在外國的商社社員們，現在做為日本人可說是具代表性的國際人吧，他們的飯局有「縱飯」與「橫飯」。「橫飯」是橫文字，亦即與外國人相對坐正式的飯局之意。（笑）

而「縱飯」就是日本人同事，邊喝著酒邊吵吵嚷嚷不拘束的飯局。連應該是已習慣於外國人的商社社員們都感到「橫飯」是負擔，在那種場合只有天氣的話題，只會講天氣。所以日本人要成為國際人我覺得不可能。為什麼如此，因為日本還是孤立文明國家之故。即從中國輸入漢字來使用，但日語的本質是完全的孤立語。以一億數量的龐大人口在使用的語言卻是孤立語的語言，除了日語，世界其他地方已找不到了。與日語相比，阿拉伯語是更國際的語言。

孤立文明，而且是孤立語是不能創造出對等的異民族交涉歷

史。能夠的話就只有像戰爭暴力式的異民族交涉而已。若把暴力也當作交涉之一的話。

現在日本的對外貿易——商業也是，有如找上對方去打架般。把電氣製品大量搬到曼谷，把機車強行賣給西貢。輸出本來就包含著找上對方打架的性格，日本是特別地猛烈，真是像戰爭。如此可見日本的異民族交涉是暴力性的，不會對等、平等的交涉。所以，日本國或是日本民族真正的歷史，亦即真正的異民族交涉是在此以後，那真是很困難的事。

有「自分」而沒有「他分」的日語

戴：堀田先生，老實說，我對日語中的「自分」這語詞很有興趣，我想有「自分」也應有「他分」，於是在《廣辭苑》等搜尋，但結果卻沒有啊。（笑）

堀田：肯定是沒有。

長洲：有「自分」與「我我」〔譯註：我們之意〕，沒有第三人稱的感覺。「自分」真的有嗎？好像只有「我我」吧。法語是「我」與「你」為基本，聽說沒有「我我」。

戴：但是有「自他共認」的「他」，所以應不能沒有「他分」吧。以前是否有，我很感興趣。

堀田：沒有，從古時候就沒有。

戴：中國是從古時候就有「他分」的想法。所以繼承也是均分繼承，徹底地分掉。兄弟也有「自分」與「他分」。我不知道那是否是民主主義。但是總之是承認「他分」的。

　　然而，日本的家督繼承或末子繼承的形式，是集中在家督或末子的「自分」而沒有「他分」。

堀田：日本的孤立文明是不產生「他分」語詞的不合規則的奇特文明。不只「他分」，在日語也沒有「個人」這語詞，中國語是有的。日本的的確確沒有「個人」的語詞，而只有「家」這樣被總括彙集的字。「家」講明白就是「縱飯」的世界。所以能以「個人」享受對話的中國人、馬來人、菲律賓人、泰國人、越南人之中若加入日本人就冷場掃興。

長洲：所講的都能理解，可是這樣說來，日本今後對異民族交涉的展望是相當悲劇性的呀！

　　做為經濟學者來考慮這個問題，以日本的經濟去與異民族的交涉，結論是失敗的可能性很大。

　　在外國旅行的感覺是，在亞洲、歐洲、蘇聯或東歐，總之多民族、多語言、多宗教才是一般的情況。單一民族、單一語言、單一宗教或說單一無宗教，總而言之完全單一色彩的也只有日本這個國家例外。自己沒自覺到例外，所以對於日本人而言與外國人交往這很難。

　　只是，與他民族沒有對等、平等交往經驗的日本，今後不管願不願意，也只有全球的，即地球規模地交往之外無他。

堀田：當然是這樣。

長洲：所以不得不與異民族交往，但日本人不具備能交往的體質，敷衍一番大致就可應付的國內交涉，這種鎖國狀態最適合日本人。只有「縱飯」的時候最幸福的話，將來的展望是很悲劇性的。

堀田：正如您說的，今後將困難重重。現在是以經濟力做為彌補擺架式，等經濟力、財力的支撐消失了就會行不通。

只是長洲先生剛才所講，年輕人開始具備的超越民族感覺或說世界主義，說不定能把日本人改變成善於異民族交涉的民族。

戴：把「自」與「他」的關係，移換為「日本」與「亞洲」的關係，有一些我想請教長洲先生。先生最近的論文〈做為日本陷阱的亞洲〉〔〈日本の陥穽としてのアジア〉〕（《日本の将来・三》，1972年，潮出版社）中說「日本人向來的用語有『亞洲與日本』而不存在『亞洲之日本』。我們經常把亞洲做為政策的對象，只做為客體思考。換句話說，經常只考慮『為日本之目的的亞洲』，沒認真考慮過『為亞洲之目的的日本』」。恕我冒昧，為什麼亞洲與日本的「與」不行呢？

長洲：因為「與」這個語詞是以先進國日本與落後的亞洲是處於不同的世界為前提，從那種認識是不能改變戰前以來的亞洲觀——日本政策的對象，做為日本之目的的亞洲——的意思。

戴：我是反對的。不好意思變成對長洲先生的反駁。但我覺得正因為日本是這樣所以不妙。

我以為使用「與」接起來也沒問題。亞洲與日本，雙方都是主體，不是只有一方是客體，亦即這邊是「自」，那邊是「他」——自與他是平等、對等、等價、同格，將此確認包括在「與」裡頭才是重要。

長洲：我所要講的也是這個意思。「與」這個語詞給人的感覺是自分是與亞洲不同。亦即日本與後進亞洲是不同的，是有前近代亞洲大海中，唯一近代化成功的例外民族的自我意識。

　　那是明治以來百年不變的意識。昔日「亞洲的盟主」、現在「亞洲的先進工業國」，如此自我稱呼的心情顯示無遺。然而不管是盟主意識或先進國意識，緘默中做為前提的是世界有一把叫作「近代化」的尺，測量出先進、後進的一定的序列，各民族或國家在此上下序列被定位而形成國際秩序。而我國日本是拚命爬上此國際秩序社會的階梯，爬到相當上方，眺望下方前近代亞洲，投以領導者乃至保護者的視線。

　　我想這國際序列意識與指導意識，是自明治迄今日貫穿我們亞洲觀的一個特徵。

　　我們從古老的亞洲脫離出來，而且不像亞洲的其他民族，不必當西洋的殖民地，是可以誇耀的。而自己「脫亞入歐」之後卻以「蔑亞」、「憐亞」的感情，以身為前輩的意識「再入亞」。然後仿效自己所恐懼、所責備的西洋作法，想把亞洲看成自己應領導的客體。誇耀自己的明治維新與條約改正，但是卻恐懼與壓制亞洲做同樣的事。這與美國誇耀自己的獨立戰爭但恐懼越南的獨立戰爭相似。我在「與」和「之」的比較中想講的就是這件事。

以亞洲為墊腳石的「脫亞」

　　戴：不以平等、對等、同格的「他」來把握亞洲，所以日本人以「自分」的感情把亞洲總括起來，以支那浪人為代表的右翼就是如此。他們逕自以自己的感情造出亞洲形象，對亞洲多管閒事，與右翼應是相反的左翼也好像以「自分」的感情在總括亞

洲。因此做為右翼的反面，今後是否會連結到左翼的好管閒事？況且左翼的好管閒事如果失敗，就不只是好管閒事那麼簡單，而是變成真正的侵入。像戰前的頭山滿或犬養木堂之所以對中國的多管閒事進而連接到中日戰爭。所以不管右與左，由亞洲人看起來，日本的好管閒事是兩方都麻煩。

因為感到有此危險之故，所以我認為亞洲和日本的關係是各站在「自」與「他」而以「與」連結的關係好。分為「自」與「他」之後，再考慮什麼地方可以連帶、可合作。

堀田：長洲先生說，日本的近代是「脫亞」與「入亞」的反覆。然而想想這個「脫亞」、「入亞」，日本其實沒有真正地「脫亞」與「入亞」。如果有「入亞」的話，剛才所說馬來人、菲律賓人、泰國人、越南人的對話中，日本人加入場面就變得冷清的事情便不會發生，應能一起享受對話才對。「入亞」真正講得是這樣的情況吧。

長洲：「入亞」是日本人主觀意圖的「入亞」，客觀來看，日本的「入亞」是「侵亞」。

堀田：對，就是這樣。大東亞戰爭也是日本單方的進入亞洲而已，日中戰爭也只是日本逕自進去的。所以如果說要「入亞」那是今後的事。

戴：「脫亞」是出自福澤諭吉，但福澤的「脫亞」，是否是單純的脫出亞洲……。

然而，依我的感覺來說，日本「脫亞」的內容，其實是「入亞」（侵亞）。換句話說，中日戰爭、太平洋戰爭可明顯看出日本的「入亞」──即剛才長洲先生所說的「侵亞」──是以亞洲

為墊腳石的「脫亞」。所謂脫亞與入亞可看成是同根的東西吧。

堀田：如「入亞」是欺騙，「脫亞」也是欺騙。「脫亞入歐」——進入歐洲，其實完全沒有進去。

假如把一個日本人放在歐洲會怎樣？例如進去巴黎的咖啡店，日本人一定不例外地坐在角落的位置。那種狀態的「入歐」——得以進到歐洲之說真是荒唐。

長洲：我以為不管是歐洲或亞洲，日本人是不可能變得一樣，也不須變得一樣。不限於日本人，任何民族或文化也是如此。

儘管如剛才說的好像有西洋基準序列的階梯，日本隨著那尺碼「敬歐」、「崇美」與「蔑亞」、「憐亞」。

西洋也相當野蠻。就本質來說，各式各樣的民族或文化是沒有上下之分而是等價的。好像最近歐美自身終於也出現這種看法。

總之，今後不管願不願意將進入全球性的「諸文明時代」，如用任何一個文明的尺碼來測量先進、落後以決定上下序列，將會引起緊張與衝突而導致不知所措。

戴：我想是與日本人的行動方式有關，日本沒有與中國華僑相當的「日僑」存在。為何沒有產生「日僑」，堀田先生是不是以為日本人沒有「個人」、「個」？

堀田：是，還是因為沒有「個」的原因吧。

戴：因沒有「他分」所以不能確立真正的「自分」。在此意義之下，我覺得是沒有「個」，但此外我也這麼想。

日本這個國家，從明治維新以後來看，曾經是日本帝國，現

在是所謂的「大日本股份公司」，若從日本國內看以為好像是在哪裡有變化，關於日本的近代化有種種批判。然而那是從日本國內看日本的情形是如此，但從東南亞來看，或從更廣的、非日本的亞洲來看的時候，日本在戰前與戰後都是一貫的。要之，日本的國力在伸長，描繪著上升曲線。像這樣的日本國，國人是不會定居於外國的，亦即不會成為「日僑」。因為去了又回來。

堀田：那是「出差」呀，是不定居在外國的。

戴：變成華僑的中國人，其歸巢性──想回家的人的心理我想是與日本人相同的。然而，他們因祖國的混亂而回不去，所以不得不定居在外國。

但是他們想精神上的定居，在當地卻沒有被承認有融入那片土地、那個國家的權利。因為未被承認之故，所以華僑雖身在當地，但精神上抱有希望回歸祖國的矛盾，與依自身需要可以隨意往返的日本人有所不同。

切斷華僑想回去而歸不得、想精神上定居而定居不得的矛盾者，我想是中國的革命及中華人民共和國的成立與存在。對於在矛盾與苦悶之中，恰如其分地生活下來的華僑而言，這會強迫他們改變生活的方式吧。然而，雖建立了可回去、不混亂的國家，但情況仍然迷惘。

此處的邏輯請讓我稍微說明，華僑的資產階級認為中國是父祖的故鄉，雖然有去旅行的意願，但從他們所屬階級來說，在中國生活而求資產階級的發展已不可能。再者，屬於勞動階級的下層華僑或激進的知識分子與學生等思考社會主義革命時，回去中國也不能搞革命，到底還是與居住地大眾一體進入運動才是邏輯

的歸屬。剩下中間層的中產階級的小商人們，他們目前是當地國政權的主要排除對象，在苦悶與矛盾中驚慌失措。總之，中國是他們的父祖之地，但不能成為祖國。我想大致就是這樣的圖式。

所以「日僑」不存在的事實所表現出來的，是從產生華僑的我們來看日本，在國內雖有各種說法，但也是一直推行幸福的近代化國家的證據。

長洲：日本是島國單一文化，在某種意義上說是幸，也是不幸。但有可以回去的地方，就算是世界主義者，也不會有像華僑或猶太人般的處境。希望不是歸化外國的國際化，而是有根據地與個性，而且可以平等地交往吧。

從外面所見日本外交的「巧妙」

堀田：從與日本的關聯而談亞洲時，還未談的大問題，有與中國的邦交問題。我認為，今年到年末為止恢復邦交是做不到了。蘇聯外相葛羅米柯（Andrei Gromyko）一來，日中接近完全受蘇聯牽制。

戴：不，雖然堀田先生那樣說，但從外面看日本，日本外交是相當非常有技巧的。我查了實施廢藩置縣，開始嘗試明確化琉球歸屬的明治4到6年左右，日本對中國的外交情況，那時清朝與朝鮮半島、台灣、琉球的關係有著複雜的問題，西洋列強在鴉片戰爭之後繼續對中國施壓並造成衝擊。其中展開的日本對中國的外交，以及與北京交涉等經過，在此不觸及具體作法，但可知是非比尋常的外交手腕，看起來在沖繩返還的處理或北方領土問題

的接近方法上也是一貫的。

　　「也只不過是小技巧，戴那傢伙，竟做了怪評價」（笑）或許我會被這樣想，但看看日本的外交，真是巧妙的原理——好像使用柔道中「柔」的原理一樣。

　　例如周恩來首相的發言，堀田先生說是被牽制，但與蘇聯外相葛羅米柯的折衝，以及沖繩、安保等，從力學上來說，各式各樣的政治力作用於日本。但是日本反而應用那種種的政治力一溜逃脫出來——「柔」的原理就是指這樣吧。以日本保守政黨為中心的外交，給我那樣的印象。

　　堀田：我也覺得日本以往非常奸詐，巧妙地施展過來。（笑）

　　戴：我不能用那種表現來說呀。（笑）但是客觀地看的話，的確非常巧妙。

　　長洲：「巧妙」與「奸詐」是互為表裡。所以一般外國的日本觀在稱讚的同時也是警戒與不相信參半吧。嘴巴說「巧妙」，但肚子裡想「不得輕心疏忽的傢伙」吧。就假設曾經是「柔」，今後日本的外交是否到最後還能應用「柔」是有疑問的。

　　戰後日本的外交擔當者，總而言之是「吉田學校」的學生吧。以人的資質來說，是幫助占領行政的優秀事務官僚。因為是事務官僚，在戰爭失去的東西以經濟手段取回，在某種意義是忠實於既現實又平凡無味的吉田茂先生路線，而我想這也是有能力的。那路線至今表現出正面效果，但是背後重疊著很多負面的東西。

　　與中國的關係來看，不是大陸而是選擇台灣的吉田路線在當

時的時機點上，或短期、現實的選擇也許是明智。但是，在此加上「目前的明智」的有限制選擇的條件下，後繼者們卻勉強地重複以說謊來正當化、固定化，擴大下去。時間愈長謊言愈大，自己受此捆綁不能動身。看看佐藤先生就很清楚。

戴：但是，核子的保護傘、美元的保護傘等──例如連「日本搭便車論」都跑出來的日本外交作法，不知是在哪裡決定的路線，我想真是非常巧。那在長期的展望時，或對日本的將來、過去的巧妙作法是否能正面加分卻不知道。如長洲先生所說，一方的加分是另一方的減分，至今是渾然一體走過來。今後可能是負面聚積變成很大的力量並產生反作用力也說不定。但至少現今的階段是從外面看日本，日本給出的印象是「唉呀，非常有手腕……」（笑）。我想今後測試那「柔」的原理的力量會加在日本之上。

長洲：在戰前，所謂明治以來的正面與負面的聚積擴大到極限，相互碰撞，結果是「柔」的原理未起作用，犯了很大的方向錯誤。總之，因小而失大。現在也在逐漸靠近那時機點。周遭都在變，只有日本在努力補強既存的架構，自己在縮減酌情處理的範圍。

堀田：就美國來說，已到了可以清醒的眼光看待日美關係的時期。以往是被日本技巧地耍了，以日本來說，其實不是在長期展望下耍弄，而是以小技巧讓自己一邊浮在流水裡，一邊依著每次的方針撐過。現在的日中回復邦交的問題，也沒有提出恢復後要做什麼的展望。

長洲：是啊。只一味地「日中、日中」到令人生厭的程度。

（笑）社會黨人從去年就在嚷著「明年的日中與福祉是我們所要爭取的」。可是，這是保守黨的招牌。而且恢復邦交的作業是有權力的人在進行，掌握主動權是當然。所以我說「不要只喊出日中、日中，而是為什麼、以什麼樣的方式恢復邦交，以什麼原則的恢復邦交。一直以來只是按照周恩來先生所說的原則形式推行邦交恢復運動，有沒有試著讓周先生可以接受我們這方的原則。如果有，那是什麼？已逐漸到不明確提出，就沒有在野黨存在理由的時候。」

堀田：我在15年前去過大陸，當時提出，恢復日中邦交是很困難的，但回復後更是艱難。日本沒有恢復後的概念，所以當時我那樣說，但現在也還是完全沒有。保守黨沒有，社會黨、共產黨也都沒有。共產黨沒有（因與中國交惡）是當然。（笑）

長洲：關於贖罪論，福田外相公開說要謝罪吧。那樣就結束了，就成為贖罪了，是這樣嗎？

戴：日本的氛圍是那樣就算贖罪了。總之謝罪問題就結束了而心安，是「自分」為中心，而且是極為形式，只是口惠的低層次謝罪。

堀田：就是財界也沒有對邦交恢復後的具體概念，例如賠償是與財界有關係概念的線索吧。

曾經瞥過某則新聞報導，財界所思考的賠償大約是800億美元。中國方計算的損害額大概是5,000億美元，好像想要討價還價到800億美元。然後趁著賠償又想獲利。話雖如此，5,000億美元或800億美元都還是未確認情報，如屬事實也不過是只出現一個國交回復後日本要做什麼的概念而已。

戴：戰後，日本要簽訂《舊金山和約》的前後，中國大陸發起反對條約運動。反對日本再強化軍備。其時試算了日本對中國的戰爭損害，應還沒有明確的5,000億美元數字。這個試算也只是中國內部的試算而已，據我所知，中國政府未正式定奪。

另外，在日本一直迴避賠償的問題，被觸及此問題是很困擾的。而依堀田先生所談，現在卻想賠償。

堀田：變得很想賠償。

戴：對，因為大概可做生意之故。以財界這同一主體從「不願賠償」到「願意賠償」這一改變的邏輯轉向，為何日本的媒體或評論家不把它當成問題呢？

堀田：光是賠償問題，概念就這樣曖昧模糊，更何況文化交流的問題，例如讓留學生互相留學，使之對日本的理解如此去深化等，那種事完全不曾進入概念裡頭。

戴：在中國，我想是認真拚命地在討論與日本的邦交恢復後的經濟關係。

堀田：中國那邊是在拚命啊，日本這邊什麼也沒做。（笑）

戴：日本的情況是有拚命在做的樣子，但對將來的事不怎麼深入思考，這一點即我所說，反映日本搞了非常幸運、得天獨厚的近代化。

日本從後發資本主義國有利的形勢，鑽先進資本主義國與後進國的間隙，擴大其經濟力。戰敗後雖被占領，也比殖民地統治寬鬆。曾經受過殖民地統治者來看，搬入那麼多的脫脂奶粉、小麥等物資，殖民地統治是不曾有的。殖民地統治是更殘酷的。日本是徹底的好運氣。因為運氣好，對外鑽間隙，對內只要做當下

的對症療法就應付過來了。所以認為中日恢復邦交後，也能用對症療法敷衍，所以並沒去拚命思考。

因以對症療法就應付過去的幸運近代化之故。日本的GNP增大，增大的GNP對外求發展。長洲先生在先前的論文說，日本若以一直以來的勢頭發展下去，那麼「1980年代日本與東南亞的關係，就會與今日美國和中南美的關係非常相似吧。今日在中南美美國人滾回去的聲音逐漸升高，今後日本不會在東南亞聽到的想法是可笑的」出現這樣有趣的事情。但我認為以日本的貿易、勞動力、資源等結構之脆弱來說，狀況意外地會比美國與中南美的關係出現來得早，且比其以更嚴峻的形式出現。今後所呈現的反彈力量之中，是否僅限於從東亞來看。

亦即把向外的日本彈回去的牆，我認為是中國、解決南北懸案的韓國，或和平統一後的越南。這面牆是以日本的「自己」來說，是使之承認同格、等價之「他分」的堅固牆面，但說不定對於日本民族來說結果是很好的牆，把遵照「柔」原理的日本，將之在亞洲之中定位於好的方向的牆。而日本這個「柔術結構」（這徹底指真正的「柔術結構」）的社會，能把從這面牆彈回來的力量利用於好的方面吧。如果是這樣，對於日本以及東亞全體都是很好的。

堀田：現在日本的企業很多都進入東南亞，若說發生了什麼樣的現象，那就是在婆羅洲的內地，在當地生產日本的膏藥——也就是在疲勞、脊背痠痛時貼的東西，聽說當地就算不疲勞、不痠痛也貼膏藥，蔚為流行。

戴：在中國，「仁丹」也曾經那樣地流行，被當萬靈丹。

堀田：也就是說婆羅洲的內地，菲律賓、馬來西亞的密林或山中，日本的經濟擴張還只天真地被接納。亦即在現在這一時機點來說，把日本的經濟擴張連接到經濟侵略的問題而思考的東南亞，只在於華僑的層次，還不是一般人的問題。

戴：的確如此。但就是剛才堀田先生所說的婆羅洲，把蝦、木材提供給日本，我們也要有足夠購買近代商品的利益分配，如此一來當地國民眾與日本進入企業間的矛盾不久也將激化。那個時期，我看是三至五年之間吧，被投「石一發」的日子。

堀田：是啊。現在還未到那地步，但是「經濟進入即是侵略」這樣被一般人所認知的時期已不遠了。在當地企業的人、商社的人，現在也沉默地24小時想著這件事，不知何時工廠會被投入「石一發」。

「石一發」就是暴動，只要有此石一發的可能性，日本的軍國主義化，或麻六甲海峽防衛論不管到何時都會潛在，這是消解不了的問題。被當地國人投石一發之前的預防，或者被投之後，做為保障的軍國主義或麻六甲海峽防衛論就會出現。

長洲：我以為日本的軍國主義化，周恩來先生常說，但非全日本變成卡其色、軍刀嘩啦嘩啦作響等，我想不是在講這件事。美國鷹派的高華德（B. M. Goldwater）先生批判日本的軍國主義。周先生與高華德先生立場相反，但在某種意義邏輯是共同的。

總之日本的GNP逐漸變大，不管什麼時候若輸出以他國一倍以上的比率延伸下去的話，不久的將來，日本輸出的市場占有率在日本輸出的諸國會變成非常大。

　　事實上現今的東南亞，日本的市場占有率平均是25%，有的國家已超過40%。而且是大幅度日本方的出超。日本為了維持、擴大巨大的市場占有率，以「援助」為名出資。所支付的資金變成在外資產的利權而留下。為了確保利權又想出別的名堂來做。依政府方面的推測，僅對外投資的結餘額，1980年度末就有260億美元。假如其中三成是投向東南亞，就大約有80億美元。此外還有借款、延期付款信用等的累積結餘也考量進去，恐怕是有200億美元吧。也就是說1980年代日本與亞洲的關係，會與今日美國與中南美的關係相似。

　　這種經濟進入的循環，結果造成日本與當地國的摩擦，並將走到堀田先生所講的「石一發」的地步。或許某日的報紙報導「日本軍人人道救出在外本國人」這樣重蹈戰前模式的事發生，這是周先生的邏輯。總之驚人的GNP，各一成前後的輸出入，各1%的援助與軍事費——這些全部做為一套組成就是經濟大國到政治、軍事大國的周先生邏輯，只靠嘴巴是難以否定的。

　　只是，日本實際上，如從國外來看，只照那邏輯正在展開也罷，今後要展開也罷，日本國內與戰前不同，休閒與色情充斥，被說是「日本是軍國主義」，日本人自己也搞不清楚。我想是那種新型的軍國主義吧。

　　堀田：軍國主義這語詞是19世紀就有，20世紀核子戰爭的時代不能直接適用。因為沒有其他更適當的說法所以沿用它。因此簡單地說，在日本所進入的亞洲當地被投入「石一發」的話，我想那就是日本軍國主義的信號。

　　長洲：如堀田先生所說，現代的軍國主義連徵兵都不必。對

北越或解放戰線來說，美國是不折不扣的軍國主義，但國內有停止徵兵的動向。然而去美國一看，國外在打越戰，但國內休閒活動與色情場所充斥，而且言論自由重鎮《紐約時報》等卻在努力的情況。

附有休閒與色情的軍國主義

堀田：今後是附有休閒與色情的軍國主義。（笑）

長洲：從武器體系來說，核子、飛彈、轟炸機隊等的中心武器，現代是被極少數的管理機構所掌控的社會。極端地說，掌控那種武器按鈕的人約十人是軍國主義者，如此國家全體就可以變成軍國主義。

所以，日本要是軍國主義化，就是像那樣，在國內非軍國主義氛圍中變成軍國主義國家。

堀田：當然是如此。所以在國內顯眼的不是軍人而是休閒與色情。

戴：1969年時我去了新加坡，登陸訪問了當時圍繞自衛艦的新加坡，一部分日本人所談的麻六甲海峽生命線論或日本的軍國主義化等，那邊的人喜歡以此做為話題。

如果是在這次橫井先生事件，或是三島先生事件之後去新加坡的話，對我的質詢應會更徹底深入。所幸我是在三島事件的稍前去的，所以比起現在更容易為日本辯護。（笑）

我說日本並不如他們所說的那樣軍國主義化，我為日本辯護的地方是，現在日本青年的行動或心理與軍國主義相去甚遠。我

觀察很多學生，也與他們對話。僅以那做判斷，如果赤紙〔譯註：日本軍國時代的入伍通知單〕來了，他們會逃到山中去。我當時說了這些事，拚命辯解。

可是，在新加坡所見到的人們卻說：「戴先生實在太天真了。」日本人到當地的，做為個人毋寧是懦弱的印象。然而三人、五人結群的話，就有條不紊地以非凡的精力活動。這令人感到恐懼，毛骨悚然。

話題一旦變成那樣，我就無法回答。我在東京所感到的是日本的年輕男子之中，替女友提手提包而得意洋洋的人增加了。（笑）如果是戰前，那種風俗應是不能想像的。所以赤紙來了怎麼想也是會逃掉的。

長洲：這個地方很難評價。讓新加坡的人來發言的話，應會講不到30年日本人的民族性格不可能改變。而實際上現在大日本帝國變成大日本股份公司，國權變成國益，只是和服的花樣改變而已，依然有條不紊、舉國一致出來行動的同樣模式啊。總之從外面看，像日本這樣的單一人種、單一語言集結成團，不顧一切拚命工作的國民令人生懼。「一億成火球」〔譯註：二次大戰時的口號〕的感覺好像不會改變。

我也和戴先生一樣不認為戰後的年輕人會如戰前般，命令一下就行動，但這種看法可能太天真。也許有什麼大的動機，會令他們勃然向某個方向衝去。

戴：只是日本人要認識亞洲的時候，與亞洲各國要認識日本或認識亞洲時相較，決定性的不同點是日本人的觀點中缺漏了被殖民統治的經驗之故，不容易理解殖民地體制是如何破壞人性，

而且對曾經被殖民者來說，是如何地艱難克服殖民地遺制。對於日本那是幸運的，但相反地對被殖民地統治過的亞洲國民是如何恐懼被殖民地化，對其警戒心情最核心之處無法理解。

堀田：所謂近代化，以世界全體的常識來說就是殖民地化。印度、東南亞、非洲、南美全都是如此。近代化與殖民地化是同義詞。然而日本是稀有的例外，也就是說其近代化也在孤立文明之下近代化，所以日本在亞洲是異質的。

先消解內部的歧視吧

戴：我在此座談會提出，東南亞諸國把近代化落後的原因只求諸「帝國主義的掠奪」、「華僑掌控了流通過程」等自國或自己社會的外部是不能「脫舊亞」的，要把自己的內部清洗出來才是重要。我想這個邏輯也適用於日本。

長洲先生在先前的論文裡說，對日本最重要的問題是「內部的都市與外面的亞洲」，對此我持不同的看法。長洲先生要把問題彙集為一之故而說「內部的都市」，我以為日本的內部問題是，愛奴、沖繩與未解放部落的三個問題，如要再加一個就是朝鮮人的問題吧。

這些問題每一個都包含「歧視」。愛奴、沖繩、未解放部落——未好好掌握此三問題之前，社會科學者要研究亞洲我想是過早，忽略漠視日本內部的三個，加上朝鮮人問題的四個歧視，卻說「我們要為亞洲做事」是冒昧可笑的。

堀田：亞洲諸國最大、主要的問題，如戴先生所說，就日本

來說是愛奴、沖繩與未解放部落的問題。

例如馬來西亞是馬來人和中國人，泰國與越南就是泰人、越南人與山地民族之間的問題。那裡對這些問題都很頭痛。在日本，愛奴、沖繩、未解放部落的問題，真是未解決的問題。然而，日本人對此歧視問題挪開視線，仿如對待非常小的、小規模問題在處理。所以，把日本人的觀點轉換能認識到這是重大的問題時，日本與亞洲諸國就會煩惱同樣的問題，日本或許始能「入亞」。

戴：舊日本軍人之中，在戰後也不歸國，留在印尼、泰國或越南，與當地女性結婚。

進入東南亞的日本企業，在1950年代，或到1960年代初期，因為那些人能講當地語言而受到優遇和積極利用。然而，最近因依賴他們的必要減少而開始切斷與他們的關係。

企業或是依需要利用、做切斷，但我想那些人會很苦惱。而且，在這種狀態中，日本進入亞洲，說了多少「為了亞洲」，當地的人是不會當真的。因「對曾經是同胞的人也不能親切對待」。

不能親切對待同胞，堀田先生所謂的「石一發」是經常被預備在那裡的。

堀田：如戴先生所說，對留在當地居住下來的軍人一時利用，而現在不需要就切斷與他們的關係──這是日本對亞洲接觸類型的典型。

假如利用定居的日本人是「入亞」，那麼切斷就是「脫亞」。除去歷經短短的時間外，「入亞即脫亞」加減等於零。結

果是沒有「入亞」也沒有「脫亞」。日本的歷史是根據某歷史事實而進到更高層次的辯證法所成立不了的歷史。經常是加減等於零。

戴：請讓我再質詢長洲先生。

兩三年前吧，進入東南亞的日本企業人士在酒吧被殺，發生不幸事件等，各界流行起貶低日本人是經濟動物、黃皮膚的美國佬的罵名，政府、財界都認為會發生那樣事件的接觸很不妥當，所以考慮除了經濟進入之外，要使所謂文化交流興盛起來。在當地國有人贊成，相反地有人非常警戒也是眾所周知之事。

長洲先生之前的論文提及，認為那樣的宣撫方策沒有多少意義，還不如調整、改善日本內部的政治結構、經濟結構、貿易結構，或文化應有的狀態，只有人性的改造作業，即日本要走的做亞洲夥伴的路，是日本在亞洲不陷入陷阱的方法。如果東南亞的人們獲知這個發言，一定會這樣說：「知道了。長洲教授比到我們這裡來的人，或討論有關我們的日本人更進步。但是問題僅限於改善或調整的話，長洲教授也是日本對外發展的馬前卒吧。」

把國內經濟改造成有人性

長洲：那種質詢當然會出現，但對此只用言語來回答是不容易的。

我想說的是，曾經站在加害者的立場的人，要與被害者的鄰人和好，首先要改變自己自身內部的加害者體質，亦即不改變自己而要與外面相處得好是辦不到的。亞洲問題不單是外面的問

題，也是日本自身的內面問題吧。外交與內政是表裡一體的關係吧。

把那改變自己的作業內容以經濟學者立場加以思考的時候，我想還是與日本的經濟、產業應有的狀態有關。不能如以往那樣，對亞洲只搜購其資源，而賣給其成品，經常是輸出為輸入一倍的片面貿易，為了維持這個以援助之名借給資金或做投資，要能與亞洲組成互惠共存的國際分工，這邊的產業結構還是有改變的必要。

剛才說的「內部的都市，外面的亞洲」，也是同樣的想法。一直堅持重化學工業第一，輸出優先的高度成長，則會引起內有公害、在外孤立的情況。事實上那危險最近愈來愈清楚，而且1970年代的日本更趨GNP大國。「都市」的意思我將之總括為公害，過度密集、通貨膨脹、忽視人的主體性、住宅、交通等，包括這一切假定之為都市問題。

國內經濟如不改善成更以人為中心的體質，那麼在國內激化都市問題的生產力，將就照樣向外溢出激化亞洲問題。與過去同樣，因近代化與高度成長成功之故，我擔心GNP大國日本，在此如不修正軌道，是否會掉進都市與亞洲的兩個陷阱。這兩個可說是內外聯動的裝置。

這麼一思考，這問題是從經濟、產業到政治，或我們國民的生活或價值觀到文化的問題都連貫在一起。

戴：長洲先生最後說是「人性的改造」。此「人性的」對我來說很含糊，對於東南亞人應也很含糊。

堀田：所謂「人」，本來就含糊。比如有人道主義這語詞，

但這是在白人之間，為了白人之間而產生，是白人之間的交際方法，那才不是白人對第三世界——亞洲、非洲接觸時的主義。說是人性的，並不是緬甸人與緬甸人、越南人與越南人要如何交際，做具體表示的指標。人這東西，還未進步到那程度。

不同的人種，不同的民族、國民之間，對「人性的」一語能擁有共同的理解，不知人類的歷史過去究竟已有多久，但這應是今後的事情。真正的國際化的時代——所謂的真正人性的沒有差別對待，一視同仁的國際化時代。

除了「人性的」之外沒有適當可使用的語詞。如剛才的軍國主義本來是19世紀的語詞，已不適用於現代，但無可奈何在使用一樣。而且，連經濟學者也得使用「人性的」這不確定的語詞，不然就描繪不出展望藍圖，時代已變成這樣吧，一定是。

本文原刊於《中日新聞》，1972年3月27日，頁5；4月3日，頁5；4月17日，頁7；4月24日，頁5；5月1日，頁7。為「討論七〇年代の英知」專題座談紀錄

通往「現地化」的險惡單行道
——華僑世界的新波浪座談會（最終回）

◎ 吳元淑譯

與會：吉田實（《朝日新聞》外報部）
　　　小泉允雄（日本貿易振興會代理調查課長）
　　　木下俊彥（日本輸出入銀行調查員）
主持：戴國煇（亞洲經濟研究所調查研究部主任調查研究員）

一、對華僑進行融合的當地政權

　　本社：到目前為止，外部的作者與我們共進行了五次的座談會，在動盪不安的政局下，分別對不同地域的華僑社會走向做了追蹤，而在此次的座談會中，想要對以往探討過的課題做一個總結。這次就請戴教授來擔任座談會的主持人。

　　戴國煇（以下簡稱戴）：首先，我想要探討的主題是所謂的華僑世界新變化的架構，這部分想請吉田先生從政治觀點來發表意見。

機敏的對應變化

吉田實（以下簡稱吉田）：1969年的元旦，新加坡的外交部長拉惹勒南（Sinnathamby Rajaratnam）曾有以下的發言。「1968年對我們來說是衝擊非常大的一年。因美國、英國看來已不再試圖從東南亞戰火中取栗〔譯註：不再為他人利益而冒險〕。」

說到1968年，是美國總統詹森（L. B. Johnson）於該年停止北越南轟炸，召開巴黎會議，並宣布不參選下任總統大選之年。同年，英軍亦表示「將從蘇伊士（Suez）以東撤退。」

機敏地掌握這些大趨勢變化的，是有大半華僑居住的東南亞各國當權者。

戴：正如同吉田先生所提，東南亞較日本更敏感地對此變化做出反應。特別是華僑的反應相當快速。而這部分已在東南亞系列（第四次，特別是新加坡〔參見《全集12‧充滿苦澀的「多極化」應對》〕）有所指出。

吉田：然而在這樣的情勢下，當時的佐藤首相發表了《日美共同聲明》，時間是1969年11月。進而日、韓、台關係，沖繩及釣魚台的問題也相繼出現，這些問題乃刺激了華僑的深層心理。

小泉允雄（以下簡稱小泉）：誠如剛才吉田先生所說明的，由於亞洲整體國際情勢的轉變，對於我居住的香港的中國人以及新加坡和其他東南亞地區的華僑之中，在各種不同的意義都起了變化也是事實。而在這些變化當中，最令人關注的就是，特別是在1960年後半日本的影子逐漸強大起來的這件事情，一時之間我感受到對日本的警戒心以及反感的聲音爆發開來。如同本系列第

三次中，加加美〔光行〕先生曾經寫道，若是連在目前為止都只被視為是商務及觀光場所的香港，以其年輕世代為中心，針對釣魚台問題，超越左右對立一同興起反日運動。

　　吉田：確實直至該時為止，反對日本進入亞洲的朦朧雜聲，從《尼克森・佐藤聲明》以及接續的釣魚台問題一口氣爆發出來的感覺。

　　在我的觀察下，在中美的靠攏、回歸聯合國、尼克森訪中等的新情勢下，民族運動的能量乃被聚向中國統一運動，因此反日情感可能是一時的沉靜下來。然而若是日本對台灣出手的話，恐怕會引爆起以新五四運動型態的激烈反日運動，並比以往更加延燒開來。

　　戴：我頗有同感。在美的中國統一運動對華府來說也是一頭痛的來源。

微妙的華僑政策

　　吉田：此時的政治狀況，簡單說就是東南亞的中立化，也就是在美中蘇三國的保障下所成立的中立狀態。

　　英美雙方都不在東南亞的戰火中撿拾栗子的情況下，到目前為止彷彿足球般被踢來踢去，任其宰割的國家，已逐漸可對大國以較大的聲量講話。換言之，此時趨勢的走向已漸不受特定大國的保護，而是在各大國的勢力中保持平衡，同時在其中推動自己的區域的合作，必須好好從內部積極充實自己。

　　在此當中，各國最在意的還是獲得中國的保障。

　　中立化的構想是由馬來西亞所提出，我想是出於1969年的五一三（反華僑暴動）的反省而來。

　　不只限於馬來西亞，東南亞各國由於已算是達成民族獨立與政治上的獨立，然其在具體的國家建設面，政治的、經濟的面向上都還有著非常脆弱的部分。在此當中，特別是國內治安或是經濟建設相關部分，一定都會面臨到華僑問題。

　　戴：剛才所說的馬來西亞的五一三事件，以及1965年印尼的九三〇事件（導致蘇卡諾〔Bung Sukarno〕失勢的反共、反華僑政變）都是當地的極端民族主義（Ultranationalism）將其國內的矛盾轉嫁到華僑身上，對華僑進行鎮壓，其結果導致經濟活動的停滯。

　　因此，當地政府一面以民族主義為支點集結國民的能量，使其往好的方向發展來建國。另一方面，他們為使民族經濟得以發展，想要動員華僑的資金、技術——這裡所謂的技術包含經營管理能力以及品質優良的勞動力。

　　吉田：多數的東南亞國家，除了一部分例外，好的意義的官僚體系仍未完全滲透到末端。若要使其使命能完全達成，就必需仰賴已經定居且深耕該地的華僑。儘管在印尼受到嚴重的鎮壓，然而華僑仍然緊握流通機構的動脈。

　　若是無法獲得這些人的協助，就算做好經濟計畫也無法順利推動。日本的經濟在進入該地時，合辦企業的夥伴也大多是華僑。

　　因此當地政府對其國內的華僑有了上述認知，在當下的國際潮流的變化，即中國影響力的擴大下，採取了對中緩和政策。然

而對於此華僑的對應則還是各式各樣。

戴：如同此系列中也曾談到過，在馬來西亞的拉薩（Tun Abdul Razak）政權乃是以華僑為中心的民間力量加速對中國靠攏，然相對於此，泰國及新加坡反而是政府對於民間的親中動向踩了煞車。

吉田：但是，就算是泰國的他納（Thanat Khoman）因武裝政變離開了外交部長的位置，他仍然以首席特使的身分出席ASEAN的會議。

戴：他納為一出自華裔、手腕敏銳的外交官，然卻因政變的原則不得不離開該位置，想必是由於國內政治情況所致。雖事情至此有其經過原委，然其獨特的風格，或說與新加坡總理李光耀間的關係，也是使意識到這些地方的他儂（Thanom Kittikachorn）首相之所以重用他的原因吧。

華僑融合的促進

吉田：新加坡的狀況是如此。在當地華文報紙乃有兩個不成文的規定。其一是中國問題不登報紙頭條，另一是採取反對越戰的立場。

然而乒乓外交卻打破了此規定。與此相關的新聞記事連日登上了頭條。毛澤東拿著球拍的照片也大大地被刊出，中國裔的情感一下子都升到了高點。然後，李光耀政權在其間看起來就相對渺小了。對李總理來說，這無異是火燒到自己腳邊的意味，有必須將此局勢壓抑控制住的情緒。

　　另外，由於在新加坡華人占75%以上，若太過親中可能會有被中國捲入的憂慮。因此在華人只占38%的馬來西亞，乃積極鬆綁對中政策，反而是華人較多的新加坡，出現對新聞進行較強硬管制的諷刺現象。

　　然而，雖一方面進行管制，李總理在其後乃對此做了調整。對《南洋商報》的主筆李星可等做了較輕的兩年有期徒刑的判決。去年〔1971〕10月，在這系列中也曾提及，派遣中華總商會的代表團前去中國探訪。

　　另一件則是在新加坡，在此系列第四次中所提到的關於中國銀行的事情。當時我仍在新加坡，目睹了為保護中國銀行，不分老人或青年，大家拿著微薄的資金大排長龍的局面。像這樣華裔庶民的動向，新加坡政府不得不靜觀其變。而在此可領會到被印尼裔或是馬來裔所包圍的中國裔的人們，發揮了極限的智慧，以微妙的形式摸索出在夾縫中的生存之道。

　　因此，他們對應的方式也以非常曲折複雜的形式呈現。基本上，新中國影響力的擴大──當地政權對中政策的鬆綁──同時對華僑採取融合政策，可以用此圖式來思考。對此，華僑們也開始意識到由於在當地賺到了錢，所以也必須某種程度回饋給當地。

　　在中美關係相互靠攏的過程當中，上述的想法可以說是有被大力助長的傾向。

二、妨礙「現地化」的事物

　　戴：關於國際局勢的擺盪以及華僑居住國政府的對應，其大概的情況在以上說明中應該相當清楚了。接下來，我想請各位談談在此情勢當中華僑如何反應及行動，進而在各國國民經濟當中所扮演的角色會如何轉變。

尼克森訪中後的三個反應

　　木下俊彥（以下簡稱木下）：我想向各位介紹一下當中國回歸聯合國以及尼克森訪中時，在我周邊的菲律賓華僑的反應。

　　首先，任職於大型僑資銀行，並持國府護照的女性銀行行員曾信誓旦旦地說：「總有一天會回到『我們的祖國』，為其發展盡一份棉薄之力。」

　　另一位則是僑資銀行的負責人，他說：「我們是絕對不會回去中國大陸的。只是，對於這些事情我無法掩飾內心的喜悅。」

　　還有一人，是在某日系企業任職的台灣籍中國人。他說：「由於尼克森與中共間奇怪的利益交換，使人相當困擾。」

　　三個人就有三種反應，他們各自懷抱著身為中國人的驕傲，然在現實世界中各自因其身為中國人的身分而遭遇到不同程度的困難及歧視。因此，這使他們對於祖國的動向在心情上有著非常敏感的反應。在此系列的第一次中，您也曾說明過，北美地區的華僑的反應與住在菲律賓的華僑反應類似。然這些反應卻未能歸為單一，此乃由於個人因其經濟、政治及社會的立場不同而有所歧異。

強烈的反華情感

戴：您覺得這三種想法所占比重各為多少呢？

木下：在菲律賓的話，擁有台灣護照的華僑約十四萬左右。除此之外，還有自幾世紀前住在這裡，與當地充分混血，但仍強烈意識到自己是中國人者，這類人據說有四十幾萬。

與當地充分混血的族群，對與北京及台灣的關係，持比較中立的立場，另外在菲律賓國內的地位也比較穩定。至於持有國府護照的族群，其在菲律賓國內的身分定位則相當不安定。

也就是這些人面臨在形式上自己的國家可能消失的問題。雖說如此，但就算想要變成菲律賓人，以微薄的錢也無法如願。雖對最近的政治情勢感到坐立不安，而在公眾場合乃三緘其口，然而對日本商社職員連番提問「日本今後要如何呢？」、「你覺得台灣今後會如何呢？」等問題，年輕的一輩，如同剛才所提及的女性上班族，私下可以用「想要回歸祖國」的說法來回答。

戴：菲律賓好像與泰國、馬來西亞在諸多層面上都有許多不同之處。

木下：以華僑占總人口比例來說，在菲律賓只有1.6％。因此，以集團的力量來說的話是弱小的。再加上因為是島國，受到大陸的影響較小。另外，在當地可以實際感受到在菲律賓人的反華僑情感非常強烈。亦即除了西班牙或美國人等西洋人或老華裔之外，華僑不與當地人通婚，並想要保存自身文化的這部分，在當地引來不滿。同時，特別是在流通、金融方面，華僑擁有強大實力，也招致強烈的反感。

　　1950年代通過不得以漢字記帳的法律，表面上雖是稍微有所改變，但是截至目前為止，在商務面上只要談及稍重要的事務，華僑就會以中文來溝通。今年春天發生了富有的華僑子弟遭綁架殺害的事件，而對一般菲律賓人來說，心中卻有「看吧，活該！」的感覺。

　　從這樣的事件看來，剛才曾提及的現地化議題，在菲律賓面臨瓶頸的困窘。

充滿荊棘的「現地化」之路

　　戴：能否請您更具體說明這個部分呢？

　　木下：戰後，制定了《零售業國民化法》等幾條法律，在流通領域將華僑排除。然而華僑在此種的壓迫之下，依舊忍耐保持強大的團結力量，延續並培養了驚人的實力。

　　若從長遠的眼光來看，他們乃往現地化的方向前進是事實，而除此之外也並無其他選擇。但是相對於華僑的靠攏，政府非但不願意發給華僑菲律賓的國籍，反而想藉由使其處於不安定的狀況下，以此做為手段從其身上榨取金錢，並認為這樣比較有利。

　　華僑中頂尖的人物，皆與當權者有相當密切的聯繫。地主兼銀行家的許玉寰（Cojuanco），經營保險公司的楊應琳（Yuchengco），砂糖財閥的蔡文華（Antonio Roxas Chua）＊皆為總統親信。

＊ 菲律賓著名僑領。歷任菲華商聯總會理事長、菲律賓糖業公會會長等職。

當權者乃順應一般民眾的反華僑感情，在表面上對華僑施加壓力，然而在私底下是互通的。菲律賓的中國小學共有110所，中學則有50所。今年春天出現了廢除這些學校的聲浪，然而在瞬間就消失了。這樣看來，應該是有其表裡的。

因此，關於所謂的現地化，姑且先不管長期將如何演變，目前現狀乃呈現無計可施的狀況。

也就是說，若依照前述以法律制定將之束縛，而實質上的效果是極其有限的。若強行執行規定事項，不但對政府來說會變成相當棘手的情況，也有可能會使其金脈來源枯竭。

另外，由於租佃耕地尚未解放，菲律賓農村的治安狀況不佳，經濟情勢亦不穩定。這意味著目前的狀況容易滋生出中國式革命的變革土壤。目前的現行體制蘊含諸多不安定的要素。

在此當中，富裕的華僑只有依靠自己。由於與中國的交流有可能引發國內革命的關係，也無法對新中國有所期待。

馬尼拉市郊外的華僑豪宅雖有警衛駐守，然而豪宅主人的枕頭邊卻總是放著一把手槍。這象徵著其心中籠罩著不知警衛的配槍何時會指向自己的不安。

我認識的菲律賓僑資銀行副總裁提到，若想要了解在菲律賓華僑的心境，有一本書可以閱讀，即《在美國的猶太人》〔*A Certain People*〕。擁有財富，或是因為擁有財富而被居民所排擠疏遠，時常需要考量自身的風險處境。這個部分反映了華僑的一個本質。

戴：木下先生這番詳細的解說剛好填補了本系列所欠缺的部分。

　　誠如您剛才所提，更可以確認散居在各地的華僑，在本質的部分是相通的，雖是因國情的不同，華僑的意識及行動模式也的確有相當不同之處。

　　在菲律賓，如您所指出，雖然華僑人口相當少，但因為妨礙通婚的回教人數也較少之故，原本華僑現地化的速度預期會進展更加快速，然而實際上由於菲律賓政府的政策，國籍的取得難以進展。

　　如上所述，華僑所處的困境，只有程度的差別而已，這樣的現象乃遍及除新加坡以外的東南亞全區。

三、華僑社會的變貌與日本

商人雖只占華僑的5%

　　小泉：我認為在日本提到華僑時，好像有一個誤解。即我們對華僑的印象多為非常富裕，且有榨取當地人血汗的商人形象。但根據華僑研究者須山〔卓〕先生所言，東南亞華僑有95%以上都不是商人。

　　若以單純歸納法來分類，華僑乃分為壓迫當地人的壓迫華僑，以及被同胞所壓迫，或是被歐洲或日本人等壓迫之被壓迫華僑，而我認為我們的印象都太偏向於前者。

　　因此，雖然現在日本人說要受其他亞洲人所喜愛，然而這當中並未包括華僑。因此，我認為有必要重新檢視華裔馬來西亞人，或是華裔泰國人與日本之間的關係。

同時，有所謂由於華僑是優秀民族，而泰國人或是馬來西亞人等帶有熱帶地區人的氣質，即非常溫和的國民性，形成前者以經濟支配後者的圖式，而有從此角度出發看華僑問題之傾向，這應該有所修正。

這些國家經歷了相當大的變動。單以義務教育為例，30歲以下的世代是接受獨立後的義務教育長大的，而華人系住民亦被編入當地義務教育中。因此，如從前印象中在椰子的樹蔭下乘涼瞌睡的當地人以及拚命工作的華人的對比，這種既定看法已需要有所調整。

戴：我認為您所提出的壓迫華僑及被壓迫華僑的問題，實在說得妙。我認為與其以華僑，還不如用歸化各國的華人系住民的觀點來看這問題，然後，應把華裔住民以階級或階層別，甚至是以世代別來定位、思考這個問題。

木下：確實誠如朝向小泉先生所言的方向在緩緩前進，當地人的技術官僚（technocrat）已逐漸成長也是事實。但是若以菲律賓的現狀來說的話，華僑的能力還是明顯較高。

日本的企業也並不是因為個人喜好才選用華僑。而是以該人的信賴度、勤勉度、對事物的洞察力，以及儲蓄與投資的觀念等來選擇合作夥伴。綜合以上條件，結果總是選到華僑。就算不是大富豪或商人，華僑任職於銀行或是商社等職員的人數也相對較多。

戴：如同木下先生所言，印尼、馬來西亞和新加坡大抵都是如此。

最上階層的華僑子弟所採取的保身策略之一，是到歐美各國留學，取得當地國籍，謀得可安定下來的職業。當地的資淺技

工，多數由社會階層較低的華人供給其需求，而資深技師或是技術、管理的中堅幹部，則多出自中上階層的華人擔任，華僑之間於是形成上述的圖式。

由於有這樣的狀況，當地政府一方面恐懼華人的力量，對其保持警戒；一方面因為工業化的關係需要大量資金，除了須掌握既有的華人系資本，若是無法有效的將高效率的華人勞動力、管理經營能力，甚至是其技術等組織起來，就會陷入無法順利建立國家的困境。然而，最近隨著華僑年輕世代的成長，也看到其意識的轉變。

年輕世代的成長

小泉：年輕的世代開始自覺到自己與父執輩之間是不同的。在香港，這裡大半的中國人都是在戰後以各種理由從大陸來到此。然而，目前25歲以下，也就是在香港出生成長的年輕人已超過人口半數以上。

其父執輩的世代，從不同的面向來看，乃背負著中國大陸的影子。就算是在中國大陸發生的事情，也習慣以自己過去的經驗來加以判斷。然而對年輕的世代來說，雖然中國近在身旁，但實際上可說與外國無異。因此他們是能以不帶情感因素的眼睛來看待新中國的世代。

同時，對香港社會來說，舊的世代將在大陸時的自身經驗加以連結，並以此來認識香港的社會。

然而在香港出生生長的新世代由於是不戴有色眼鏡看香港，

因而對該社會也可能懷有不滿。

　　在香港有這樣兩極化的觀點，而東南亞或多或少也有相同的現象吧。我雖然反對稱住在香港的中國人為「華僑」，僅關於這一點，香港中國人的問題與東南亞華僑的整體問題是共通的。

　　因為國情不同會有不同程度的差異，一般來說，新世代對中國大陸的看法並不是父執輩所緬懷的那個國家，而是會站在將自己所屬的亞洲新興獨立國，與脫胎換骨的中國做比較的立場。

　　因此，若是當其居住國在制定華僑政策，或是在經濟與政治上以對其較為不利的方式對待時，就會促使他們的心投向中國，與其相反的，我在香港所感受到受近代、西洋教育的年輕華僑，並不只是因其父執輩反共的關係，而是新世代自身清楚意識到無法跟隨毛澤東思想。

期望「現地化」的中國

　　戴：若談及華僑的將來，就與中國的華僑政策有關係。

　　吉田：中國在美國退出、蘇聯挺進的趨勢中，藉由與東南亞諸中小國家的密切合作，推動外交往來。在此狀況下，由於同時背負民族的解放以及被壓迫人民的解放的兩個議題，是相當沉重而難解的。

　　對於華僑問題，其中包含中國對其整體應該採取何種政策，以及如何對待資產階級與無產階級的問題。

　　然而，中國到1971年後開始宣傳「人民尋求革命，民族要求解放，國家追求獨立」。這條路線是非常難加以落實的，但是中

國卻想在對應上極其仔細而縝密地推行。

對於菲律賓的經濟代表團，周總理表示「請您們的政府對於與中國之間是否建立外交關係的議論，多花一些時間決定吧。我們會靜候到該時的」。去年八月，緬甸總理奈溫（Ne Win）訪中時，周總理也曾表示「想要繼續推動因文革所中斷的專案建設」，或是「華僑應該遵守當地的法律以及秩序。在此意義上已取消華僑事務委員會」等說法。

另外，馬來西亞的代表訪問北京之時，周總理對華僑代表談到應該要改掉華僑的舊體質。此意味著華僑居住國家與中國之間在貿易、經濟上越靠攏，於此同時，亦促進華僑在居住國的經濟與流通面的既存勢力結構的力量重編也同時在運作。我認為觀察這些勢力如何相互對應促成及前進，是相當有意思的。

從我們的情感面來說，若能以不流血的方式脫胎換骨，讓當地的國民經濟可以順利運作是最好的，希望當地政府能夠發揮智慧，絕對防止不再讓九三〇及五一三事件重演。此外，日本人絕不可煽動僑居地的民族分裂，以及介入鎮壓華人系住民或火上加油的行動。

「捨棄狹隘的國家主義吧！」

小泉：是的。對我們日本人來說，從一開始即認為華僑以及其他國民是互相對立，這是不好的事情。實際上對於我們來說，兩邊都是外國人，希望在進入東南亞從事經濟活動時，不要助長加深其分裂的狀況。

　　反而在今後我們應該注意的是，由於當地對於日本的警戒心及反感，或許有促使華僑與其他東南亞的居民互相連帶的效果。

　　然而這種對日的警戒心及反日運動卻包含了無法一言以蔽之的各種要素。如同香港的釣魚台問題一般，也有人將其視為是另種形式的反英運動。即一般對殖民香港的狀況感到不滿的年輕世代，就算感受到難以忍耐，因為無法正面從事反對英國的活動，所以將此能量轉向日本的看法，也反映了一部分的道理吧。

　　另外，環繞釣魚台問題，與其說是其自身的問題，還不如將其視為由於日本在亞洲勢力的增強，因此對日本顯示出不安與警戒心的尖銳表現。若是如此，今後的問題就並不只是解決釣魚台問題，其範圍則擴大為東南亞各國及日本間的問題。

　　因此，我認為東南亞華僑以及日本的大部分問題，將會在這種大範圍的問題中逐漸獲得解決。

　　吉田：某位在日華僑在最近的訪中行程當中，與廖承志會面時表示：「希望日本跟中國都不要從狹隘的民族主義、狹隘的國家主義的觀點，而是將目光放在亞洲整體的長遠將來，思考互相合作。」

　　長時間以來，日本與美國緊密連結，與蘇聯逐漸靠攏，進入東南亞的同時，對中國問題一直視若無睹。我認為日本必須從正面來注視中國。日本與中國之間，甚至沒有最基本的國家關係。雙方必須先建立，才能在自主對等的立場下締結關係。就此意義而言，日本應當學習目前東南亞各國逐漸採取的對中態度。同時，日中關係的正常化，會成為日本與東南亞各國，特別是與華僑間關係發展的潤滑劑。

小泉：不論是否為華僑，為了要與亞洲人能夠順利建立良好關係，以不帶偏見的眼光與態度與其往來是非常重要的，但這裡仍存在一個問題。

即日本企業在僱用華僑的時候，通常會錄用通曉日語的人。而這些企業透過這些人去理解華僑和當地國家，然而這些人並無法完全代表華僑的想法。有的時候，這些人甚至是在戰爭中協助日本或是這些親日者的子弟。

木下：但是以我在當地所感知到的，與當地人達到真正的互相理解的這件事情，說來很容易，但實際上做起來卻相當困難。

戴：相當可惜時間已經到了尾聲，想要在這裡對今天的座談會做一個結語。最後，我以主持人的身分來追加兩點。第一點是華人系住民也同樣是地球村的一員，因此希望他們在居住國時能不被壓迫、不被歧視的過生活，若居住國在無法提供這樣的生活條件下，仍要求華人系住民對其效忠，無異是空話。

第二點則是包含了此座談會在內，本系列的課題乃在於探索華僑世界的新浪潮為何，及對其應該如何來理解，然此課題範圍太大，我認為與其由我們急忙找出答案，還不如讓讀者自身來做判斷比較好，因此總結的部分留給讀者自己去判斷。

本文原刊於《週刊東洋經濟》第3677號，東京：東洋經濟新報社，1972年7月15日，頁42～49。為「華僑世界の新しい波（最終回）」系列座談紀錄

惡的結構與贖罪意識
──從日本舊殖民地的觀點座談會

◎ 林彩美譯

時間：1972年7月18日

與會：戴國煇（亞洲經濟研究所調查研究部主任調查研究員）

　　　尾崎秀樹（文藝評論家）

　　　安宇植（評論家）

　　　三浦昇（前《中日新聞》文化部次長）

使加害者體驗淡化的被害者意識

　　戴國煇（以下簡稱戴）：關於亞洲與日本的問題，先前我在這個企畫中，與堀田善衛先生、長洲一二先生林林總總談了很多。那時談到今後日本要與亞洲以新的形式交往下去，日本人必須以正確認識亞洲為前提。

　　總而言之，沒有正確的認識，要創造出日本與亞洲的良好關係是不能期望的。

　　為了抱持正確的認識，日本方有什麼問題，在座談會中也談及各式各樣部分。那些不一定是已被充分整理好的狀態，但我想

有能使思考深化的啟發與材料。

　　其中之一，主要是我所強調的，日本人未曾受過他國的統治。這對日本人是幸運、幸福的事情，但是否因沒有被殖民的體驗，所以變成去認識日本以外飽嘗被殖民體驗的亞洲時的局限。

　　還有，這是堀田先生與長洲先生所強調的事情，指出日本是在世界上罕見的孤立文明之國，是同質、單一的民族結構之國，因此對理解他文明、異質、複雜的國家有所局限。這雖然是合理當然的指摘，但其實我有若干異議，即日本比起中國或美國，國內社會的確沒有包含多少異質的東西，但是日本也存在愛奴、未解放部落、沖繩等歷史上受差別統治的異質部分，以及過去可說是殖民統治痕跡的數十萬在日朝鮮人。我以為乍看之下可視為單一的日本內部的日本人，然而與這些人的關係和日本與亞洲的關係本質上是相同，可說是日本與亞洲關係的日本國內版，不理解這個部分也就不能理解亞洲。至少要知道亞洲人的心的話，不知道日本國內的歧視、壓制的結構是不行的。

　　亦即，在此也有日本的殖民地統治、差別統治的問題浮現。而且當我們把問題追究到那層時，日本正確的亞洲認識，第一是產生大規模殖民地統治——「台灣割讓」的甲午戰爭、「朝鮮全併」的日俄戰爭，或稍早沖繩統治的「琉球處分」——因此不追溯到日本近代的本身是不可以的。

　　日本一般談到在亞洲的戰爭時，只從「支那事變」亦即中日戰爭，頂多從「滿洲事變」想起，以為甲午戰爭是很早就已結束的事情。但中國人與朝鮮人可不是這樣想。因為是甲午戰爭或日俄戰爭之故而受了殖民地統治，所以不能說是老早已結束而可罷

休的戰爭。客觀地看，日本與亞洲深入牽連，的確是始於甲午戰爭，所以必須將此在日本近代史之中好好定位，來重新思考日本與亞洲，不然就不能理解亞洲。

在此意義上，如我與像安先生擁有被害者體驗的人談日本與亞洲，或像尾崎先生直接有統治者體驗，而某程度也能理解被統治的擁有在殖民地生活體驗的人，一起談殖民地統治的諸問題，我想是有意義的。

說是有被統治者體驗──我自覺擁有被害者與加害者的兩方面──不是在這裡要告發曾經是統治者的日本人，也不是有求日本人贖罪的居心，並非如此，而是說殖民地統治是絕對的惡，戰爭是絕對的惡。

不能讓它重複發生是我的信念，我想日本正確地認識亞洲，建立良好關係可能是聯繫到新的亞洲或人類全體的幸福，所以敢於嘗試對話。總之，我是這樣想。

再讓我冒昧地講一些，日本人一般談戰爭體驗時，大概都以被害者體驗在談。

這是非常糟糕的。我沒有絲毫挑起舊傷口之意，但戰爭體驗只在被害者之一面掌握就不能成為「真實的戰爭體驗」而發揮作用，難以做為思想上的刺激與要素而產生出活力。

特別是反戰運動的焦點固定化在原爆體驗的傾向，因此一潮流很強之故，所有戰爭體驗，尤其是加害者的部分淡化於原爆被害者意識陷阱的危險很濃厚，我是這樣看的，不知如何？

當然不只日本人，人本來的習性就是想忘記不愉快的事吧。

但是在這樣的前後關係，從一般日本人的戰爭體驗中，殖民

地體驗，特別是做為加害者體驗的缺漏，比起舊殖民地統治的歷史意義，更正確地說是沒有將歷史的教訓正確定位的姿態就被沖著走的感慨頗深。

這樣恐怕不能確立正確的亞洲認識。

又，剛才我說了認識亞洲的局限，但這當然不是宿命的局限，我認為是可跨越的局限。今天的對談也是跨越局限的一個嘗試，而我也如此期待著。

日本近代史的空白──殖民地問題

尾崎秀樹（以下簡稱尾崎）：的確，日本人之中缺漏被統治者體驗這事，是有可能成為稀釋殖民地統治是絕對的惡這個認識的要素。不去深沉思考統治他民族的事實，做為絕對的惡的殖民地統治歷史，反之將之看得很輕的體質本身，會使那種挫折最終以愚行在今後重複，我在體驗上抱有那種危懼感。

戰敗後已經27年，還未整理殖民地問題，日本近代史中那部分空白著，是否成為思考今後日本的進路，在亞洲之中日本應有的狀態時所呈現的空白，我很早以前就在思量此事。

為什麼對此問題抱持關心的態度，就有稍微觸及我個人的經驗來說明的必要。

28年前的8月15日，我是在台灣，而且在日本軍隊之中。那時開始以志願兵制度進入日本軍隊的被統治民族的台灣人──為了方便把住在台灣的中國人如是稱呼──已轉換成徵兵制，強制性地被動員作戰。所以我在1945年入伍時同隊內有很多那樣的

人。他們也是在為皇國、為日本天皇而戰的大方針下被動員，對此連懷疑都不被允許。這件事自不待言是悲劇。

然後迎來8月15日的敗戰。所以，我是以直接目擊的情形體驗的。在日本戰敗的狀態下，不只是日本人的反應，而且是同隊內台灣人的接受方式。那體驗與印象令我難以忘懷。

軍隊內的台灣人之中有志願兵，也有接受徵兵前來的，此外還有包含從上海來台北大學〔譯註：指台灣大學〕念書的人。他們之中有從1945年6月左右，就已非法組織孫文的「三民主義」研究會，預料日本敗戰，按他們的想法在研究「光復」以後的台灣要如何處理。他們的指導理論是剛才所說孫文的三民主義，毛澤東理論在當時還未進來。

我之所以能看到他們非合法行動的理由是，我在當時的軍隊內處在極度受壓迫的立場。因為我的兄長（註：尾崎秀實），因受《治安維持法》、《國防保安法》、《軍事機密保護法》等一連串的打壓以政治犯被處刑還未過半年之故，在軍隊內我是被注意的人物，是每天被打罵的人，因此台灣人對我有同一陣線之感，不把我看成危險人物，而讓我看他們非法的一面。

所以，在8月15日，我自己強烈地感覺到從此日本會迎來新時代，同時也見聞到台灣的知識分子、學生如何接受8月15日。他們之中多數是這樣說的：「日本已戰敗，所以不久從中國大陸一定會有蔣介石的軍隊進來接收。但是比起大陸來的一群，在日本統治下的台灣知識分子、學生的教養、文化水平都高。所以我們照樣可以幹下去。」他們不帶疑問很確定地說。

而那時我有一個疑問。在教養、文化水平之點藐視中國本土

的中國人，深信台灣水平比較高的意識，是日本在50年間的台灣統治中一直不斷教育過來的事情，因光復感到高興的台灣知識分子講出這番言論是否很奇怪。殖民地統治帶給我的是連期望殖民地解放的人們心中都侵入的、無情冷酷的印象。

他們之中有些人此後在「二二八事件」（註：1947年2月28日，反抗當局的失政，在台灣全島發生的暴動事件）被捕或被處刑。我以為連期望殖民地解放的人們的靈魂都令之殖民地化的惡，這絕對的惡存在於殖民地體制中，施行殖民地統治的日本人必須思索這一點，至少在台灣出生、成長，亦即雖然不是自己的意志，但卻因為做為殖民地統治的民族的一員而弄髒了手，我想不解決這個問題是不能向前進的。

因此，我是按照自己的作法，一直繼續在追問這個問題。如剛才戴先生說的，日本的近代史研究，或日本對亞洲的姿態是殖民地在8月15日就結束的事，而把殖民地問題做為空白留著。我認為這樣不行。所以參加此座談會也是基於此意義。

遇上《南北韓共同聲明》──日本殖民地統治的傷痕

安宇植（以下簡稱安）：日本為了正確的認識亞洲，建立起新的關係，身為朝鮮人的我希望日本人如何做，對之有何期待，我想來談這個問題。

今年的8月15日對於我們朝鮮人來說，是第27次的民族解放紀念日。

今年特別在現實的政治面，有7月4日的《南北韓共同聲

明》，在氣氛上好像有非常大的變革在眼前閃爍著。

總之朝鮮的南北被認為是完全不能相容的，卻以《共同聲明》的戲劇性形式掀開走向統一的序幕，所以朝鮮人有那種感受也是理所當然的。

關於此問題，我想日本人之中也有不少人鬆了一口氣。

但是，冷靜地做了種種思考，好像有非常可期待，然而又發現有太多不能盡情高興的因素。

老實說，住在日本，我覺得解放後27年之間，有關朝鮮不變的事情好像太多。我是在日本出生的在日朝鮮人，所以經常與日本人接觸，而日本人的朝鮮觀，對朝鮮問題研究的姿態，那一成不變的情況明顯地表現出來。對朝鮮問題有所關心的人之中，某些人做出了「南韓是黑暗政治，而朴正熙總統是惡人；金日成首相是善人，北韓是出色的政治」的圖式，然後根據此圖式接受平壤招待，回來時說金日成首相很偉大。他們不以自己的眼睛去確認，南邊與北邊的同樣的朝鮮人過什麼樣的生活，施行什麼樣的政治，便說南邊黑暗、不好，這樣的事很多。

的確「韓國」有給人黑暗印象的要素。《共同聲明》發表後不久，國會議員金圭南以間諜被處死刑，把徐勝〔譯註：在日朝鮮人，回漢城讀大學時被捕〕以間諜的名義逮捕也是如此，朴政權從表面上看有不少應被責難的問題。

然而，北邊是那麼明朗嗎？對此還是不能不抱持疑問。

我們沒有去過平壤。日本有很多媒體人去了。但是，那些人所傳達給我們的報導，很少出現我們想知道或不能不知道，以及為了要擁有正確的北韓觀也希望日本人能知道的新聞。的確，僅

限於從表面上看，比如電視畫面中平壤的市街或工廠、農村等是讓人高興地那麼清潔、整齊。大概比韓國更好吧。可是，就完全沒有社會矛盾與經濟上的失調嗎？好像不是如此。同樣是做為新聞報導，不是日本記者，而是如蘇利斯貝里（Salisbury）或其他外國人記者所寫的都比較老實或率直。日本記者不想傳達那些，只是一昧地稱讚。我相對地願意相信朝鮮民主主義人民共和國比韓國在經濟上更進步，那才稱得上標榜社會主義的體制，我很單純地想著。即使如此，在與韓國比較經濟建設方面的進步時，不能直接聯繫到沒有社會性的矛盾與歪斜。我想要知道那些如何在逐漸被克服，或者為何沒有被克服？至少對我而言是最關心的事。因為這深深地關係到我對自己的祖國或民族應如何去貢獻，或可貢獻什麼。

然而日本人卻不傳達消息。這是採訪受限制，或有其他情事介入之故也未可知。如果有這種情況，也希望把事實全都告知。但是傳來的消息是發展情況非常好，僅此而已。以前戴先生和堀田善衛先生、長洲一二先生座談時，也觸及日本人之中潛在對中國人或朝鮮人的贖罪感，傳達朝鮮有關新聞的日本記者的姿態之中，我覺得有好像贖罪感之類起著很大的作用。如果那是事實，他們所傳達的只是受自我滿足所補強的東西而已。而那可說是他們對朝鮮人的差別意識或優越感互為表裡的關係。為什麼可以這樣說？因為日本的記者不全面傳達，但能夠傳到我們朝鮮人的消息，有可以想作是正確的朝鮮認識所必要的情報。

比如最近某位熟人（朝鮮人）對我說：「北韓已經是階級國家了。」我問：「為什麼？」說是回去北韓的同胞來信，知道有

幹部百貨公司的存在。

　　幹部百貨公司就是幹部專用百貨公司，日用品什麼都有而且便宜。因此為了能有進出那百貨公司的資格，亦即成為勞動黨員或進入權力中樞──成為幹部的激烈競爭，在曾經是在日朝鮮人的歸國同胞之間上演。有這樣的社會主義嗎？云云。

　　還有，今年五月的時候，我和友人有了如下的談話：「朝鮮的政治是李朝500年，接著解放後約20年的李承晚政權，李先生一族坐政權之座。朝鮮的三大姓是李、金、朴，所以李先生後面就輪到金一族與朴一族，說不定此二族要平分政權，或許平壤與漢城之間能互通電話，談判已在進行。」這雖是玩笑話，但是看了7月4日的《共同聲明》報導，我們在開玩笑的那個時間點還真的是管道已經接通了呀！

　　獲知《共同聲明》的發表，我所想的是「絕不相容的兩極端，終究是可相通的」。

　　又，最近我看了南韓的反共紀錄電影，《正在發展中的韓國》，是一部約一小時的電影。這電影的前半約三十分是以第五屆朝鮮勞動黨大會為中心的，放映群眾在平壤廣場盛裝遊行的情景。照出金日成首相的演講，民眾在流淚遊行的畫面。然後加入字幕──「看這狂熱的情形，但韓國是自由的」，接著出現搖擺舞（go-go）、酒吧畫面，這「真是自由的天國」。

　　我說不相容的兩個極端但可相通的該民族共同構思就是這個。把電影的前後半相替換成「看吧，如此頹廢」，而在共和國是「如此的團結」這樣做就可直接在平壤使用。

　　處決國會議員、有幹部的百貨公司、互相對罵，可是構想是

共同的。這很奇怪，在什麼地方有歪斜之處，然後抱持著歪斜就這樣衝向統一，這讓我感到畏懼。我擔心是不是會有非常不幸的結果。

這樣講也許會被臭罵，那傢伙對《共同聲明》挑毛病，可惡，要反對祖國的統一嗎？所以，為了慎重起見我必須明確地說，沒有一點挑毛病的意思，我殷切期盼統一的早日實現。亦即南北任何一方都是我無可替換的祖國，希望那祖國真正地對於全朝鮮民族能以最好的方式完成統一。以這種心情，雖有點變得悲觀，但不能不說。不要只是氣氛、熱鬧一場的，不要忘記應該冷靜，以清醒的眼光注視事態的推移。話雖如此說，奇怪的是不只海那邊的半島內部，在日朝鮮人現在有60萬人，本來應該可以站在南與北之間扮演建設性的角色。然而，在此亦有看不見的軍事邊界線，朝鮮總連與居留民團必須對抗、互罵。可是現實生活中是互為鄰居，建立一個部落而居住著，那種生活已持續了27年。

1945年以前以被壓迫民族而相互協助的人們，現在卻變成這樣。那麼，朝鮮從殖民地地位被解放的8月15日，帶給了我們什麼，而且27年間絲毫不變的朝鮮悲劇性狀況，突然會有明朗的展望嗎？我不能不這樣想。

不過依作家李恢成君的說法，「我們才是推進祖國統一的世代，統一之日應率先趕回祖國。朝鮮人應會全部歸國，從而那時在日朝鮮人的文學也會不存在」，在與小田實先生的對談（《群像》，1972年5月號）時這麼說。

這的確有其一部分的真理，但我必須考慮那統一是否是60萬人可以安心歸去的統一，毋寧是產生可安心在日本生活構想的一

面，也與祖國的統一有一並思考的必要。六十餘萬的朝鮮人現在還生活在日本這個事實本身，是基於日本把朝鮮殖民地統治的歷史。而且之後的歷史，產生出只能在日本生活的朝鮮人這個事實也必須加以思考。

如李恢成君所說，年輕的、今後要背負社會而立的新世代應做為實現祖國統一的主體，我沒有異議。即便如此，實現統一之後在日朝鮮人就要全部歸國，可說想法太不連貫。那麼不統一是否就一直在日本住下去的反駁也當然會發生。還有事實上回去共和國的路已開，已經有九萬人歸國，希望歸國之路可立刻實現。對於韓國可說是相同的情形。雖然如此，至今不選擇歸國的路是為什麼，而且那些人即使實現統一後是否會全部撤回。統一實現時，在日朝鮮人才會在重新被迫選擇歸國，抑或永住日本之間二擇一吧。這對於住在海參崴、庫頁島，或塔什干等蘇聯各地，再者是與共和國非常近的中國的原「間島省」、今天的「延邊自治區」做為朝鮮族現在還有數十萬朝鮮民族居住的事實來看，也可以這樣說。

假如說要在日本居住，我也如戴先生所說，不會因為是受日本殖民地統治的人而有怒容去「告發」的打算。但是，在日本的長久歷史之中，除了古代渡來、歸化的人之外，有六十多萬外國人在日本國內生活，是非常稀罕的事。戴先生說，在日朝鮮人為日本中的異質之一，不管是否是異質，總之，有這麼多數的在日朝鮮人＝外國人的存在放在意識之上，從中汲取什麼的努力，好像從日本方看來沒怎麼在做。朝鮮至今還在受殖民地後遺症的困擾——亦即殖民地問題還未解決，卻說殖民地統治朝鮮已是昔日

之事，當作已經結束的日本人的健忘，我認為日本人自己已被沖走了。

在此意義上，日本人可說太過樂觀。那健忘的日本人的一部分殘留的就是所謂的贖罪感，我以為這讓人非常困擾。從朝鮮人這方來說，已深諳點哪個穴道可使日本人立刻道歉，時而出現濫用的情形。當然，真正該告發的應照實去做。但與此同時，所告發的問題，不單是在被告發日本人的問題時，應判明後而行之。例如，被日本軍徵兵的朝鮮人，記述從成長到被徵兵的經過。他在被徵兵的同時也立了志願。因此，他的告發是說把自己教育成這樣，把做為朝鮮人的自己扭曲了。事實的確如他所說。但是為了矯正已扭曲的自己 ，如何感到苦惱，結果是如何等，挖出自己內部，抱有痛楚的告發，其行為對日本人與朝鮮人才有意義。這是對贖罪的一方也能夠說的。

最近的潮流是因贖罪感之故，感覺看待朝鮮或朝鮮人的視線反而好像失常了。我個人的感受是若用語言說出「做了不可原諒的事」，或「自己已經沒有歧視感情」的贖罪之語反而覺得像是受侮辱一樣。只要那個人的行為有相同的表現就沒有什麼可說的了。與其說贖罪，其實是那個人自己，進而是日本人的問題之故。朝鮮人這方之中也是另有目的而求贖罪的吧。而日本人這方也領會其意，立刻回應其期待，或不情願地謝罪，這簡直是鬧劇，不能解決問題的根本。豈止如此，反而把朝鮮人與日本人的關係搞得更壞，到頭來得到的是雙方都墮落的結果。朝鮮人或日本人有不對的地方應給予嚴肅的忠告，然而以為避開是美德，互相在表面裝作友好，肚子裡卻相互看不起。殖民地體制所衍生出

的人與人的關係就那樣持續下去。若是日本人都認為不好的朝鮮人，同樣對於朝鮮人也是不好的人，真不願意這樣不分青紅皂白，也就是前面座談會中戴先生所說，被屠殺的人已不能生還了，而是要把很多人被殺的意義認真地當作自己的事來接納，我所指的即此。

此外還有歧視的問題等，下面再談。

殖民地問題為何未被整理

戴：尾崎先生所提到台灣的文化水平比中國大陸高的錯覺，或日本的殖民地統治是台灣近代化的過程之一，這種被殖民者的想法的確存在於台灣本地資產階級的子弟中。或許也有一部分殘留在我身上的可能性，但最糟糕的情形是出現在搞台灣獨立運動的一群人。好玩的是，不僅是在台灣的人有此想法，日本也有在現今急速進行圍繞中國的國際情勢中，捉住台灣國民所得比大陸高的這一點，去考慮與中國大陸關係的人，這也與台灣為高、大陸為低的殖民地觀有關聯的。

文化水平、教養高，有助於近代化，在無意中也製造出承認殖民地化成果的狀況，因為像我這樣身為被統治民族的知識分子，未提出或提不出，或沒有要求提出對殖民地觀的反命題，在這一點上應負起一半的責任，當然也有日本知識分子不研究殖民地問題的怠慢。

非常具體的例子是，透過殖民地文學的研究在處理此問題的尾崎先生，其活動是孤單奮鬥一事也可呈現出來。殖民地問題是

如何至今猶是活生生的問題，我們剛才已拜聽安先生的談話。

　　思考殖民地問題就這樣未整理被拋開不管的原因，歸根究柢是戰後日本在政治的實際面奔馳得非常快。「戰爭已終了，殖民地統治也已終了，都已經結束了，快！快！」就是這樣不去深思終了、結束的意思而一昧往前衝。我想是因為與其思考過去的事，不如集中關心於現實問題的民主化運動之故。

　　然而，日本要重新進入亞洲，或要與亞洲有新的關聯，原以為是已經結束的殖民地統治問題，全部以未解決的問題浮出，這是大家困惑的現狀。

　　殖民地統治中統治、被統治的關係，是決定統治方與被統治方的人在價值衡量的不等價關係，因此若不正式的去整理，日本人就要與亞洲的人們建立好的關係，很容易變成只想做「好的日本人」、「乖寶寶」的主觀願望，對於日本人或者會感到意外，但這將會受到只是軍艦換成商船的軍國主義復活的批判。

　　亞洲中多數國家受過殖民地統治，日本說殖民地問題是過去的事、已結束，然而對於那些國家卻是未結束的問題。

　　在前面已說過，我們被統治的人並沒有意思要告發日本，或要求贖罪，這並非此系列座談會的標題，但正是做為「1970年代的睿智」，日本人把日本為何做了殖民地統治，而我們把為什麼接受了統治，兩方互相提出意見，互相努力正確地掌握，那麼日本與中國、日本與朝鮮、日本與亞洲諸國，或許真正可展開對等、等價的展望，可由此變成正面的關係。對於中國來說，我想不只是停留在正面狹窄的想法，而是所有民族的對等、等價、同格的美好的關係，這是在亞洲全體更擴及於世界全體的意義之下

的廣泛意義。

三浦昇（編輯部，以下簡稱三浦）：若說殖民地體制是絕對的惡是之前延續的話題，完全是那樣沒錯。只是，從歷史上看，日本人是施行殖民地的統治方，並非被統治之一方，因此很難擁有被害者對絕對的惡的實際感受。戰爭剛過受占領軍統治的體驗，雖與殖民地體驗多少有相似的地方，但一定不是那種程度的統治吧。

殖民地統治是絕對的惡

尾崎：殖民地統治是惡，沒有懷疑餘地的惡，此認識是國家與國家、人與人締結關係時的大前提。然而，日本人因欠缺殖民地統治被害的實際感受之故，有不能率直地接受這個大前提之一面。剛才也稍微談及此問題，說是因殖民地化而促進台灣、朝鮮的資本主義性發展與近代化，細部的作法是改良了台灣的稻米、治水進展、撲滅惡疫等，提出局部的改良面來掩覆全體的惡。

然而日本到海外亞洲諸地域施行殖民地統治，或殖民地性統治的情形，採取什麼樣的作法，依照可憶及的部分來說，首先是奪去當地人的母語，強塞入日語。教育體系是如此，以國語（日語）常用的形式擴及到日常生活。不使用日語，連米的配給也被停止。從擁有長久歷史的朝鮮與中國奪去朝鮮語與中國語是何等的殘酷。

又如信仰、宗教方面，也奪去個別民族的信仰，硬塞入日本神道——古代原始宗教的變形，我是這樣認為。建立神社以取代

固有寺廟。把日本「家意識」的東西帶到台灣、朝鮮和偽國家「滿洲」。在「滿洲」的曠野建立神社，說什麼「在日俄戰爭所流的父祖之血」，「在紅色夕陽的滿洲」等。這些是如何地刺痛被壓迫民族的神經，使之有何等悲慘的感受。

這些事情是在日本國內幸福的氣氛中可想而知不能領會的。所以，要以絕對的惡理解殖民地統治，需要有邏輯的逆轉。例如讓使用英語的民族來統治日本，奪去日語使其只用英語，到處建立教會使其禮拜耶穌基督，把固有的生活習慣強制改成他民族的生活習慣──這些將是何等痛苦。

加之，日本的情況是隨戰爭的進展，從被壓迫民族中，起先是以志願兵的方式，接著以徵兵吸收年輕人，做為侵略軍的馬前卒與肉彈來利用，以近於奴隸勞動的低工資役使。也發生了利用中國人拿槍對著中國人等種種慘事。

像日本這未受過侵略的民族，是不能理解對這種惡的被害的真實感覺。但是如剛才所言，以想像力使其位置顛倒就可理解，所以不能說沒有經驗就可以去做。

我在台灣出生，在台灣生長，有很多同世代的中國朋友，他們受到如何殘酷、粗暴的對待，我親眼看過，所以站在自己體驗的反省，談了種種殖民地體制的惡。

朝鮮的情況 ── 惡的結構

安：殖民地體制是如何之惡的普遍事實，我以為尾崎先生所講的就差不多了。

　　只是，讓我稍作補充的話，在朝鮮實施志願兵制度或徵兵制度是不用說的。比這更慘的是，被日本軍當成馬前卒驅使的朝鮮人士兵，被驅趕去討伐為祖國的解放與獨立拿起武器站起來的抗日游擊隊，亦即強制朝鮮人們之間的流血衝突。日本的關東軍有位金賜源少校或中校，聽說這個人站在前鋒，在當時追擊著金日成抗日游擊隊打轉。

　　此外也有並不讓朝鮮人自己爭鬥，而是讓朝鮮人與中國人、朝鮮人與其他亞洲國家的人對立的事情。具體地來做說明就是，侵略朝鮮後，朝鮮總督府馬上做了土地調查，沒收農民們的龐大土地。然後對那些農民說，「滿洲」有充足的土地，到那裡去就可以吃得飽飽的，大做宣傳獎勵移民。信以為真的朝鮮農民去了才知道，的確有廣大的土地沒錯，但那是中國人的，也有地主，不會平白給朝鮮人。從一開始就沒有朝鮮人可以自由使用的土地。可是朝鮮人也已不能後退，要想辦法住下、生存下去，那就無論如何會與原來就住在當地的中國人之間發生摩擦、爭執。日本軍就以保護日本帝國臣民朝鮮人為名目而介入。不只「滿洲」，在中國大陸各處，日本的政治家都使用這種手法。

　　更變本加厲的是，出現了乾脆當日本軍的爪牙好撈一筆的不道德朝鮮人。因此中國人的不信任感隨之增大。最近我翻譯一位作家金史良的《駑馬萬里》〔譯註：日譯本為《駑馬万里》〕，可看到日本軍在中國的挑釁行為大概都有朝鮮人介入，變成所謂的「走狗」，亦即挑釁的肇事者是被日本軍僱用的朝鮮人。

　　讀現代中國的小說，其中描寫的朝鮮人雖同是被壓迫民族，但很多未被以善意地描寫，毋寧像是瘟疫神一般。

　　前些時候，是從要好的日本朋友那裡聽來的，那位友人最近到手一份中國人所寫的「滿洲事變」紀錄——那是事變爆發二個月後出版的——明確地寫著，正當事變發生時朝鮮人自動或被動協助日本軍侵略行為的事實。

　　還有，這是我自己讀到的，戰後在南方，應是在菲律賓，在那裡以C級戰犯被判15或20年的重勞動朝鮮人軍屬的獄中手記，此人以軍屬被徵用到南方，分配在俘虜收容所，下命令的當然是日本人。在徵用受訓期間所受教訓，他絕對服從長官的命令，但因為是朝鮮人所以事事被投以懷疑的眼光，受歧視、被虐待，因此只好忠實地行使命令，這樣一來便事事與俘虜們發生摩擦。解決方法就是暴力，愈來愈變本加厲。這位軍屬在內心好像也同情俘虜，但是如果表現同情，自己會被懲罰。最後日本敗戰，但直接下手虐待俘虜的是他，所以便以虐待俘虜之罪服刑，而長官卻無罪歸國。依此手記，這樣的案例相當多，在服刑之間死亡的同胞也不少。

　　現在東京有這樣的軍屬，終於回到了日本，不願無恥地回解放後的祖國，也無臉以對國人。斷然放棄回國，把同胞的遺骨存放寺中，與同夥謀求生路，安靜地生活著。其中也有因望鄉之念與自暴自棄而企圖臥軌自殺的人。

　　我所要講的是，殖民地體制的惡，只因為是惡所以今後不能被原諒，但不只是如此而已，而是曾經發生的事現在還活生生拖著尾巴，還未被解決。這有不能單純只讓日本的執政者負責的一面。包括日本的民眾、朝鮮人、中國人，其他亞洲國家的人們是加害者也是被害者，事實就是如此。不是所謂「國際性的親

善」、「友好」等的漂亮事就能完事的。有更泥濘的東西存在那裡。而且這在戰後經過27年的今天還常常出現。在韓戰時朝鮮人之間自己以血牒血的爭鬥，此事似乎成為引導戰後日本的經濟在今天占GNP世界第二位強的一劑強心劑。現在越南的民族解放戰爭，又有數萬韓國兵參與，因此韓國沾到未曾有過的經濟成長的恩惠，亦即以越南人的血來抵償的韓國發展──可見殖民地體制的惡，絕對未成為過去的遺產。

　要舉出多少具體的事可是沒完沒了，如抽象地說就沒有真實感。畢竟，日本人在歷史上幾乎是未經驗過的事。

　只是，再稍就朝鮮來說，我想需要再提及8月15日。這是有關梶村秀樹先生在《向朝鮮統一的胎動》〔《朝鮮統一への胎動》〕（三省堂）這本書中寫道，依據此說，現代朝鮮的悲劇南北分裂的遠因是日本敗戰之日，亦即自殖民地的朝鮮解放之日是8月15日之故。原因是在解放以前，政治的壓力太強，朝鮮人在國內，不論合法、不合法都不能擁有自己的政治組織，此事是不必贅言的。因此解放後，朝鮮人做政治性的聚會時伴隨著相當的困難，思考如此統一朝鮮的獨立時，其條件的困難不能不認為是潛在性地由日本殖民地統治所釀出。雖然如此，加上導致朝鮮南北分裂受蘇聯與美國占領的開端，說起來也是由於日本有算計地把投降的日子定在8月15日而產生，他這樣說。具體的是，日本快速決意投降，原子彈的慘禍當然是原因之一，更有因蘇聯的參戰而使日本的全部或一部分被蘇聯占領的危險發生之故。不過，戰爭若延長並不是好事。

　依梶村先生所說是與日本的殖民地統治有關聯。依我所知，

這是從來就沒有人提過的問題，而梶村先生寫出來了。

喪失祖國的在日朝鮮人

因那結果幾十萬朝鮮人戰後也生活在日本。他們的生活或體驗，戰前不用說，戰後也是帶有殖民地人的生活與體驗的延長之一面。如今對於此一面，日本人幾乎不投以關心，例如有這樣的事。

這是近來在日朝鮮人父母的感歎，「我家小孩不知道自己是朝鮮人」。因為朝鮮人的小孩與日本人的小孩一起罵「那傢伙是朝鮮人」，這孩子的父母說不知到底該哭還是該笑。在日朝鮮人已經有那種情況出現。

還有，這是我自己的體驗，我一直被說是朝鮮人，因為雙親是朝鮮人，所以我想是朝鮮人沒錯。（笑）

但是，我父親的出生地，不是戶籍謄本或文件所記載的文字，而是更具體的——所謂視覺的、聽覺的，以五官的感覺去捉摸時，那是朝鮮的哪裡，是什麼樣的風景，那裡有什麼山，有沒有河流，祖先的墳墓是什麼模樣，對我而言完全沒有概念。

這種事在日本，一般是從幼兒時就以體驗或知識自然而然蓄積形成，極為當然，無可懷疑的具體自我認同的觀念，但我卻沒有形成這種觀念。

只是以朝鮮人的身分在生存，被日本政府登錄為外國人所以是朝鮮人而已。

前些日子，偶然在南韓亦即韓國的兄長，沒有任何說明，寄

來了以小字寫在卷紙上的家譜。打開一看，在高麗朝安某第28代子孫之處記載了我的名字。

看了之後覺得，的確，我以這樣的形式做為朝鮮人與朝鮮連結在一起，好像別人的事一樣，當作知識是知道了，但做為真實感卻不能理解。這種自我認同的喪失感是殖民地所遺留的。

以現在流行的語詞來說，就是無根草。

在日朝鮮人的第二代、三代的情況，大家多多少少都是這樣吧。

挨揍、被欺負、不被理睬、歧視，不勝枚舉。

現在日本各地有朝鮮人學校，名古屋也有。穿朝鮮服的姑娘們拚命在學朝鮮語，她們學會的朝鮮語到本國去是否可通用是非常可疑的。毋寧是像日語的朝鮮語。或者是做為語言有像是朝鮮語的表現，但思考、感覺時是以日語的語感，然後翻譯成朝鮮語來表現，好像是外國語一般吧。

而且，不能把母語據為己有的結果，第二代、三代的民族自覺或意識都變得稀薄。

例如記憶猶新的是今年四月原被許可入學東京某高中名為黃真紀的韓國籍姑娘，突然被取消入學許可的事件。

因為在提出給學校文件的國籍欄做假，寫成日本一事被學校知悉。我將其當成問題不是因為處分不當，知道是朝鮮人而歧視是不可原諒，而是黃小姐為什麼在國籍上做假或不得不做假這一點。我猜本人也沒有自覺這是壞事而做的。結果卻是很嚴重的事。從結論說，讓黃小姐即使無意識令之做假，不斷地把她逐入那種心理狀態的，不外乎是取消她入學許可的那些人，還有其他

很多的日本人。然而對這一點卻被抹殺，說這是與日本人同樣
「公平」的待遇。這種「公平」令人很困惑，要避免這種「公
平」待遇的心理，在日朝鮮人在日常中不知有多少所謂方便的謊
言。黃小姐如果在國籍欄老實記為「韓國」是否會獲得正當的待
遇，我想那也未必有把握。

可以引以為證的事實是我記得日立製作所一位朴君通過入社
考試，但仔細看卻不是日本國籍，公司方立刻以程序錯誤取消他
的入社。此事與黃小姐的事合在一起來看，不得不說謊的情況更
加清楚。歸根究柢，朝鮮人的二代、三代，與父母的世代沒什麼
改變，今天與在殖民地統治之下的時候幾乎受同樣的對待。

不過日本人之中，有看不過去而出於善意勸說歸化日本的
人，認為歸化了就可被錄用啊。因這的確來自善意，事情就更嚴
重。

數年前，早稻田大學有位名叫山村君的歸化朝鮮人學生的焚
身自殺事件。他的書信和手記等附上李恢成君的跋文出版了。山
村君在法律上是日本人，但在意識上卻不能徹底成為日本人。因
此跨入教會的門，做了種種的努力但還是徒勞。他的歸化是孩提
時候的事，是父母的意思，總之由於不能徹底變成日本人，終於
自己做了了斷。

法律的事情我不太明白，但就算是歸化，戶籍上會被記載著
事實，而且一直持續三代。如果單純地計算，人生60年、三代
180年之間此紀錄是留存的。但實際上會重疊所以算是一半也有
90年，再打個折最低也有五、六十年，這個紀錄是跟著走的。這
和未解放部落出身者的戶籍記入「新平民」是相似的。關於愛奴

我就不知道了。

　　總之形式上已是日本人，但不能消除與此接觸的日本人在意識之中的東西，即那人原是朝鮮人的想法。日常生活中如沒有利害的糾纏就沒問題。但是，一旦涉及利害糾纏就說那人不是純粹的日本人。例如戀愛或結婚的問題就是這樣，日本人的父母大致以此為根據而反對。朝鮮人的反對毋寧說是別的理由。山村君的情況是因此受女方的父母反對而失戀。當作荒唐事一笑置之也就好了，可是為此而深刻煩惱的人意外地多。山村君如考量生命的珍貴，就要以自己的意志做為朝鮮人繼續努力生存下去，或者索性徹底變成日本人就好了。但關於後者是做不到的，所以自己了斷生命，而且他有一度也想選擇前者之路而試著努力過，但被朝鮮人學生拒絕——你不是喪失做為朝鮮人骨氣的歸化人嗎？說起來是發生了處於被歧視狀態人們的歧視現象。

　　因此，即使有出發於善意勸人歸化的人，對於被勸的人，事情不是那麼容易。不過，非常諷刺的是，因日本人的民族歧視或偏見，有促使二世、三世在日朝鮮人的民族意識覺醒的側面功德（笑）。與此相反的情況，即如美國以能力第一主義的國家，只要有能力，就有進入大公司、大學之路，去那裡的朝鮮人，以相當快的速度造成民族性的淡化現象。從而，在此意義上或許在日朝鮮人反而應感謝固執於歧視意識的日本人。從母語的問題到此好像離題不少。

　　生為朝鮮人而學習朝鮮語，這本來應是自然習得的母語，如今卻得拚命學習，喪失了母語的在日朝鮮人二世、三世——曾經是殖民地民族的傷痛，懷抱著種種問題依樣傳給從殖民地解放後

誕生的世代。

從一億的日本人來看，在日朝鮮人頂多60萬人，是微乎其微的。但總之是有這些人在日本人之中生活。不要就貼著「內地人以外謝絕」的紙條來趕走他們，而是請靜靜地凝視這一小撮的存在，他們於每天的生活中想什麼，為何而苦，為何而樂。剛才談及由歧視產生的「功德」，比此更甚的那被疏遠、被歧視而蒙受的內心之痛與傷痕是不容易痊癒的。二世、三世以日本為故鄉，因為愛她，對日本愈寄以好感，內心所受傷痛就愈大。然而事實上，對朝鮮高中生的暴力事件等不幸的現象過多。在日二世、三世的民族意識覺醒，不是這樣就沒事。黃小姐、朴君要學習母語，要具備做為朝鮮人的實體需做很多努力。要花多少年，或者努力一生也只以畸形的朝鮮人而終也說不定。有關此苦惱，在日朝鮮人作家高史明寫得讓人很感動。總之希望能正確地認識這樣的事。這是存在於在日朝鮮人與日本人之間的日常問題。日本人之中有對韓國詩人金芝河和國會議員金圭南先生的請命運動，或者對韓國人原爆受害者的救援運動，那當然很好。然而那正是與日本人的日常性深深有關聯，如能在我所做報告的事情之中努力去做更好。亦即這不是做為朝鮮人的問題可切割的，其實也是日本人自己的問題，希望能站在這個觀點給予理解。

破壞人的精神的殖民地體制

戴：有關殖民地的惡，我認為尾崎先生所說的就差不多可做說明了。

　　據此，稍微加上我的想法。說到殖民地的惡，很多人立刻指出經濟的掠奪，當然有那一面，但殖民地的惡，破壞了人的生命、精神之一面也不能遺漏。

　　首先，殖民地統治在其前階段要透過戰爭，而戰爭又是絕對的惡。戰爭不限定於獲得殖民地的戰爭，把對方看成比自己劣等所以可以殺害，這非常野蠻的價值觀如不放在意識之中是不會去戰爭的，出手打仗的一方，有肯定殺人的價值觀。

　　統治者把那野蠻的價值觀，先根植在自己國內而動員大眾。

　　把台灣的抗日游擊隊以殺人犯、盜賊，亦即「土匪」對待的價值觀，以及把此更大規模地增幅為中國人＝清國奴觀是其佳例。

　　現在的越南戰爭也是，曾經進入到亞洲的歐美諸國也是。

　　日本與中國戰爭的情況，在甲午之戰以後中國人變成劣等，清國奴是不行的傢伙，因為不行所以對清國奴可以為所欲為，殘酷的行為亦可免罪的邏輯便甚囂塵上。名為戰爭的異常狀況，有使人衝向異常殘酷行為的一面，但挑釁戰爭的一方有把人的價值視為此上、彼下的野蠻價值觀。

　　然而戰爭終結，開始殖民地統治，大量屠殺、殺人的狀況停止了。當然還是會在法律之下進行鎮壓游擊隊或抵抗運動，處以死刑也還繼續著，但支撐戰爭、肯定殺人的野蠻價值觀卻照樣留下來。

　　如果戰爭是人的肉體性殺人，那殖民地統治便是精神上的殺人。用別的說法就是殖民地體制把人性損毀。剛才尾崎先生所說，敗戰後的經驗，以台灣為上、大陸中國為下而深信不疑的偽

知識分子也是人性毀損結果的好例子。台灣從殖民地被解放之間，中國大陸因戰爭與殖民地化之故如何荒廢，人如何地被折損，知識分子是不能理解的。讓此理解能力失去，而不久被殖民者自身也失去理解能力，這也是殖民地體制的可怕之處。

　　這是我熟人的例子，他是台灣有錢人家的子弟。在戰前與當時很多中國人的知識階層一樣，在日本留學之時在思想上覺醒，投身進入抗日運動、社會運動，因此相當受到日本憲警的折磨。他沒有回台灣，因嚮往祖國，從留學中的東京渡海去上海。然而裝著書和貴重品的皮箱在抵達上海時就被偷。他想「這比台灣更差」，因而對祖國失望，挫折地返回台灣。然而這是他認識的局限。他也未能思及當時的上海是列強的殖民地，中國經濟被破壞，因革命處於混亂狀態。上海也被殖民地體制所扳倒，而殖民地體制才是破壞人性的元凶。沒有「某民族、某地域是差勁的」這回事。殖民地體制把某民族、某地域扳倒，然後如剛才講的把人分為上、下，將其變成野蠻價值觀的世界。

　　尾崎：「暴君治下的臣民，大抵比暴君更暴」〔譯註：此句名言出自魯迅《熱風‧六十五暴君的臣民》，參用台北：風雲時代版，民國78年10月〕，魯迅這句話的意思，在那裡活了起來。

　　戴：中國的情況是中國人曾經把日本與日本人叫作東夷、倭奴、東方之小國、小人等看不起，抱有優越感。然而在甲午戰爭被打敗了，「日本挺行嘛，還會挨打嗎？好危險」，從優越感變成恐懼感，事實上此後一直挨打，「啊，啊，不行了」，而植下自卑感，失去民族的自信，特別是讀書人。於是充滿自卑感沒自信、特殊思考形式的人──殖民地性的人便形成了。

就台灣來看，受日本長時間殖民地統治的人，雖是知識分子也是這樣。被編入把人的價值分為上、下的統治之中，把自己當作下層的人而完全喪失自信。然而對一看就可估計比自己低下的人，即以類似殖民地統治者心態行動，進入一種惡循環之中。

所以，以台灣為上、大陸中國為下，把構想之根放在這裡的台灣獨立運動，某種意思可說是日本殖民地統治所生下的亡靈。

在此我要明說，我並不打算特別數落他們。只是做為歷史的問題，我認為可以這樣掌握。

終究，在受殖民地統治的過程中喪失自己，或喪失自信。特別是知識分子階層在殖民地體制之中徹底地變得不行。這不只是台灣。而是殖民地體制本身具有破壞人性，使之失去信心的性格。二次世界大戰後，從包含日本在內，從強國殖民地統治解放的諸國發生相同的現象。解放、回復自信可沒那麼簡單。自信這東西沒有那麼快就可回復，在殖民地體制下，被製造成不能自己站立的人是不能馬上自己站起的。形式上的統治雖已終結，但從人的裡面看，統治的實質是一點也沒終了。

把人性腐蝕，破壞人的尊嚴與價值，這也是殖民地統治絕對的惡的很大要素。

把問題拉回，日本有沒有那種體驗，缺少被害者體驗是確切的。當然殖民地體制也破壞加害者、統治者的人性，有把善良的人變成殘酷的人的性質。但僅限於被殖民地統治的體驗日本人幾乎沒有。

有戰後受美軍占領的體驗是否很相似的說法，依我們的看法，送來小麥、脫脂奶粉的殖民地統治是不能稱為殖民地統治

的。教育也沒有以英語替代日語。可說是殖民地性的頂多是伴伴
女郎〔譯註：pom-pom，第二次世界大戰後在日本出現以外國人
為顧客的妓女〕風俗而已。只是沖繩必須另當別論。做為日本人
只有沖繩人在歷史上也受過殖民地統治。自「琉球處分」伊始，
說是「琉球人」而加以歧視，恐怖的焦土沖繩作戰，戰後的美國
統治，與統治者美軍將兵的接觸──沖繩人常向我訴苦，「本土
的日本人不能理解沖繩之苦，因為沒有經驗所以不知道」。

　　依我們──安先生我想也有同樣感觸──來看，沖繩的被統
治經驗也比我們好些。我們是需要從取回自己的言語、國語開始
做，也需要從取回創造自己的歷史、文化的自立思考方式做起。
恐怕比沖繩人稍微辛苦。

進入亞洲的原點──「琉球處分」

　　但是，對於日本人來說，沖繩人們的體驗是非常寶貴的。如
果能理解沖繩人的心，或許日本人就能築構最低限度理解舊殖民
地亞洲人的心的前提指的就是這個意思。

　　日本在中國、朝鮮施行殖民地統治，或在亞洲其他地方施行
殖民地統治──如安先生所說，至今那痛苦猶殘留亞洲各地，如
此的日本統治，從時間可回溯到明治12年的「琉球處分」。在先
於此處分，明治5年，一直被挾在中日兩國間的琉球王國以「琉
球藩」歸屬日本，七年後以「沖繩縣」被處置，因明治維新為
近代化結集很大能量的日本，將其能力向外釋放出的第一步就是
「琉球處分」。

不用說，在近代國家成立過程，國家的關心趨向邊境地區的領有權，著手於國界劃定事業是當然的經過，但這時國家權力如何處理邊境地區的問題，處理的方法也同時被檢驗著。日本的情形是如何，那就是「琉球處分」以後的沖繩統治是如表現在蔑視沖繩方言，把沖繩人當作土民的作法上，我認為本質上是差別統治。近代日本對外發展的體質，已經可以在「琉球處分」中看出。從歷史上去看在演變到「琉球處分」的過程中，受此波及關聯，而有「征韓論」、「台灣出兵」的出現並有實際行動。這一連串的動作連結到甲午戰爭的原因。日本的殖民統治，向亞洲進入的原點在於「琉球處分」看法 的理由即在此。

在東亞史之中去掌握

然而，就算日本具有差別統治的體質，只是這樣日本就可以跳出通常國界劃定的框架，而暴力地向外伸展嗎？這些地方我們有必要在當時的東亞史之中去掌握。自「琉球處分」以至甲午、日俄戰爭的明治最初的30年期間，也是歐洲列強主要以中國為目的來到東亞的時期。但是，任何列強也還未到占據中國領土的地步。只是把香港、澳門的港口強制借用，擁有治外法權而已。

俄羅斯想進入巴爾幹半島、中東，但受英國的阻止，遂把方向轉向中國西北部、舊滿洲、朝鮮。英國在鴉片戰爭打擊清朝——雖在此狀況，英國當時是以統治巴爾幹、中東為最優先政策，所以雖是不安定，東亞還處於列強殖民地分割爭奪的空白地帶。又雖是變弱，但清朝還有「巨大國」的形象，有令列強躊躇

於發起殖民地爭奪戰的情事。所以列強有煽動日本，先讓日本去打而靜觀結果，爭取時間以確實伸展自國實力的志向發生作用著。日本受其慫恿，結果充分被利用，衝入甲午戰爭。

然後，這是日本人易於看漏的事情，把中國的土地（台灣）在最早且相當規模地奪取、殖民地化的，不是歐美列強，而是同為亞洲人的日本人，這是歷史的諷刺。

台灣被殖民地化後，當時的清朝以台灣為邊疆之地，對於清朝並非傷害，而是想緩和衝擊或想欺騙，如此的內部已相當腐化的清朝與全力奔跑向著近代化的日本之外，東亞諸國則是毫無力量的小國。

所以包含日本、朝鮮、中國的東亞之中，為何日本進行朝鮮與中國的殖民地化，是開始於「琉球處分」的日本對外發展體質，英國、俄羅斯的東亞政策，腐敗、無力化的日本以外的諸國——必須在那種狀況之中，去考慮日本與朝鮮、日本與清朝、日本與台灣，不然無法理解殖民地問題。殖民地統治是惡的一語，檢討衝向殖民地統治日本明治30年的軌跡，是否應思考為何日本人不能用自己的力量，將日本人的能量向內使用於更和平的事情。這個問題現在應還存在，這也是日本以外的亞洲諸國人所期望的事情。

再回到現在的問題，看看目前的東亞，列強這個稱呼與三強、五強的講法相似，日本的體質在戰前與戰後是否有了改變的議論，或1970年代與1930年代有相似的講法，但是日本把台灣、朝鮮殖民地化的時代，或1930年代是有幾乎不同的情勢存在。

那是社會主義中國的出現，正在向統一起動的朝鮮，或現猶

處於戰爭中，但將來總要統一的越南。不像從前腐敗，也不再是無力諸國的存在就是其證明。

這些國家與日本在東亞互相以對等、等價的關係拿出睿智，提出如何才能締結和平對等關係的計畫──與本企畫的題目是相同的，亦即尋出東亞人的「1970年代的睿智」是今後的課題。

安：與明治時代相似的一面，有著我一直認為奇怪的事情。即不管是甲午戰爭、日俄戰爭做為歷史的事實，原因是朝鮮問題。然而，戰爭結束，戰爭卻變成「日中」、「日俄」的問題，朝鮮便被置於日本人的意識之外。明治的日本人，好像對此事不感到矛盾，把朝鮮立即忘掉的日本人的朝鮮觀，今日與明治時代之間，我以為似乎在沒什麼變化的狀態中被沿續下來。

民族的主體性很弱嗎？

戴：是啊。可是朝鮮人變了。曾經，亦即被日本殖民地化前後的朝鮮人，有小中華思想或中國崇拜，全部模仿中國，或有無條件地迎合中國的潛在傾向。有此傾向者與要向日本的明治維新學習的開化主義者在此分裂，整體來說，做為朝鮮民族的自信相對較弱。

現在的確朝鮮是分裂著，但對中華思想，或對日本文化明顯地開始有自立的姿勢。以高松塚古墳的話題為例，有關壁畫是出自朝鮮這事實，朝鮮人的各位應是以「朝鮮是日本文化之師」而感到驕傲吧。

我感覺那驕傲有些危險的陷阱，但總之金日成先生所說的主

體的精神已逐漸變成朝鮮人的東西。雖然是有點畫蛇添足的說明，但所謂主體的思想是要建立近代國家的國民精神，做為精神，那是國民、民族都具有的精神，並不是我偏袒金日成先生。總之，此主體性正在形成，且與過去不同。做為國民性統一意識的「主體性」普及，要成為完全的統一國家可能還需要一些時間，但是明治時期的朝鮮人與現在的朝鮮人是不同了。越南也是。受法國與日本統治時的越南人與現在的人不同了。忍受著越南戰爭的越南人民的形象是很剛毅的。

中國也是。甲午戰爭時，李鴻章、袁世凱等在未敗之前就懇求列強，淨想利益交換以保住自己權力，完全喪失主體性，真是騙人的政治指導者。

那種情況，現在已沒有了。

朝鮮民族或中國民族，沒有民族的主體性真是令人遺憾。當時，只有日本雖然在內部有種種批判，但總歸是具有朝向近代的主體性。那民族能量轉到錯誤方向，朝鮮、中國差點被毀滅。我說遺憾，不只是因安先生是朝鮮人而我是中國人所以遺憾，是對包含日本人在內的東亞人感到遺憾。我們舊殖民地的人，的確是日本的被害者，但做為加害者的全體日本人是否幸福，我說也不是。日本的庶民也是「富國強兵」政策與侵略戰爭的犧牲品。

如果，我們曾經也有民族的主體性，那麼明治日本要殖民地化台灣（中國）、朝鮮，我們也能夠抵擋住，或可建立相互切磋琢磨的對等關係也說不定。因為未能抵制，我們說不定對於日本的庶民也是加害者。

安：現在聽戴先生的話，的確，今日的朝鮮人與明治時代的

是不同。如果只單單說是「今天已確立民族的主體性所以不同」在談的話，我有些異議。以結果而言，或許如戴先生所說的。但是，我想說的是，在變成日本殖民地之前的朝鮮民族，果真是馬上「無條件服從中國」嗎？我的理解是不一定。不用說，是有一部分稱為「親清派」，無條件服從的事大主義者的存在是事實。但另一方面，曾經尊敬偉大的大中華的人們，看到鴉片戰爭被英國痛打的中國，感到沒出息而抱幻滅的也是事實。何況從甲申軍亂到甲申政變的過程，尤其是金玉均等甲申政變，政變的失敗與對此干預的清軍（當時是在袁世凱指揮下）對朝鮮民眾的野蠻粗暴，目擊此而慨歎憤激大中華之威勢已墮地的也大有人在。結果想守護已墜地中華思想的只有朝鮮，所謂的小中華意識。但此意識只是甲申政變等做為契機而已，是以前就流行在李朝統治層的一部分的。靠近維新後的日本開明主義者們好像也共同擁有著，因具有小中華意識，他們的自尊心、自我意識可提高，從而我以為支援這些開明主義者企圖伸張勢力的明治政府，在其基本姿態上潛在地存在不能相容的東西，我是這樣看。儘管那樣，雙方卻有不能不企圖接近、好像是自相矛盾的東西，甲申政變金玉均等的失敗決定性地打破了這個均衡。總之，我是這樣看的。

　再追加一點，使朝鮮開明主義者接近日本的動機之一是不能重蹈鴉片戰爭清朝之覆轍，因此要利用日本的國力為槓桿，重生為近代性獨立國家的意識，這與小中華意識是互為表裡的東西。不久開明主義者的失敗，對日本離反，由朝鮮方來說，是因有小中華意識的自豪之故。而且，把這些關聯在一起，據我管見，其實勝海舟所寫的事物中感覺上有相當可取的見解。例如勝海舟的

《冰川清話》〔《氷川清話》〕中，有關清的袁世凱、李鴻章，或朝鮮的金玉均、朴泳孝、大院君當時舊韓國政府領導者的片斷紀錄。據此，勝海舟並不採取征韓論的立場反倒對指向小中華的大院君的姿態給了高評價。同時對金玉均，勝先生以為依賴俄羅斯，要防止被吞進，利用其力量，做為民族必須自主地活下去諸如此類的說法。

即便有像是開明派、具有卓越政治才能的勝先生的意見，但是，雖然如此，他的女婿、後來的男爵目賀田種太郎，卻成了侵略朝鮮直接擔負者之一。好像是就算如勝海舟那樣優秀的日本人，其朝鮮觀的言行可看出矛盾。這究竟是為什麼？不能不深入思考。

在此一旦把問題擱下，以《江華島條約》為契機，日本一日比一日對朝鮮滲透。當然為了反對此一動向，朝鮮各地產生排擠勢力。在此動向的根柢，也有小中華思想性的東西與自尊心——極其愛國的——混合在一起起著作用，是不必贅言的。然而，這些勢力在理念上雖抱有共同的東西，但未到民族的統一，或全國性地彙集為一的勢力組織。總而言之，未抵達產生結合體的地步。其脆弱的原因，不能頻繁交換情報也有關係，不管怎樣，其脆弱的主要原因要在朝鮮民族裡面去找。如您所知，封建的李朝在經濟機構到軍備體制等所有領域，都處於前近代狀態，結果是與李朝政府背離時，各地的愛國儒者——以當時的知識分子為中心以及被此領導的農民們以義兵鬥爭的起義形式，為守衛主權展開鬥爭。如剛才所說，這個結構是縱的組織，亦即在各地獨自，從而是分散的，沒有橫的連結，未能成為全國性的結合。所以付

出很大的犧牲，卻不能保衛住主權。不過，此鬥爭的另一面則為了提高民族獨立的自覺，活躍地舉辦文化啟蒙運動或教育活動，也出版報紙、雜誌，也就是促進近代意識的運動。儘管如此，結果卻是變成日本殖民地。在此我要強調的是，雖然變成殖民地，剛才所說的自尊心，亦即民族獨立的能量是一直燃燒著。參加義兵鬥爭的人們，這些人從1910年，也就是「韓日合併」的前後，在國內、國外展開獨立運動，以往的義兵鬥爭被獨立運動所繼承，扮演了導火線的角色。

　　還有一個是與戴先生剛才所講的關聯起來說，朝鮮的確變成了日本殖民地。但是與殖民地侵略前後所表現的朝鮮民族內部的能量，其冀求獨立的感情、意志在苛刻的條件下也成為暗流，變化形貌一直燃燒著。不論共產主義者、民族主義者，所以被戴先生說現在的朝鮮人與過去的不同，「朝鮮民族的自信全體來說很弱」被這樣一刀切斷，雖是可理解這句話，卻有點耿耿於懷。拘泥於此，可能是我的民族主義在作祟。（笑）在我來看，被殖民地化以前的階段，政治領袖們未能充分組織民眾的能量是個問題。

圍繞「主體思想」

　　而且，把民眾的能量在今天組織成一個方向，發揮著巨大效果的是金日成先生的「主體思想」吧。我以為北韓的內部情事，與所處的國際狀況來看，我判斷這是必然的結果。1953年7月韓戰結束才開始戰後經濟的修復，然後社會主義建設，一直不停地

繼續，好不容易到了今天。當然這中間受社會主義諸國友好的援助或合作。但是基本上是需依靠自力去克服困難，而且這中間也有社會主義諸國之間的意見對立，持續嚴峻的狀況。在這樣的環境下獨力推進社會主義建設，要得到民眾全體的同意是很不容易的。做為內容標榜思想上的主體、政治自主、經濟自立、國防自衛的「主體思想」，是在克服那超越我們想像的困難的過程而產生，我覺得充滿真實感。而且有那克服了困難的自信，表現無遺。只是這是徹底地朝鮮人自身內部應有的東西，把它照樣推給外部的人並不是好事，在此意思上，戴先生剛才所指出的我沒有異議。

　　然而，把共和國最近的動向，與此「主體思想」連結起來思考，我感到種種矛盾。老實說，這不是對金日成先生的 「主體思想」挑毛病。例如，最近日本某報紙報導，倉敷人造絲與共和國之間談妥有關合纖織品輸出契約的報導。如依此共和國做為轉口港，把輸出品全部再輸出波蘭等東歐諸國。因此日本從北韓獲得外匯，北韓也可對東歐諸國入超餘額的相抵而獲利，因外匯不足而苦惱的東歐諸國也免得減少外匯。好像是八方皆歡喜。共和國獲利不是很好嗎？這樣說也就罷了，而對給你機會賺外匯的日本，金日成先生在二、三年前還以與美國帝國主義勾結的軍國主義這樣指摘。與日本的巨大企業的東洋倉敷人造絲為對像締結契約而獲利，這事與「主體思想」如何關聯？這個地方我不懂。其他還有近來北韓與日本之間的貿易好像急速地伸張，包含引進技術的整廠輸入的交涉也相繼進行。日本政府的負責人也在談考慮銀行間借款的地步。這事本身是沒問題。然而，如此的話，軍國

主義日本到底怎麼了呢？讓它肥胖起來與「主體思想」不起矛盾嗎？這樣的疑問無論如何都會發生。

我講這個絕不是有找碴的意思。這是關聯到祖國利益的事，貿易也希望儘管去做，只要有益於建立富饒的國家。

可是，同是朝鮮半島，韓國向外國的借款已變成龐大的數額，連憂心國家自立的聲音都可聽到。也就是說，被債務壓得抬不起頭。不過韓國年輕企業家們好像說還不了借款，也不能把國家扣押吧。從而為了避免經濟上成為隸屬，我們才真是需要確立民族的主體性。將此借款完全償還時，才是真正意義的克服因日本殖民地統治而蒙受的傷痕，在政治上、經濟上做到自立。所謂的關鍵時刻就是1970年代。

北韓那邊看起來正是與此相反的樣子。也就是說，這邊社會主義建設的基礎已進行到相當的程度，但是要使之飛躍，還是需要工業先進國注射強心劑，矛盾與歪斜就變得愈大。因此不能挑選對方，也只能不顧顏面。克服此歪斜，同樣是真正意義的克服日本統治的後遺症，實現祖國統一的強力的保證。這樣的構思不只限於經濟的領域。從而這種南北韓的態度的相比較，表現雖不同，以「主體」來說是可窺見共同的理念。

所以，今後南北兩政權，我想可說是以經濟發展為中心處於相互競爭的關係。記不得是誰說的，從以往武力對決的時代移行到以對話對決的時代，我判斷是各自與這些事情牽扯在一起。即便是金日成先生的「主體思想」，在國家利益的追求上也是必然的這個想法，也是基於此一理由。

尾崎：就剛才的勝海舟來說，他的眼睛沒有接觸政治時是極

為清醒的，有非常公平的看法。然而自己參與政治的樞要，那眼睛就模糊了。海舟有魅力的刻薄話經常是在野輕鬆的時候迸出的。

安：讀《原敬日記》等1919年的三一運動前後的紀錄經常出現。而且，可看出日本政府在朝鮮問題上非常動搖。例如朝鮮的王族、已故高宗的兒子，在三一運動發生的1919年企圖逃脫去中國，在新義州被日本官憲捕捉，帶到日本。朝鮮政務總監的水野鍊太郎因此事件而趕來，建議讓他娶日本皇族而安置在日本，日本政府為此非常動搖。這是將朝鮮殖民地化後十年後的事情。

這樣看來，那時候日本近代化且積極從事經營殖民地，一般認為日本已具實力，但其實日本將亞洲殖民地化的力量基礎是意外地不安定也說不定。這個地方有更加究明的必要的同時，若假設站在不安定的基礎的話，為何東亞被這樣的日本殖民地化，我想不可不對朝鮮、中國、台灣以及東南亞做思考。也就是說，不是單以被害者意識在說，做為各民族內部的問題，那脆弱之所以成為脆弱必須被究明不可。至今並非什麼都沒做，但是如戴先生所說，對於日本庶民加害者的一面也應重新清理。

自卑意識與優越意識

又，在此意義上，剛才戴先生所提出的問題，「朝鮮是日本文化的前輩」一事，一般來說這是朝鮮人不能不抱持的、不好的自尊心，亦即說在此有戴先生所說的令人憂心的「陷阱」。這點我非常理解。所以不是反駁，我想把自己正在思考的東西稍微講

一下。

　　高松塚古墳被發掘的數年前，在京都，金達壽、鄭詔文等得到日本作家與學者的協助——具體的是司馬遼太郎、上田正昭等，出版《日本之中的朝鮮文化》季刊雜誌。此外，金達壽已出版了與此雜誌同書名，有關文化遺蹟的書三冊。這種工作往往有被認為是自卑意識反面的可能，又，或許有此危險性，可以說潛在的抱著不免把自卑意識翻過面的脆弱，我這樣想。不，一部分的人已把自卑意識因此轉變成優越感，而以此滿足民族自尊心的人事實上是存在的。但是我相信，這絕不是金達壽先生，以及在從事此工作的人們原本的意思。總之，想到現實地有那樣一部分人的存在時，我覺得戴先生的擔心也不無理由。可是，同時也希望能知曉一部分朝鮮人有這樣的批評。古代日本的文化，如除去由朝鮮來的渡來者以及歸化人的影響是無法思考的。的確是如那說法，但要是承認這個情況就恐怕要關聯到朝鮮人與日本人的「同根同祖」論。從而沒有允許的理由，亦即會給予今日的歸化與同化肯定論有力的根據。

　　這是好好想一想即可理解的事。本來古代文化比較研究的工作應由日本的學者或研究者們積極去做比較合適。而且不管是歷史書或啟蒙書，希望不要歪曲事實正確地記述。然而老實說，日本的學者不怎麼表示關心。因為這樣，欠缺正確的部分不少。直到最近有一些，也是極小部分的人在做，一直以來的錯誤也一點一點改正，而也不過僅僅是一部分而已。說起來是學者的姿態的問題。我認為在那裡存在著日本人中不好的朝鮮人觀或朝鮮觀表現無遺。先前在別的地方，如戴先生與尾崎先生說過，以高松塚

古墳為例，在那發現喧騰的過程所表露的現象是，說這是中國的影響也不行，說是唐朝的影響就鬆一口氣、放了心的日本人不少。何況是朝鮮的影響那就盡可能不願觸及。在這種狀態，為了把錯誤做為錯誤改正的此一目的，有由朝鮮人之手對「日本之中的朝鮮文化」做研究、調查的必要，也不希望看漏了日本學者使之去做的一面。可以說是歷史的、文化史的事實，以及糾正日本的研究者之中猶有根深柢固的錯誤朝鮮觀。不過這錯誤是日本的近代以降被形成的。

其實，我早就以為日本人把朝鮮，不管是有意識或無意識，喜歡歪曲地去理解的根柢有距離過於接近之故，或是相似者之間產生一種仿如近親者相姦意識所驅使之故。總之我對金達壽先生等的工作給予這樣的意義。

在我的記憶中，金達壽先生也說過自己是作家不是歷史家。但是做為愛好古代文化者，曾經想做調查，亦即古代的朝鮮對於日本而言是什麼，同時對於朝鮮來說日本是什麼，這就是著手「日本之中的朝鮮文化」研究的動機，他好像這樣敘述。這事就是以往由日本的學者所寫、所研究的不具有十分的說服力是同樣的道理，我這樣解釋。而這一點 ，不僅是金達壽先生，對古代朝鮮與日本的文化寄予關心的朝鮮人都等同一直懷抱著的感情，可能金達壽先生代辦了。可是卻有戴先生所指出的危懼。所以，我認為以金達壽先生為首，繼續在從事與此有關工作的朝鮮人研究者所寫的東西，日本人方面也要好好地查證，如有錯誤時應堂堂地展開論爭或加以批判的態度才是最理想的。

我相信不會有這樣的事，但如果在後面偷偷做批評，以視為

外行人的遊戲而無視朝鮮人的所為為理由，而客氣地不置可否更令人困擾，歸根究柢是關聯到民族蔑視的事情。而且，朝鮮人研究者們，如果是據理的批判或論爭，當然會接受挑戰，或反而會歡迎挑戰，因為是有利於學習研究的。

尾崎：明治以後的日本，或叫作「西歐的衝擊」的時候開始做為日本近代史的圖式的話，我想那是國際性列強的勢力均衡而行動過來的。這個圖式在第二次大戰後也一貫地不變。於權力爭奪的山澗中非常巧妙地穿梭行動，可以說是「在亞洲趁火打劫的小偷」。

被列強強塞給不平等條約，自己為其放棄努力的一方，看在朝鮮的懦弱便強迫朝鮮接受不平等條約的作法就是如此。亦即一方面「脫亞」，另一方面把自己偽裝成列強統治的代辦者。

所以說日本可惡，我想問題什麼也沒解決。而是要徹底追究什麼讓日本變成「趁火打劫的小偷」，不然問題是不會向前的。要思考這個的時候，以前的想法欠缺宏觀之眼，也就是在全東亞之中看日本、朝鮮、中國的觀點。

對甲午戰爭的新觀點

戴：如剛才也提及，日本對亞洲深入干涉是始於甲午戰爭。然而，關於甲午戰爭是不正義之戰的意識在日本人中是很少的。明白地說，現在的日本社會，說起戰爭就是指中日戰爭以後的戰爭吧。在日俄戰爭中，其負面是掠取了朝鮮。但對朝鮮連學者先生都說沒做壞事，可見不正義意識之稀薄，也未被充分整理。

　　其實，應該將甲午戰爭、日俄戰爭，與台灣、朝鮮的殖民地化與中日戰爭是連貫在一起來看比較正確吧。我想或許與戰後的經濟進入也有關聯。也就是說，明治維新以後的日本擁有了巨大能量，但未把那能量投入國內的國家建設，而一昧向外走出。因為把那能量放出的方式與甲午戰爭以後大致是一貫的。

　　日本的馬克思主義者說明日本的對外進展好像過於公式化。比如說，日本變成資本主義國碰到首次的不景氣，因國內市場太狹窄所以向朝鮮進入。真是如此嗎？好像有些不對。

　　另一個是，對中國人抱持濃厚贖罪意識的人，會篤定不容分說道：「日本民族是天生的侵略者」，這句話我不能贊成。

　　不是這樣吧。把近代日本最初的大戰爭甲午戰爭提出來說，為何日本領導者不把日本的能量向內，而使之向外呢。

　　甲午戰爭時，日本國內應有反戰論者的存在——他們如何行動是有必要追根究柢，為何他們的意見未通過，而對外進展的一方獲勝？

　　要考慮的是，日本決定打甲午戰爭的事實背後，有當時體制所據而立的弱肉強食原理，而且與列強的作法步調一致的側面，同時被列強唆使的側面也應予以考慮。

　　例如在「琉球處分」階段，明治政府與清朝的交涉是非常慎重。那種慎重，顧慮清朝之面，在甲午戰爭就消失了。

　　我認為其變化之背後，如借用尾崎先生的話，就是有日本的趁火打劫的一面，加上列強陰險的計謀，誘使日本製造東亞的殖民地狀況。

　　尾崎：在那情況下，日本國內條件還是不能忽略。

　　明治維新做為革命是非常不徹底的東西，結果只是把德川幕府體制換成以薩長為中心的藩閥政府而已。因此，不能把實現維新的地下大眾能量在國內處理，所以使之向外。做為勉勉強強造出近代統一國家型態的當時執政者，利用外敵的威脅岔開國民的關心，以迴避社會矛盾的有效政策。又日本的大眾在過去只知道鎖國與國內戰爭，第一次經歷外國的威脅，所以我想很容易受政策的操縱。

　　所以，征韓論的問題，反對者的意見實質上與征韓論者幾乎沒有差異。徹底地分析，差別只在時機定在何時而已，加上關於日本的對外進展強調經濟市場擴大之一面與事實不合。征韓論當時的朝鮮，經濟的機構是前近代的，將此殖民地化也不能成為市場而擴大。從土地制度一五一十全部改變，打進易於吸取利潤的管道，才開始吸食殖民地的甜汁。

　　在最初階段，對外進展與其是經濟的有利性，更是政治的有利性。

　　戴：強調經濟的有利性，如我剛才所說，是日本一部分馬克思主義者或歷史家可看到圖式的、性急之說明。

　　我認為日本對亞洲的進展，特別是在掌握做為大規模進展最初範例的甲午戰爭時，必須要有更新的角度。

　　就是受列強的煽動，以聽信慫恿且利用被慫恿的日本對外進展的模式的檢討。

　　列強的慫恿在19世紀的東亞如何被進行，在日本的例子是幕府末期的「生麥事件」（註：1862年，薩摩藩主島津久光的行列行經生麥＝今橫濱市內時，四個英國人騎馬橫越行列之前，忿怒

的島津從士將其殺傷事件）的處理方法已出現。在那事件幕府付給英國10萬英鎊。但薩摩不肯就此息事。然後幕府與薩摩之間幾番折衝，終致發生英國軍艦的鹿兒島砲擊（薩英戰爭），薩摩付了25,000英鎊，並答應處刑犯人。以此事件為契機，薩摩接近英國，而轉換為開國主義，其實這幕後是有詭計的。這時英國讓薩摩買軍艦，把日本做為中古武器推銷對象的同時，又以攻擊武器的有償援助煽動薩摩。

甲午戰爭以後，在東亞之中對日本煽動同樣的事情，在日本之中則對薩摩進行。

尾崎：「生麥事件」薩摩讓幕府傷腦筋的例子也是，西南雄藩所倡導的「尊王攘夷」構思與行動，講穿了就是「倒幕」的手段。

攘夷是當時難以抵抗的原則，也可說是流行。強調此原則就可把下決心開國的幕府追到窮途末路，所以舉出來招搖，而把引起騷動的帳轉給幕府。攘夷派的高杉晉作在文久年間（1861～1863年）去過上海，知道太平天國的波濤，因此應該知道攘夷的非現實性。

攘夷像是打倒幕府有效的統一口號。而幕府方又有如勝海舟般的開明派。攘夷是原則，道理雖是開明，一旦喊出來的話，爭議點就模糊，不易成為從幕府爭奪主導權的行動口號。

戴：將帳單轉來轉去的幕府和諸藩的關係，與清朝和台灣的關係很像。

例如，1871年的「牡丹社事件」，琉球船遇難，船員等在台灣登陸被殺。日本對李鴻章責難，李說：「我們管不了，那是

『化外之地』」而要把這筆帳單退回。和那關係相似，當時政府的前近代性就是那樣。台灣不是「化外」，其實是在中國之中比較早近代化的，在清朝的版圖之中屬於非常進步的地域，因此被殖民地化後，日本從這裡能夠吸取「甜汁」。

日本的政治家、歷史家，從李鴻章的話把邏輯套換過來斷定「台灣是化外之地」，既然如此，「化外之地由日本統治將之經營好」而引伸到統治的邏輯。

日本的幕府也有薩摩是「化外之地」，也就是自己處於不利時，從自己的影響下切掉，以除去累贅，此也與欺騙自己的清朝有共同的感覺。

然而，明治維新以後，日本有很大的近代化能量被蓄積，一轉身變成開始窺視他國的「化外之地」。

這個變化以往過於用「日本國內經濟矛盾的向外轉移」之圖式被說明。剛才稍微提及，我的感覺是日本被列強強塞給不平等條約，此事未解決之際，日本便對朝鮮與清朝強塞不平等條約，其後面有列強，特別是英國的存在。

尾崎：的確，當時的日本沒有後盾，是無法單獨向外進展，至少列強當時如果阻止就不可能了。是有默認的樣子。

戴：日本其時的體制是站在既然我被塞給了不平等條約，我也對弱勢地方硬塞的邏輯，以英國為首的列強，也因此可賺取時間，到頭來容易以殖民地化的滾軸壓平，應是如此考量。

可是，日本如果做過了頭，成為自己出手時的障礙又不妙。所以便出來干涉說不能割讓遼東半島，只有割讓台灣那還可以，這就是典型的例子。英國一直到後來都賣給日本武器，這些也應

該是當時的國際政治中的一環，有使其邏輯明確的必要。

安：說到列強的默認，朝鮮的歷史家們認為，日本與蘇俄或清朝競爭正式地涉入朝鮮，是在塔夫脫（W. H. Taft）・桂〔太郎〕會談（1905年）之後日本獲得美國的默認與了解的樣子。另外還有在當時日本的動向之中未充分追求的問題。

玄洋社或內田良平等日本右翼，所謂大陸浪人在朝鮮侵略，殖民地化所扮演角色的嚴密評價還未出現。包含他們角色的局限，先行於殖民地化之前，右翼的多管閒事與干涉等，我想與其他的殖民地化要因有一並檢討的必要。

尾崎：有關大陸浪人，有比起事實被誇大傳聞的傾向。把當時日本的政治性要求或帶有政治目的的響亮口號與大陸浪人的行動重疊虛構化。〈馬賊之歌〉〔〈馬賊の唄〉〕所具有的氛圍是典型的虛構。他們實際上做了什麼，把虛構剝掉，有必要知道多管閒事的真相。

戴：戰爭一般是有宣戰布告，做為打勝仗或打敗仗的結果而締結條約。對那種戰爭的作法具有可以放了心的地方。

因做了宣戰的布告所以是公平的，締結了條約所以是對等，這種想法很奇怪。

這樣的戰爭規則，或者一直以來的國際法是歐美列強在殖民地分割角逐的過程中，為了減少多餘的摩擦而逕自決定的規則。所以今後的國際法，我想是會被相當程度地改寫，總之有宣戰布告、有了條約，做為戰爭就不是不正義的構思。

對甲午戰爭也是。實際上是遲了很久才有宣戰布告，因有宣戰布告而締結條約，所以那戰爭並不是不正義，台灣的「割

讓」——是清朝割愛讓給我，而且是「化外之地」、到處是疫病的地方，而為之做了統治，所以沒做壞事，反倒是做了好事。這種想法存留在日本一般庶民中。

從「做了宣戰布告，戰爭就消除不正義的部分」伊始，「為之做好事、是替你做的」，允許這種好管閒事的姿態一直源源不絕。

對朝鮮恐怕也是如此。那是被清朝欺負所以為之出手，好管閒事、冠冕堂皇的藉口便成立，那個姿態也連接到大東亞共榮圈的構想。

戰後也持續著的統治者邏輯

安：也就是所謂的「東亞盟主」。

可是，由黑船鼓動開啟的西歐列強危機意識是其另一面，國內是以此為跳板，進行「富國強兵」的日本政治家手腕，把日本做為一個單位，從外面看這是很了不起的。中國與朝鮮在這一面就被比了下去。

朝鮮在鎖國政策的一方，也與西方文化有接觸，天主教也進來不少，實學派、開化派的那些人思想是受西歐文化的刺激或是站在接納的延長線上。然而，李朝的政權擔當者，不只對這些人採取抑壓政策，也與來航的黑船打了一戰。不只是喊「黑船來了」，總之姑且將之擊退，更加躲進鎖國的殼中。當然，與日本的政治、經濟上的條件有不同之一面，但是把同樣的西歐衝擊做為富國強兵的槓桿，當時日本政治家的手腕令人驚歎，就是這個

理由。

　　戴：確實如您所說，強調自外面來的危機意識而做輿論操作是很巧妙的。現今在某種意義也還繼續著。在釣魚台的定位、北方領土的問題上拖著尾巴一直存續著——現在不觸及此問題——但以領土問題為契機，國民感情高昂，以異常的能量向外發散出。

　　是否與此有共同性我不做斷言，但現在的「經濟動物」說法的日本經濟的對外擴展，只是以商品替代武器的，在亞洲有人說與曾經的向外擴展是同樣的。從外面來看的確是如此。

　　尾崎：富國強兵是由上開始的近代化，而日本的特殊性是近代化的同時，在教育體系之中強調家族意識並且納入，將此逐漸由家族、地域、社會、國家，擴大到亞洲的區域意識。

　　三浦：說到戰爭，日本人一般想到的是日中戰爭以後，具體而言是「滿洲事變」以後。戴先生說，把那起點回溯到甲午戰爭，或者是把日本對外進展的開始回溯到「琉球處分」。

　　而且，關於日本的對外進展是受海外列強的慫恿，從家意識到八紘一宇的日本家族主義，富國強兵的由上開始的近代化等，林林總總談了很多。

　　日本對外擴展的體質，自1945年8月15日以後變了嗎？做為暗流是否還繼續著等相關問題，我想會被提出。

　　尾崎：我認為那暗流未斷。如何切斷，並重編到別的循環是今後的問題。

　　所謂殖民地統治的統治者方邏輯，戰後施以更近代性的粉飾形式繼續著。統治者方的邏輯是殺人、侵略、蔑視、推銷者一方

的邏輯。

　　我以為不把被殺、被侵略、被蔑視、被推銷一方的被統治者邏輯與之互換就不能轉換到別的循環。從那觀點來看是什麼把日本擬為統治者，什麼把亞洲諸國擬為被統治者，重新看待日本與亞洲的近代史，如果日本人不具有正確的亞洲像，就難以切斷一直以來的循環。

　　「做錯了、我賠罪」的心態、想法是不能造就日本與亞洲的良好關係。

使民族能量朝向內部

　　戴：日本民族具有集團的巨大能量，又有創造力。但是，能量向外以武力出動時，亞洲人就非常為難，而且在日本的殖民地統治之下受苦。

　　不徹底了解這點是很不好的。有關殖民地統治，在朝鮮做了壞事也做了好事，在台灣則幾乎沒有做壞事──如果這種意識還留存著，結果對日本是非常不利。如果說殖民地化有些許好處，對被統治者一方是不值得討論的。想做些好事也不能做，這就是殖民地體制。

　　還有日本的對外武力擴展，戰後的憲法中是明令禁止的，但自衛隊的海外派遣等問題常常被議論。

　　從外部來看，這是日本國內的情事，他們看到的是日本的商品、日本資本的猛烈進入。對外擴展的驚人能量從武器變成商品而已，亞洲人還是心生恐懼。日本的軍國主義復活論，與此恐懼

有關。

　　商品、資本的進入用馬克思主義古典邏輯來說，可說是資本主義發展的必然。但我不是要反駁此解釋，而是想在東亞將迎來的新狀況下、互相展現睿智的觀點上，提出以下建議。

　　也就是說，日本民族的能量不必以武力或商品的型態對外進展，毋寧說是不須那樣做也應有充分活用能量的方法。

　　這絕不是要日本人降低生活水平。把能量展開的地點設定在國內，是否可做不讓商品經外部溢出的開發，增進福祉，提升文化。文化交流的進展就很好。

　　我以為在日本國內發生的自然災害或公害，是日本把輸出商品製造向國外溢出的結果，轉嫁到日本國內的生活、福祉，我是這樣理解的。

　　不要有那種不幸的轉嫁，而能使亞洲人安心的方法，我想該有日本式的追求、日本民族睿智的顯現。我不是因嫉妒而這麼說，我認為民族的睿智是具有解決困難的力量。中國與國界問題為例來說，國界問題是非常難以處理的問題，但中國以其睿智幾乎解決了。

　　中國很長的國界線中未能劃定的是與蘇聯和印度的。與朝鮮、越南、緬甸、巴基斯坦之間的國界已劃定。

　　如看中國的文獻就可知道，朝鮮、越南、緬甸至明、清時代是中國的屬國，或受屬國待遇的國家。但是變成中共體制後，與這些國家的國界劃定事業進行得非常順利。

　　我的理解是，中國的新體制對於曾經對周邊民族所抱的所謂統治者的中華思想做了相當反省，將其當作處理中華思想的一環

去面對國界的劃定。這可以說是中國的睿智，這不是以支持或不支持中共體制，而是以客觀事實而論。

更稍微具體地說，來看看朝鮮與中國的國界是如何，剛才安先生所說，中國的東北部是朝鮮人做為日本的爪牙進入，橫衝直撞、無惡不做的地方。在那裡，現在成立了朝鮮民族自治區。當然那些當過日本爪牙的暴民們也應住在那裡。

中國人應該知道曾經被施暴的事實。雖然如此，但認可自治區，也容許獨自的民族教育，給予很好的待遇。這是對中華思想經相當嚴格的反省才有可能做到的。

中國似乎把國界劃定的原則，明確地分別為曾經受中華思想而犧牲的地域，與屈辱地受帝國主義奪去的地域，對於前者是把問題迅速解決；與蘇聯的國界劃定無法進展是因包含有後者的問題之故吧。

曾經因中華思想，中國對朝鮮、越南、緬甸加添麻煩，而在中國方面有不會再次為難的決心。

同樣地，日本也可以把向外的日本的能量轉向內部，讓日本人幸福，也能讓亞洲人幸福，這才是日本人的睿智。

尾崎：如戴先生所說，日本人把能量活用於內部，就不會有明治維新以後的日本與亞洲之間被扭曲的關係。因把軌道往外鋪設的結果，日本的近代化是朝向戰爭與殖民地統治的方向進行，不能往蓄積國內財富的方向進行。

戴：昔日的事我也看開了。甲午戰爭是已經過去的事，當為歷史學的課題殘留著，可以當成築構日本未來的重要檢討資料與歷史的教訓，已結束的戰爭不能倒帶回到戰爭以前的階段啊。

　　只是戰後的日本人民生活程度很高，教育水平也提升，所以可以做這種討論。以不會給予亞洲威脅形式的有關日本能量展開的路線，日本人可互相拿出睿智的條件比戰前來得大。日本民族所擁有的巨大能量，在過去帶給亞洲人不幸，對日本人也不是幸福的形式而被動員去參與大戰爭。

認同「同格的第三者」

　　尾崎：如果是真正賢能明理的政治家，會對此考慮吧，也應有那個餘地，但以對外進展的方向建立產業結構的體質是否可以轉換，就相當難。

　　戴：前些日子也在此企畫系列座談談過的長洲先生就是在提倡日本產業結構的轉換。可是，這是我個人見解，這個提倡說起來也是圍繞日本的亞洲方，對日本經濟的對外進展爭議不休才開始思考的理論。

　　日本的經濟擴張更加進行，不久又變成亞洲的再侵略，那就糟糕了，所以產生「來做乖孩子吧」的議論。這與「狼來了」相似的亞洲各地讀書人的日本觀是同一層次。

　　是否可提出更高層次、更積極的對外進入、對外發展的前提本身挾入疑義的提案？我認為是能夠提出的。

　　這不只是日本的問題。從歷史上看，舊中國也同化、侵略周邊諸民族。

　　同化與武力進入又不同了，但是剛才所說不等價的，一方為高，他方為低的對外進展型態沒錯，也關聯到扼殺他民族的創造

性能量。

尾崎：中國對少數民族的姿態，或中蘇論爭以後的自力更生，是向內蓄集能量，提高國內水平的路線吧。如果日本有從中國學習的地方，有必要學習這種想法。

戴：在上回的這個系列，我向堀田先生、長洲先生提出「自分」與「他分」。「他分」是日語中沒有的語詞，總之是與自己同格、等價的第三者之意。日本與中國、日本與朝鮮、日本與亞洲諸國是與民族大小、領土大小無關而同格，因不確認這個大前提，所以才會出現日本要把亞洲如何如何的議論。

容許有他分，承認有異質——這是理解亞洲的起跑線。日本的近代化，日本對亞洲的姿態，好像欠缺這個他分的容許。所以精力充沛地到處去以「自分」的滾軸施壓。以近代國家統一國民的意識是可理解。

但是，無視文化、地方的特殊性，用滾軸去壓平，從外面看完全是日本獨自的作法恰好可舉愛奴為例。愛奴原有傳頌敘事詩的愛奴優美的語言與文化。然而蝦摩（shamo）進來，現在只當作觀光對象，至多受到被看成是博物館陳列文物的待遇。

沖繩現在又再被滾軸開始壓平，未來令人憂心。國內〔譯註：指日本本土〕也是，做為地方工藝有魅力的木偶已被施以滾軸而失去魅力。地方料理、地方演劇都開始失去其個性。

因最近的公害，對唯一的地球是無可替換的當然事實開始覺醒，同樣對日本而言是無可替換的日本列島，無可替換的愛奴，無可替換的沖繩，無可替換的木偶，無可替換的地方演劇、料理，應尊重其個性，如何連接到普遍性是今後的課題吧。

　　還有60萬在日朝鮮人所擁有的能量、文化的創造力，也是存在日本寶貴的異質啊。對那種種的異質，不是以哪個好、哪個壞的無聊看法，如能站在都是同格、等價的立場，其異質的文化創造，刺激其他異質的文化創造可互相提升不是嗎？長遠來看日本文化，應會比所謂近代化之名的滾軸去壓平更加豐盛，我在做這個夢。完全同樣的情形對亞洲而言也是可以說得通的。

　　對中國我也抱著同樣的期待。在我所知的範圍，現在中國不勉強制定統一的國語。漢族系以普通話這寬鬆的共同語來溝通，對各少數民族的各文字與民族語不打壓，而採取培育，使之朝向更豐盛的方向，有可以如此解釋的情節。當然地方的方言也以保存的方向在進行。我對料理與演劇也抱有同樣的期待。

　　世界的後進諸國不斷在發生言語民族主義的問題，互以喋血爭鬥的情況下，1970年代的人類睿智在哭泣。

　　尾崎：現在於稍前提及的朝鮮人居住地區是使用中國語與朝鮮語，假如將來統一也要花時間，有必然性才實現統一的作法。

　　戴：日本的情況是很勉強趕著做。我以為沒有急忙的必要。地球只有一個。在這地球存在種種異質的東西，應是祕藏豐富的可能性道理。但是不發生公害，就不感覺到地球的無可替換，在消滅異質之後才驚覺異質的珍貴，真是令人感到寂寞心寒，令人不得不思考人類真正的勝利到底是什麼。

　　確認自分與他分，「自」不比「他」高也不比「他」低，而且不具有民族的褊狹──這是人類勝利的出發點。我想透過殖民地問題能思考這個。

淡化戰爭體驗的剎車器

尾崎：8月15日的體驗，日本人的戰爭體驗在淡化、形骸化，此繼承聽說非常困難。

但是，把那戰爭體驗中日本與亞洲諸國的人以加害者、被害者在同一土地上所經驗的殖民地體驗凝結，在那裡顯露出的典型的統治、被統治的結構徹底地挖下去，這在今後思考日本在亞洲之中的位置時是非常有用的。

將給予的、蒙受的傷痕在學問上好好整理，把統治到底是什麼給明確化，不然就不能把戰爭體驗這個痛苦的體驗轉化成今後的積極面。忽略這種作業，而只在心情上說戰爭體驗在淡化，不知道戰爭的世代愈來愈多是不可抵擋的事實，做為心情的體驗的淡化是當然的。

亞洲民眾的被殖民地體驗，受日本統治、壓抑、歧視，包含了日本、朝鮮、中國等東亞諸國戰爭體驗的中軸，而且歧視、統治絕不是已過去的體驗，現在某種意義上還繼續著，是現代日本人手可碰到的問題，以這樣的理解，我認為就可成為防止淡化的剎車器。

安：說起戰爭體驗或殖民地體驗，我們朝鮮人常說，受日本帝國主義36年的統治云云，這就是「告發」。各自的心殘留著慘痛的話，不能連告發的行為都予以否定吧。但是，空虛的告發毫無義意。

想起來，朝鮮的國土和民族都還分裂著，與27年前從殖民地解放以前，不正常的、不幸的狀態毫無改變。朝鮮人沒有經驗真

正解放的歡欣。如果民族被統一朝鮮在正常的狀態的話，就能做更有成果的批評，殖民地問題的挖掘，我想能夠從朝鮮人方去做。不幸持續的條件的確有。但是，做為朝鮮人，重要的是8月15日的體驗不要只以被害體驗而說日本帝國主義云云強硬凶惡的告發終了，應以自身的問題來接受，考慮與日本人如何設定新的關係。

強硬、凶惡的告發，是有根據被害者悲痛心情權利主張的一面，但是只停留在此的話，結果是憑靠日本人或盤腿而坐、懈怠追究問題的態度，明白地說明這是做為被殖民地者自卑感的反面。

其實應是超越自卑感，始能坦率地講出自己的悲痛，同時也能理解日本人的心痛，直率地指出其污穢。

戴先生所說的等價、同格的溝通如不成立的話，我想今後日本與朝鮮、日本與中國的正常關係是無法建構的。

戴：前面也提過，日本人反對戰爭最大的論據是原爆體驗。無可否認原爆是惡，但只從原爆、大空襲的被害之一面掌握戰爭，或只從被害者意識之一面發動反對戰爭運動是很無力的。看看西德，西德國民也受轟炸，也被占領，也有相應的被害體驗。但是德國人，把納粹的罪狀由德國人自身，而且連體制內部至今還在追蹤。不從自國的加害部分移開視線。

也許是很大膽的說法，日本的情形是把南京大屠殺事件等由日本人的手在一定的寬度放到檯面上是這一、二年的事。或者從出入國管理法令的問題中民族歧視開始被提出。而且日本這個現象，我並未做深入的研究，但是與新左派運動的陷入僵局有關

聯，比較簡單地，輕鬆地說歧視的告發或講連帶，好像是有這樣的氣氛。

　　是否當作自己的問題接受。有時不免有虛情假意、缺乏誠意的印象。不是這樣的，而是要同時具有凝視戰爭或殖民地統治罪惡的加害結構的眼睛與被害者的心，不然戰爭反對就僅止於感傷的層面。

　　戰爭或殖民地統治的體驗，是戰後的世代不能直接體驗的他人經驗，但我認為，從書本上去知道也好，或日本與朝鮮、日本與台灣的關係在本質上含有同樣問題的本土與沖繩、蝦摩與愛奴，或未解放部落的問題等身邊問題將之挖掘下去也好，我希望日本人對加害者與被害者攪和在一起的回復歷史臨場感，這是拯救。有歷史的臨場感，而不知歧視、壓制的結構，結果歷史將一再重複，像美國在越南那樣。

　　或許話講的過頭，但是歧視的表現在日本，現在也絕未消失。特別是有權力、財力的人們有關亞洲事項活動方式的顯現。例如招待留學生來日本的時候，挑自然科學特別是技術關係，忽略、歧視社會科學、人文科學方面的學生。此是以對外擴展日本經濟的「自分」本位選擇。

　　又以財界等的經費，要與亞洲諸國進行友好接觸，也就是說要做「好好日本人」的事前宣傳準備，創立日本基金，最初構思100億圓之民間負擔部分為50億圓，現在已縮小為1億圓，前些日子新聞有這樣的報導。從日本的外面看這個問題，很明顯的看出，想短期獲利、裝點門面，沒有掏出腰包之意。

　　自掏腰包的確是困難的事。美國、蘇聯也都捨不得自掏腰

包，性急、低層次地追求政治、經濟上的回饋而做得很難看。與其說自掏腰包不如說交易，比比皆是。

就以個人來說，吃虧的人生絕不只是損失，反倒會變成歷練而散發豐富人性味，培養經得起風雪的潛力，到後來開花結果。治國的哲學好像也可用同樣的邏輯思考。

以中國的事例來說，中國曾經做了某種自掏腰包的行為。日本、朝鮮、琉球贈送朝貢品，中國的皇帝以數倍的財物做為回禮。做為一項交易是極為不合算的，這是一種自掏腰包。但其動機是中華思想，從大國的體面而來，帶有以中華思想為高的同化作用，所以同化否定論者的我不想稱讚。

人，一直以來有氣量狹窄的性癖。我想，那是什麼，就是喜歡隨時找出可歧視的對方。把對方找出來，或找不到也要造出來，然後愛誇耀自己比對方高超的心理。民族的氣量小，國家主義的狹窄都是起因於此歧視，捨不得自掏腰包也是由於如此。不是這樣，而是必須接受異質、異端，而是承認做為與自己等價、同格存在的第三者。在此基礎上，不管哪裡的人都是住在這無可取代地球上的同樣人類，希望有克服民族性狹窄的構思。立於此觀點，現在擁有巨大力量的龐大民族，人口八億的中國，一億的日本，GNP在上位的諸國率先自掏腰包，除了擁有人類家族的睿智以外，我想是沒有把歷史導向人類獲得勝利的方法。

在此意義上，我希望日本的，特別是有力量的人們，不要把問題停止在對亞洲諸國要贖罪或不要的層次，而是從人類全體的理想上給予答案。

我的希望有如唐吉訶德（Don Quixote），但我真的衷心希望

日本與亞洲諸國民成為如此。剛才也說過，從束縛人的傳統的歧視邏輯脫離出來才是現代的睿智。

但是，此睿智不會產生自不去整理、理解內藏於戰爭或殖民地統治的歧視與壓制，或至少不會出自於不從書籍體驗別人經驗的人。「知道啦、知道啦，已經是結束的事，日本已經是不能再打仗了」，以此立場說出這樣簡單、輕鬆的話的人是不會有睿智的。非常隨便告發日本過去的惡，輕鬆喊出從今以後是連帶關係的地方也不會出現。

尾崎：聽到「知道啦，知道啦」，其中令人不安之處到底能知道多少。

明治以來，日本強推給亞洲諸國以統治的邏輯、歧視的具體問題，歧視、壓制的結構之中有很多不明的問題。所以說「知道啦」毋寧是「不知道」好像比較正確。如果已有正確的答案，已知道的話，會走向不會重複同樣錯誤之路。

然而現實是，在亞洲被叫喊黃皮膚的美國佬或軍國主義復活，有再次跌跤的不安發生，怎麼也不能說是真的「知道啦」的旁證吧。首先，知道這件事應如戴先生、安先生所說不是告發、謝罪這種只對外爆發的東西。是更要深入內部，個人地思考自己與那歧視問題的關係，國家是不只對外的姿態，也要思考國內的歧視、壓制，將之清理。

這些大多數問題，結果不在自己的外面，而是在內部，不回歸到該處是不行的。而且整理內部，始能產生與亞洲的連帶。

向亞洲學習什麼？

戴：做為外國人對日本人的要求是，不要以能對亞洲做什麼的構思做為思考亞洲的出發點。與其這樣，不如以亞洲與日本的關係是什麼，能對亞洲學習什麼做為出發點。日本人的日常生活原理以保守客氣為美德，但是對海外的弱者就喜歡立刻提出給予照顧、開發、研究的邏輯癖性。左翼的人所說的「連帶」也有同樣的構思。這是很危險的。

安：而且那連帶或好管閒事，講的人很老實，是出自善意。

戴：就是啊，今天我好像說的太過火。但那是因為我很喜歡日本的風土與人，已經住了17年，或許還沒成為真正的知日者，但是做為一個嘗試知日的外國人研究者，想對日本與中國的相互理解能做些有魅力的貢獻所以敢於發言，如我再三地說過般，絕不是有告發或求贖罪之意。

安：我也不想聽日本人回答告發的申辯。

相反地，日本人不必客氣，對朝鮮人有話要直說，不要拐彎抹角，吞吞吐吐委婉的說法，這並不是與朝鮮人的好關係或連帶什麼的。也不限於日本人與朝鮮人的關係，你的缺點是這裡，希望你改善，可以這樣明確指點的關係才是好關係，才能產生連帶的關係。日本人對朝鮮人能那樣講，或被那樣講的關係，造出意識，我想是日本人的日常生活之中的日本與亞洲問題。

老實說現在還沒有到那個地步。

尾崎：贊成。從日本這方把日本的近代史與亞洲的關係查清楚，朝鮮從朝鮮之一方查清楚包含日本的亞洲關係，把被統治、

被歧視的問題整理好，哪一國都去做，這是建立無壓制、無歧視的亞洲的前提之一。一部分地在那種領域有在合作，但是當作實際問題還未成為力量。原因是政治體制的分裂吧。

戴：我也認為東亞諸國以學術文化交流的形式，互相在有關主題之下繼續討論，哪怕要重複幾十回才會知道相互關係史的真相，從那裡應可抓出我所說睿智的具體形狀。

例如與高松塚古墳相關聯的日、韓學者做交流的例子一樣會逐漸增加。

安：以自由的構思，能以種種主題舉辦演講討論會的亞洲當然是很理想的，那種集會無論如何是必要的。因此受政治的限制不能自由發言是很遺憾的。

尾崎：我在文化大革命時到中國去，到處可看到毛澤東的肖像。然而去年肖像只有在很少的地方出現，飯店房間的肖像已換成山水畫。數年間就有如此大的變化。所以僅限於某部分有無可奈何的不調和感。但歷史全體是流向應流的方向——我抱著多少樂觀的展望。

本文原刊於《中日新聞》，1972年8月28日，頁7；9月18日，頁7；9月25日，頁7；10月2日，頁7；10月9日，頁6；10月16日，頁7。為「討論‧七○年代の英知」專題座談紀錄

七億鄰人眼中的日本
——對「一點一滴恢復中日邦交」的擔憂
座談會

◎ 劉俊南譯

與會：實藤惠秀（聖德短大教授）

　　　戴國煇（亞洲經濟研究所調查研究部主任調查研究員）

　　　山口一郎（神戶大學教授）

　　　西園寺一晃（朝日新聞中國亞洲調查會）

　　山口一郎（以下簡稱山口）：現在，中國與日本的關係正臨近一個歷史的轉機。提起日中問題，我們易於僅考慮當前的問題，諸如今後的日中經濟關係會怎麼樣，文化交流會如何等。但在此之前，我們必須再次回顧日本在明治以後走向「脫亞」的步履之中，與中國之間已經造成巨大的鴻溝。在這個鴻溝中，中國為什麼必須激烈地對日本持續進行抵抗？中國人如何看待近代日本？迄今為止，日本還不能說已經充分理解了這些問題。我認為，對這些問題沒有認真的理解，對於怎樣做才能使今後的日中關係推進到友好的軌道，將會帶來非常無望、黯淡的前景。

　　在這個意義上，首先請實藤先生來談談明治初期中國人的日

本觀。

一同推展洋務運動

　　實藤惠秀（以下簡稱實藤）：我曾瀏覽過明治初年以後來訪
日本的中國人的旅行札記，他們從長崎和神戶登陸以後的第一印
象就是「脫履而進」，亦即脫鞋入室。然後就是「席地而坐」，
亦即可直接坐在地上。接著是混浴，所有人都對於這樣的生活方
式之差異，寫出了驚訝之感。當時的日本，清潔、沒有鴉片也沒
有小偷。這些對於中國人而言，都是令人驚訝之處。但現在已經
成為相反的情況了。中國很乾淨，日本則到處是污染，麻藥在中
國已經沒有了，但日本正在橫行。小偷好像也是日本偏多。看來
民族性這種東西並不是一成不變的。

　　戴國煇（以下簡稱戴）：在當時來到日本的中國知識分子
中，普遍持有您剛才所談到的這種印象。但在甲午戰爭以後，發
生了急遽的變化。日本人對中國人稱呼「清國奴」——對此侮蔑
感的反彈，與傳統的儒教倫理混為一體，出現了「男女混浴是因
為日本人野蠻、日本女性穿和服時裡面不穿內褲，也是野蠻」的
看法。

　　實藤：是的。甲午戰爭以後發生了變化。留學生於持有「在
東京多一個中國留學生，就可以多一個建設新中國的技師」想法
的同時，也開始切身感受到從日本的中國政策來看，日本是一個
危險的國家。

　　戴：我所關注的是一方面中國人在鴉片戰爭後，眼睛向著西

方，即開始推展所謂洋務運動，在日本則是明治維新。要之，中國與日本進行了各自的洋務運動。但是，日本一般對於中國的近代及其邁向近代的苦悶，幾乎沒有正確而適當地予以認同。到了第二次大戰後中國革命成功了，進而又祖述中國一步就跨入了現代，彷彿中國不曾經歷走入近代化的激烈胎動。這一階段的歷史認識之差異是很大的。

黃遵憲所觀察的日本

山口：中國開始洋務運動之時，至少其中有一部分是存在著學習明治維新的意識。接著在甲午戰爭以後，這種趨勢就更加有力。這就是變法維新運動吧。雖然其結果是以失敗而告終，但從回顧這一時期的意義上，首先，談談甲午戰爭前發表了該時期具代表性的對日觀的清末知日派外交官、詩人黃遵憲（1848～1905）好嗎？

實藤：黃遵憲是在明治12年，透過《日本雜事詩》及《日本國志》，向中國詳細介紹日本的第一人。在他前後來日本的人們有一個共通點，即是有「日本處於中國文化圈之中」的認識。甚至還有「日本人乃中國人之子孫」的說法。黃遵憲也非常詳細地觀察了「日本文化全部都是我們的文化」這一面向。政府的組織自大化改新以來是中國的制度，日本的神道是方士之術的轉化。看到紫宸殿的屏風，描繪的全部是中國的賢臣。日本女人的髮型、服裝、襁負幼兒等，都是中國的古時風俗習慣。來到日本，就如同回到了古代的中國，他感受到非常濃厚的鄉愁。

同時，日本採用了洋曆，服裝換成了洋服，正在迅速歐化。

對這些情況，他們表達了很強烈的不滿。黃遵憲本身在一開始也曾讚賞漢學者，對新制度冷眼側視。後來，他到倫敦，重寫《日本雜事詩》，這時，他已經完全對新制度給予讚美之詞。他在數年間發生了蛻變。可以說向日本學習以改造中國，黃遵憲是最早的一個人吧。

戴：中國的洋務運動向日本學習，是在甲午戰爭以後的事情了。甲午戰爭失敗後，洋務運動的最大象徵──北洋水師被摧毀，使中國人不得不對日本進行「再評價」。

實藤：確實是甲午戰爭後。那以前即使有旅行記，但並不是學習，只是采風，或是對中國風俗的遺存表達的興趣。

帶來轉機的甲午戰爭

山口：如前所述，在甲午戰爭前，清朝是非常保守的，認為中國是文化的中心，日本只是其文化的一翼之國。因此，對於日本從中國文化中擺脫出來，建設近代國家，確實感到非常反感。但是從另一面來看，鴉片戰爭後的魏源（1794～1856，清朝學者）等開明思想家，已經將日本視為同樣在做出努力的國家。這一觀點在甲午戰爭以後急速擴大，後來發展成康有為（1858～1927，主張清朝復興，確立君主制而與孫中山對立的學者、政治家）的戊戌變法維新──學習明治維新的運動。將日本的行為方式做為先例之一予以認可，以此做為自己的方向，在中國的歷史上是從來沒有過的。

日本畢竟抵抗住西洋的壓力，取得了明治維新的成功。此一

評價，其後一直做為對日本人是非常勤勉、有能力的民族之評價而得以持續。戴天仇（戴季陶，1882～1949，留學日本，在國民政府成立後，確立了文教政策指導地位的媒體人）也在《日本論》中予以認可，這也聯繫到孫中山所認為的日本和中國如果不能合作，則亞洲不能獲得解放。但是，其後的日本並未如中國對日本所期待般的向前邁進。

戴：我要打破洋務運動的常識論之處是因為存在這種意義。面臨琉球處分、台灣出兵及圍繞朝鮮問題的清代——簡言之是袁世凱（1859～1916，辛亥革命後的內閣總理大臣。清帝退位後，成為中華民國首任大總統）與李鴻章（1823～1901，清末政治家。甲午戰爭後負責講和談判）——與日本當時的主流之抗爭。透過凸顯這些關係，實際上可以很清晰地呈現當時東亞整體的狀況。明治10年代時，從中國來看，日本這一彈丸之國居然奪取琉球，遠征台灣。過去曾受到我們文化的恩惠，此舉真是豈有此理。但另一方面，朝鮮半島的近代化運動則存在著「學習北京」與「學習東京」兩種觀點。金玉均（1851～1894，朝鮮李朝末期的親日政治家。1884年，借助日本軍的力量發動政變——「甲申之變」失敗）等是親日派。而將其決定性地予以劃清的，我認為是甲午戰爭。

實藤：甲午戰爭前，中國也曾經有過不少要征服日本的議論。

戴：在那個時點的北洋軍閥的洋務運動或台灣洋務運動的展開，與其說是學習日本的明治維新，其實是在思考如何將歐洲的衝擊重組於自己的砝碼。對此，日方也要調查中國，派出密探樺

山資紀（1837～1922，海軍大將，首任台灣總督）或是水野遵（1850～1900，台灣總督府民政局長），明治5、6年時，清朝還認為這沒什麼了不起，讓日本人去看吧，還很自得，什麼都讓別人看。因此，至少至明治10年代初期，清朝的主流尚未將日本放在眼裡。

知識分子與民眾

西園寺一晃（以下簡稱西園寺）：很坦白地說，聽了大家的發言，我覺得是否可以用這些內容來做為當時中國人對日觀的代表呢？例如，留學生來到日本感受到了什麼，他們是從非常少數的人之中選拔出來的。當時最高級的知識分子談日本，即所謂日本觀，是統治階級的對日觀。現在，周恩來總理說到「日本和中國之間，有過二千年的友好關係」時，這是指人民之間的交流吧。即使是所謂中華思想，在一般壓倒性多數的人們中間，是否存在呢？另外，這是否能夠說明一切問題呢？或者應該說，在甲午戰爭以後，即使是中國知識分子以外的人們也形成了被侵略意識。由此以降，主要就是抵抗日本帝國主義的歷史吧。這是否也是一個問題呢？

戴：這恐怕只有在台灣可以這麼說吧。在台灣，明治7年遭到台灣遠征，明治28年日本進駐。由此產生了對日本人的評價問題。但是，在中國內部，對於台灣只有那是「蠻人」居住的地方，把它給了日本了──只有這樣的感覺。實際上，這也是台灣出身的抗日運動家謝南光等人前往大陸，宣傳台灣是如何被日本殖民統治、情況是多麼悲慘的理由所在。

因此，西園寺先生的「問題意識」我雖然可以理解，但中國大陸自「九一八」開始的抗日戰爭中，日本人實質上已經擠進自己的生活之中。因此，不僅是知識分子，開始在平民中間也清楚地形成了對日本的認識。

如果再說回來，甲午戰爭日本勝利，台灣被割讓——表面上看是基於非常近代的國際法規定，台灣走上了殖民地化的道路。對此，日本與中國的接受方式是完全不同的。

實藤：最為象徵性的是甲午戰爭後，日本對中國的稱呼一下子就改變了。在那以前，說書中稱中國為「唐土」，所謂「支那」在文獻上是有過，但實際上並不使用。甲午戰爭後，「支那」就在日本語言中確定下來了。從確定的瞬間就帶有輕蔑之意。進而還有一個不好的詞彙——「清國奴」也出現了。對於這些，中國人表示憤慨，最初來日本的13位留學生中有4位回國。所以，當時的旅行記雖然能感受到應該學習日本的要求，但與此相反，也有對這些侮辱的憤慨。

另外，那個時代即明治30年代，梁啟超（1873～1929，參加戊戌變法，失敗後流亡日本的學者、政治家）等人對於日本的愛國心給予很高的評價。

戴：梁啟超和康有為在評價明治維新的同時，還對明治天皇這個人物進行了評價。時代再向後，撰寫了《悲劇的日本人》〔譯註：應指《悲劇の日本》一書，由蔣方震、張平君、陳開夫合著〕的民族主義軍人蔣方震也是這樣的。

山口：蔣方震認為日本歷史上的大變革是大化改新和明治維新，推動了這些變革的聖德太子和明治天皇，是引領時代的日本

優秀政治家，這是蔣的看法。可是，同時很有名的《田中奏摺》（據說為田中義一首相書寫的文書，記述了昭和2年東方會議決定的大陸政策的基本方針。文件是由中國方面披露的，現在「偽作說」較強）等所示日本的侵略中國方針做為遺留政策決定下來的，就是明治天皇。可以從這兩個層面來觀察吧。

歷史感覺的差異

戴：我認為中國人對明治天皇這位人物的評價是多面的。至少在當時辛亥革命階段以前，康有為、梁啟超等維新派與以孫中山為中心的集團的分界線，也就是說清朝的宮廷是與日本走同樣的還是相反的道路──這種判斷的分界線，與對明治天皇的評價是有關係的。康有為、梁啟超失敗了。而跟隨孫中山的集團中，也有人在辛亥革命結束後，成了擁立袁世凱稱帝的人物，就是胡瑛與楊度。他們是否將袁世凱比喻為明治天皇我不得而知，但至少是將袁做為維新的能源核心來考慮，才有這樣的轉變。

經過甲午戰爭，以往那種形式的、折衷的洋務運動是不行的，應該更虛心坦誠地學習日本，全面接受歐洲的技術、武器、制度──這種情緒在中國日益高漲，而且日俄戰爭進一步提高了對日本的「評價」。實際上，這是日本當時權力的主流，利用來聚集日本群眾的能量的手段。簡而言之是要表達：「看到了嗎？亞洲的民眾也是支持我們的呀！」但是，亞洲民眾所支持的，是我們黃色人種對於歐洲也有想做就能夠做到的這一面的肯定而不是支持日本可仿效白人帝國主義、殖民主義而侵略亞洲。但是日

本方面無論是對孫中山還是尼赫魯（Jawaharlal Nehru）、甘地
（Mohandas K. Gandi），總是將其對日俄戰爭做出正面評價，當
成冠冕堂皇的理由予以利用，至今還加以強調。這裡也有大幅度
的歷史感覺的差異。

　　有關甲午戰爭的接受方式，孫中山等人是將其做為明治維新
能量的結果而進行評價，希望從日本學習愛國心或民族團結等，
感歎「中國沒有民族，欠缺愛國之心」。但另一方面，對於甲午
戰爭也有這樣的認識，即認為這是日本對中國的侵略。可是這個
時期他們也正希望得到日本的支援，只是沒有表現出來而已。而
日本方面一直無視這個問題。

　　現在，周恩來對於賠償問題的說法是：「日本自甲午戰爭以
來一直索賠。我們受了很多苦，但我們今天如果向日本要求賠
償，最終會使日本民眾受苦」。或者說，抗日戰爭時期中國平民
的日本觀，確實有來自上述的部分，這是事實。但是平民透過這
些使他們的抗日意識從模糊轉為明確的型態，在戰爭的接觸面得
以確立。這確實是甲午戰爭以來對日本的認識。但日本人有關對
中國侵略之事，卻只是看到了「九一八」事變以後的情況。

　　這種認知上的差異如果不能認真解決，我覺得今後中日真正
的平民交流，差異會越來越大，而且難以彌合。

　　實藤：明治38年，日俄戰爭結束了。那年年底，留學生反對
文部省的取締規則，大舉回國。這是留學生與日本政府第一次正
面衝突。其後一發生什麼事，留學生就從日本大舉回國，就好像
每年的例行活動一樣。而提出《二十一條要求》四年後的1919
年，北京的學生們爆發了五四運動。同時，來到日本的學生們也

予以呼應，到中國公使館進行抗議，與警官隊伍正面衝突。從那時起的留學生史，就是對抗日本的歷史。我與留學生的接觸，就是從昭和初期開始的。印象較深的是當時日本學生與中國留學生如同水與油一樣，幾乎看不到親密的關係了。

對大正民主主義有同感

戴：實藤先生對留學生給予關照的昭和時期，兩國國民已經處於不能坦率相待的時期。在這個意義上，岡崎嘉平太先生所發表一連串回憶的大正時期，可能是留學生和日本學生交流最多的時期。雙方對於大正民主主義具有同感。

實藤：五四運動稍前，吉野作造很受留學生的尊崇。在警察違法逮捕留學生時，他立即向報刊投書，表示抗議。

戴：如果說與大正民主主義之關聯，中國的馬克思主義經濟學，最初是從日本學到的。是從誰那裡學到的呢？就是河上肇先生。這大概是貫串整個1920年代。其後，1920年代初期從莫斯科與歐洲回來的留學生，重新帶回馬克思主義經濟學，開始活躍起來。

西園寺：我在北京大學經濟系學習過，河上肇的資本論解說至今還在用。五四運動前後的中國還沒有馬克思主義的書籍。許多人是來到日本，到處閱讀馬克思主義的書，然後回國搞革命。

現在，中國的學校有關日本最集中學習的是明治維新。明治維新在大學中有很多爭論，在中國也還沒有定論。概括地說，分為兩種意見：有人認為明治維新是一場不徹底的資產階級革命，有人則認為那不是革命，而是一場改革運動。總之，做為其方

向，認為明治維新是日本社會的發展並予以正面評價是沒錯的，但認為有其兩面性，是封建社會向資本主義社會過渡的一個過程，同時，還具有很強的封建要素。而且，其中也包含著以後日本急速軍國主義化的要素。這個部分就與侵略中國聯繫起來了，在此意義並不是單純的評價。

缺乏內省能力的日本人

山口：戴季陶的《日本論》譯本最近出版，引起種種迴響。他對於明治維新的見解也考慮到了社會經濟的各種條件，當然也有人認為，支撐這些條件的人之主體的精神結構更為重要。戴季陶的這些見解，對於其後中國的馬克思主義陣營的對日觀也有一些影響，現在仍然在產生作用。

戴：戴季陶之後有代表性日本論的是蔣方震。他的太太是日本人，他本人是日本陸軍士官學校出身，對日本很了解。但是他不是國民黨的主流，曾擁護北洋軍閥系的吳佩孚（1872～1940）主張中國統一。1939年，在抗日戰爭之中，他撰寫的《悲劇的日本人》，非常強調日本民族缺乏內省能力這個問題。

「缺乏內省能力的日本國民啊！身高雖然有所增加，體重卻依然如舊。這是一種多麼深刻的象徵呀！面向外部的發展，超出自然的限度時，必然會重重地摔倒一次！」

這裡的「身高」用現在的詞彙說就是GNP，「體重」就是日本內在的文化來思考，直至今日，我認為這還是很有效的警句。中國現在批判日本軍國主義復活的感覺，是不是與戰爭中這種見解有所交叉？我希望將這一點視為問題。

山口：戴天仇和蔣方震，在理論上是與中國共產黨正面對立的一些人。

然而，他們對日本的見解，與中國共產黨和其他中國的左翼人士之間卻有很多的共通性。

我認為這是由於中國民族不得不做為一個民族對日本進行抵抗，由此而必然產生出這樣的共通性。這種共通的見解，至今依然殘留在現實中。現在中國依然有人認為戰前和戰後的日本表面上變了，實際在政治、經濟、思想上，依然殘留著基本未變的性格。

勤勉的背面是很恐怖的

西園寺：對中國人而言，日本這個國家在漫長歷史中具有親近感，但在某種意義上又非常可怕。具有經濟實力，也很勤勉。這種勤勉適得其反是非常可怕的。戰前的日本，是在完全孤立的形勢下發展起來，陷入危機蕭條之中，因而表現出最惡劣的一面。戰後則截然相反，從屬於美國或依靠美國做為後盾的軍國主義型態，又再次出現了。我認為這兩方面都使中國感到恐懼。

日本也有部分左翼人士認為，日本絕對離不開美國。現在的中國則考慮得更遠。日本如現在這樣向前發展，與美國的鴻溝必然形成，矛盾擴大後，日本將成為一個自立的帝國主義國家吧。僅離開美國是不行的，然而只與美國聯手，或只與蘇聯聯手也不行，那麼怎麼辦呢？唯有與中國以及各方都保持協調的關係，只有這樣才能抑制日本的危險性。因此，我認為日中邦交的恢復，

在非常純粹的意義上，是由於兩國人們的願望，同時，也存在這樣的考慮。這個反過來說，還是認為日本這個國家就是一個不能掉以輕心的國家。中國人是這樣看的吧。

山口：在平民層次也有這樣的看法嗎？

西園寺：總之，是做為感情性的東西存在的。一方面是受到了抗日戰爭時期很嚴重的欺凌。不僅如此，成立新中國之後，都在學習馬克思主義吧。那麼，從資本主義的邏輯而言，應該成為這樣的結果。這兩點結合起來，日本可怕的一面就絕不會輕易去除掉。但是，對於體制所具有的本質上的恐懼，與對於日本民眾的感情，還是清楚地區別開來的。

戴：實際上，我剛才所說的蔣方震關於「日本人缺乏內省能力」的批評——先不論其正確與否，這是中國部分人士對於日本做為民族形象的看法。提起日本，馬上就想到終究是一個島國，要向外發展。但由於缺乏內省能力，不能正確定位自己與他人的關係，狂妄自大。可能這種見解，在剛才西園寺先生所說的中國平民感情中依然存在。

池田勇人就任總理大臣後不久，在國會發表「日本是大國」的講話時，東南亞的留學生立即反應說「日本又開始了」。就是這種平民感情吧。不僅中國，而且，不是日本人個人恐怖，而是日本人彙集起來就恐怖。在某種方向性自上而下時，人們很容易被動員，因此說「恐怖」。

西園寺：在日本有人質疑：「中國為什麼批判日本的軍國主義到那樣的地步呢？」這些日本人的對應，從中國人來看，只會看成是一種輿論操作。如果什麼反應也沒有就這樣不斷反覆，不

知不覺中，就會使民眾的感覺麻痺，如果一億日本人再一下子彙集起來，將其力量向外，就沒有比這個更可怕的國家了。這是以從前的例子而言的。從本質上來說，人民應該是愛好和平的，可是將力量集中於一個方向時，這種力量是非常可怕的。所以才這樣對軍國主義進行批判。這是一個警告。

戴：最近，對日本軍隊進行的大屠殺——南京事件的問題成為話題。如果說起一個個人的殘虐性，中國古時候有過很殘酷的凌遲處死，權力也幹過很多惡事。但是，告別封建時代、進入近代社會後，那種大規模、瞬間人們即可附和雷同而共事的情況，是對日本人民族形象之恐怖的素樸概括，包括東南亞，都有這樣的看法。這種事實是值得關注的。

我認為由近代文明製作出的機械性人群，與極端國家主義和人種主義等連結成形，在特殊狀況下發生的就是奧斯威辛集中營，在其歷史文脈之下還有南京、越南美萊村，總之，並非將其視為民族性的問題而已。

西園寺：但是，現在中國特別是年輕人對日本的觀察方法，絕不單純是這種感情性的東西。其中加入了非常強有力的階級意識。到東北等地去會發現有萬人坑，在那裡用很大的字寫著「不忘九一八」。

戴：就是「滿洲事變」。

西園寺：在中國，定期會有團體組織去參觀，如果沒有階級觀點，看了那些東西，會產生很大的排日感情。因此，同時進行很強的階級教育，努力使大家認識到那是歷史。

早期，1958年在武漢舉辦過日本商品展覽會。當時做為慣

例，應同時插中國國旗與日本國旗，插日本國旗時，一位老人堅持坐在那裡，絕對不讓插日本國旗。中國的人們說服了他好幾天。這種感情，特別在部分老年人中還殘留著。而年輕人由於接受了教育的洗禮，已經超越這些思考日中關係了。

　　山口：與此同時，正如周恩來總理所說：「中國和日本有著長期的友好關係。我們之間的不幸關係僅僅存在於一時」，覺得中國人對於中國和日本具有歷史與文化相同的長期友好關係，這種思考方式不單是一句話，而且是做為一種實際感受真正持有這種看法。反之，中國人對於日本做為帝國主義、軍國主義侵略中國，所發生過的殘虐行為等戰前的事實也沒有忘記。但是，那是基於日本帝國主義具有的特殊的野蠻性和落後性，壞的是帝國主義，日本人民是在帝國主義的壓迫下不得已被捲入對中國的侵略，這是毛主席的說明，我認為已經在中國人之間得到普及。

　　總之，中國人是從長期歷史過程的角度觀察與日本的歷史交流；同時，將日本的統治階層和人民相區別。這是從過去就有的，今天則站在馬克思主義階級史觀闡述的立場上，來觀察今天的日本的。

　　同時，統治階層也會向人民方面轉變，所有存在都不是固定不變的，這種思考方式不也是在中國人中存在的嗎？

　　西園寺：中國的人們，在某種意義上來說是非常寬大的。例如，有一句話說「革命不分前後」，即使犯了錯誤，只要認識改正就好。很多曾經侵略中國的軍人，現在也成為推動日中友好運動的人。他們到中國時很受歡迎。

對於無責任體制的嚴格審視

戴：當時的蔣介石委員長戰後不久說的話是「以德報怨」。以及現在周恩來總理所說的「索取賠償不好吧」，終戰之後，包括台灣在中國沒有發生過對日本人進行復仇的不幸事件，這是事實。我覺得此中的邏輯在深處實際是一致的，各位怎麼看？

我認為，在那樣混亂的時期，即使是蔣介石說了那樣的話，如果平民大眾的感情中預先沒有接受這種看法的基礎，還是不能貫徹的。換句話說，對於過去的事情不是去煽動仇恨，而是為了不使這種事態重演，並且如何使之向新次元發展的歷史意識、對歷史教訓的接受方式，我認為當時在中國民眾中就已經存在了。即使說「不忘九一八」，是指不要忘記歷史的教訓，而不是為了煽動對日本的憎惡。

西園寺：確實是這樣。但是，蔣介石應該沒有講那種話的資格。而且他的話意思非常不單純，他是要利用日本的軍隊、軍備去打內戰。

戴：當然不能說全然沒有這方面的因素，但我想說的是：因為是那麼混亂的時期，如果民眾沒有接受、容忍此話的心態，結果是不會有效力的。反之，即使沒有那樣的話，平民層次的問題實際上也是以同樣的方式處理了。我自己的親身經歷就足以佐證說明。

我在終戰當時，是台灣新竹中學校的初中二年級學生。曾經被日本人罵作「清國奴」，狠狠被毆打。那個人就在眼前，可是我們沒有報復他。因為在我們之間有一種心態：「如果以暴制

暴，結果不是跟他們一樣嗎？沒有意義」。

　　如果不理解在平民的感情中有這種思維，即使是周恩來總理的話，也會被想做是政策的交易，或者雖然說不要賠償但取而代之是否會被要求以別的更艱難的形式為之服務，還是不一樣的。

　　西園寺：對於一般日本人，中國人並沒有什麼憎惡。但是，過去的戰犯現在仍然在日本的政治中樞逍遙自在，而且仍然是反中國的急先鋒。對於這種人中國人非常憎惡。在政治機構以及經濟層面，都還存在著危險面向，而且軍國主義勢力在日本還殘存著。對此，加以嚴厲的批判。

　　戴：我到東南亞的時候，當地人頻頻對我坦誠相告：「德國人在政府內部至今仍一直在追究殺害猶太人的罪行，可是日本卻隱瞞各種事情。雖然同為亞洲人，但日本人不可信用。」

要區別人民和政府

　　實藤：日本如果站在相反的立場時，他們會採取像中國人一樣的行動嗎？不會的。只要看看震災時對朝鮮人的暴行就知道了。同樣是民眾，但中國人做為人而言，我覺得是站在更高處。這實在是太遺憾了。

　　戴：我不太贊成這種看法。所謂民族特點，像日本般小而易於整合的國家是容易掌握的；但像中國這樣巨大的宇宙，則很難掌握。做為人的問題我也不認為有那麼大的差異，但是，剛才先生提出的問題的確是事實。

　　現在可以說的只是所謂中國人，一直在漫長的歷史中被練就

出來，結果積累了做為民眾的智慧。即使文字被剝奪，但身體感覺中做為一種自信仍然存在著。是在這樣的狀況中形成的吧。我身為一個中國人如此說可能稍有冒昧之處，但此外無法解釋。

西園寺：我認為還是體制的問題和教育的問題。

戴：但是在1945、1946年的階段，八路軍的影響力還沒有形成可以動員這些平民的動力。教育方面來看，大部分人口是文盲。不僅如此，在那樣混亂的狀態下，報復行為仍然非常少，這應如何解釋？如果說在此基礎上，做為新次元的問題，還有體制、教育的問題附加在上面，這個我是贊成的。

台灣大學時代的友人來看我，我曾帶他到淺草，大家都知道在淺草有受傷殘疾的軍人。他給了一些錢，事後他對我說：「戴君你知道嗎，我的媽媽就是南京大屠殺事件被殺害的。我本來是決意不踏上日本這塊土地，但為了看你而來到東京。我剛才想到這些人或許就是南京大屠殺的兇手，但我還是給他們錢。想起來，他們也是挺可憐的存在。這就是歷史呀。」

聽到這樣的話，我無言以對。他的家庭是跟著國民黨逃到台灣，所以沒有受過什麼階級教育，但也有這樣的思考方式。

山口：想到這一點，蔣介石所說的話，其實不僅是蔣介石，在戰時中國共產黨與民主同盟都說過同樣的話。亦即不是以日本人民為敵。這是在長期歷史經驗中所形成的。同時也是中國人自古以來對於各種事物都是從長期歷史的過程進行思考，是這種思考方式的反映。

戴：最近，英國的李約瑟教授（中國科學文明史研究家，《中國之科學與文明》〔*Sience and Civilization in China*〕一書作

者）提出了原始儒教或原始道教所產生的價值型態，與西歐的不同之處等。指出這裡有人性價值優先的問題，培育人性中心倫理觀的傳統等。大家怎麼看？

　　山口：我認為，李約瑟教授的中國科學史研究是很了不起的，而且其根據科學史研究對今日中國的看法非常敏銳，恰好說中關鍵。我也認為中國具有源於歷史的人性觀、歷史觀、自然觀和價值觀，在今日中國馬克思主義的理解中也深刻地承襲著，在此之上，又產生了自力更生的原則、農業基礎論等，進而將革命的前提置於追求符合革命的人格形成、文化的革命及精神的變革等見解。這是我的看法。

重視表裡一致

　　西園寺：在中國，現在仍然最重視歷史。學校教育是這樣，一般民眾中也經常出現「不要忘記歷史」、「不要中斷歷史」的話。從哲學、唯物史觀的角度出發，正在為促使歷史轉化為自己的東西而努力。

　　戴：在日本的歷史書中，正面意義的野史、稗史非常少，亮麗部分的正史講談本很多。也許是我的能力不足，閱讀方法不好，好像都是「成王敗寇」的邏輯與「感人的幽深情趣」的邏輯，而且兩者是以被切斷的形式流傳下去。

　　山口：所謂歷史，是在非常複雜的矛盾中展開的。正與反，在正的同時，反也同時存在。這兩個面向同時存在、展開。這個觀念日本人實際上搞不懂。談論辯證法的人，也會做出片面、簡單的結論。做為結論也可以簡單，但這樣易於忘記做為其前提的

另一面的存在。但是，中國人認為任何事物都具有兩面性。用我的友人的話來說，成對的思想在歷史中一直延續著。毛澤東的矛盾論就是在這樣的背景下產生的吧。因此，矛盾論的邏輯在中國民眾中很自然地沒有抵抗地被接受。以往中國人觀察歷史和人時，都是注視其表及裡。因此，嘴上講日中友好，但實際行動如何呢？這經常會成為一個問題。

化短處為長處

　　實藤：將日本人和中國人進行比較時，我覺得最不同的是，日本人太片面，中國人總是腳踏兩隻船有兩手準備，在思想與行動兩方面都是這樣。這個模仿不了。

　　戴：根據日本人一般的審美意識，這種「成對的思想」難以接受。在日本喜歡直率的性格。但中國人本來就不存在所謂直率的性格。歷史不允許其存在。

　　另外，中國人承認「他分」的世界。相對之下，日本只有自分，沒有「他分」。與他人的關係不清楚。他分是被收斂於「家」或體制等其他形式之中。在中國，承認自分和他分的橫向關係。中國的家庭制度是家產均分繼承，不是「家」的形式，而是做為家族結合體建造了宗族的形式。這也是妨礙中國近代化的要因之一，總之，由於這種形式，在中國是一個個人在行動，在日本則是團體行動，這種差異一方面也是從這裡開始的吧！

　　西園寺：如限定時代，身處當今社會主義體制下的中國人與當今的日本人相比，中國人以50年、100年為單位考慮事情。而

日本人只是以半年、一年為單位來考慮事情。因為中國的人們是根據階級的觀點思考問題。我認為這是歷史性的問題，也是國民性問題、體制的問題。

山口：是這樣的。例如中國提出「解放台灣」已經幾十年了，至今仍然持續主張。如果是日本，就會出現很多批判。

戴：據說現在日本的媒體，開始有一種動向：「中國問題已經過去了，接著該是什麼？」這是不好的。不僅是媒體，也是民眾的問題，這樣的對應方式，一直誤了中日關係的發展。

山口：確實日本人對於眼前的事物會立即敏感對應，立即「變身」──具有這種性格。缺乏中國人在長期歷史過程中觀察事物，根據原則辦事的特點，具有被批判為缺乏內省力的民族的短處，這是事實。但是，我認為這種短處同時也可以成為長處，總是著眼於歷史的先端，不斷進步──這就是長處。這在最近的中國熱之中也可以看得到。

與中國的急速靠攏，可能即在於感受到中國似乎擁有在今後世界史的劃時代問題的揭櫫能力。明治以來，日本走在脫亞的道路上，埋頭於西歐化道路，結果現在日本的體制在各種意義上來看都已陷入困境。當然不僅是日本，世界上所謂的發達國家也是如此，認為可以在中國找出擺脫這種體制困境的道路，至少一部分日本人是這樣思考的。看看財界高層人士的發言，可以感受到對於中國現在意圖創造的新世界特色，似乎已經深刻捕捉到這個感覺。

當然其基礎，至少從中國來看，還殘留著被批判為帝國主義的性格。在日本經濟進入東南亞的現狀中即反映出這一點。但

是，正如當年明治維新時的統治階層，急速轉向西歐近代化一樣，今後，日本的統治階層也會為來自下層的要求所動，在中國展示的道路中，尋找將來的方向，也有找到的可能性。當然這不是革命，而是改良，雖然其間會有很多鬥爭難以避免。

本文原刊於《朝日ジャーナル》第707號，東京：朝日新聞社，1972年9月29日，頁13～20。為「『なしくずし国交回復』への危惧」特輯內文章

日本殖民地政策與台灣
──尾崎秀樹vs.戴國煇

◎ 林彩美譯

時間：1972年12月22日
對談：尾崎秀樹（文藝評論家）
　　　戴國煇（亞洲經濟研究所調查研究部主任調查研究員）

台灣的民族與語言

　　戴國煇（以下簡稱戴）：日本人對台灣，不只是在政治、經濟等方面有許多誤解而已。例如台灣居民者的組成，大致可分別從1945年8月15日以前已經住在台灣，以及8月15日以後從大陸新遷入者來思考。8月15日以前已住在台灣的人，若以語言為分類，則以漢族為主流，也就是從所謂的閩南來的人，他們使用廈門話。依昭和3年台灣總督府的《台灣在籍漢民族鄉貫別調查》（這是唯一的統計），閩南出身者約占86.5％，其他是客家。所謂客家，福建省和廣東省都有客家人，但主要以廣東省為主，該省中梅縣客家人最多，在昭和3年的統計中，大約有13.5％的客家

人。但是當時包括尾崎先生的父親*¹在內的很多人，都誤以為客家就是廣東出身者，稱他們為廣東族。

尾崎秀樹（以下簡稱尾崎）：這樣的誤解很平常嗎？

戴：長久以來一直這樣。近年出版的幾本有關台灣的書也把客家寫成廣東人或戶籍中的廣東族等，這是明治30年代以來，台灣總督府當局的錯誤，但一直被沿襲下來。其實廣東人與客家人不同，在區域上，確實當時從大陸廣東省來台者多數是客家，但在語言上，廣東話和客家話全然不同。

再者，日本進入台灣時，強調清兵軍紀敗壞、盜賊化的這一面，事實並非如此。當時逃得快的人，常是握有權力或接近權力者的人，一般的士兵多半逃得慢，他們對於要怎麼逃走，是要傷腦筋的。因此，日軍進入台北城前，一般士兵當然會為了自我保護而拿取金銀等物品。所以士兵能坐上船逃走當然很好，沒坐上船的人，就拿了那些錢在台灣各地逃亡。他們在台灣語言不通，常常不是出身客家或是閩南。他們並不是盜匪，相反地，在吳濁流先生的自傳《黎明前的台灣──來自殖民地的告發》〔夜明け前の台湾：植民地からの告発〕（東京：社會思想社）裡，有對他們的寶貴的紀錄。清兵擁有財物之類，進入村子反而被劫掠，之後定居下來。他們後來情況怎樣，其實並不太清楚。其中有所謂河南兵，是從河南省被帶來的軍人。此外，現在的分類裡有所謂閩南及客家，事實上還有潮州出身者。潮州人並不是客家人，雖然在中國大陸的行政劃分上，兩者都同屬廣東省，但是所使用

---

*1 尾崎秀真，1874～1949，字白水，號古村，日本岐阜縣人。曾任《台灣日日新報》漢文版主筆、私立台北中學校長。

的語言，潮州和閩南地區較接近。以曼谷的「華僑」為例，當地潮州人具有壓倒性的優勢，但他們和廈門來的人有對抗的關係。上述這些事若不先講明白，可能會搞不清楚。

還有一點就是，所謂的原住民，日語曾經稱為「高砂族」，戰後國府和中共政府則都用高山族。這些人在人類學上的分類約可分為九族，現在約有二十萬人，但他們之間語言並不相通。他們的出身，或是漂流到台灣的時期、路徑等，例如是經由菲律賓或海南島等，可能都非常多元，各有不同。之後逐漸在群居的過程中有了自己的語言或社會組織，但是使用圖畫文字，還沒有真正的文字。後來日本引進了日語，不知是幸或不幸，日語就成為他們唯一的共通語。住在平地的原住民後來漢化，也和漢族語言相通，不過這些漢化的原住民，在清朝、日本時期都被通稱為熟蕃或平埔蕃，他們和曾被稱為生蕃的高山族言語不通，因此非常奇妙地，日語也成為雙方的共通語。

戰後國民黨早就普及國語（中國的標準語），藉以取代日語。日本的研究者有人認為國民黨的北京話普及運動可說是剝奪了台灣人的語言。但事實上，台灣漢族所說的語言也屬於中國方言，香港、廣東、福建等地也在使用。方言和今天中國所謂普通話的關係，和台灣漢族的語言與台灣的北京話──台灣稱為國語的關係，其實並無不同。但是，日本的研究者武斷而誤解國民黨的語言政策是所謂剝奪語言的政策，以此邏輯來整理的話，那麼現在中華人民共和國也在普及普通話，可能也會被說成剝奪海南島黎族的語言或廣東人的語言。由於完全不了解這些事，NHK在關於中國語的問題上曾說，台灣話不是中國話。如果照這麼說，

則鹿兒島腔、秋田腔也完全被江戶腔侵略了。愛奴的問題則是另一個層次的問題，我認為愛奴與蝦摩問題，恐怕應該和漢族對高山族語言的問題一起類推思考吧。

台灣統治與日語

　　尾崎：關於現在的高山族，日本統治台灣時，當時台灣存在著少數民族，對統治者而言，這是很有利的條件。之所以如此說，是因為從中國本土遷到台灣的漢民族所使用的語言，日本人對之強迫使用日本語，在日本統治的50年間，強制使用單一民族語言會有相當大的抵抗，漢族人對此相當反感。然而對於漢族來說，有一個意識內歧視的存在，對於殖民統治政策，從日方來說比較能獲得以漂亮事置換的結果。

　　如果漠視這一部分，問題的確就會有所缺落。近衛師團等日本占領軍進到台灣時，以武力進行台灣割讓的階段，從日本來的人，是藉著北京官話，以筆談為主，對方又是使用北京官話的人。但是現實上在使用的話因為無法直接口譯，所以一直以雙重口譯來進行對話。因此日本方面的執政者，就有要用什麼語言來做為中介的想法。

　　戴：恐怕語言政策是在進行過程中，逐漸明瞭而成形的吧。

　　尾崎：進入中國的傳教士們都使用當地的語言從事教化運動，而日本不採這種方策，卻直接強要對方把日語做為國語使用。日方認為可用此法的原因之一是北京官話不能直接通用；因為在台灣使用的語言有好幾種，因此反而給日本人以日語為指向

合理化的一個方便。這是伊澤修二主張強制使用日語做為國語的一個根據，我有這樣一種感覺。

戴：另外一點是大家都是同屬漢字文化圈的問題。

尾崎：由於這一點而使伊澤的想法有一種錯覺，因為是那樣的錯覺，所以對琉球、對朝鮮都用同樣的方式在推展。

戴：漢字文化圈以及與同屬蒙古人種第一次行使殖民地政策，出現了這種文化的歷史脈絡的意義。這與歐洲殖民地主義者進到現場時，其意義非常不同。所以伊澤修二或後藤新平，兩人其實都一樣，在心理層面上似乎有什麼特殊的東西。

尾崎：這些事乍看起來，做為欺騙大眾的方法，是非常有效的手段，一面巧妙地利用這種方法，當時其實連實際上是在利用此一作法的自覺都沒有。

戴：對啊，在這個意義上，說到孔子或孟子等時，日本所講的也是孔子或孟子一樣，有這種非常容易犯錯誤的基礎。有趣的是，伊澤修二要赴台之前，和在離職回去的階段，有著很驚人的事實。也就是他對台灣本地資本家的認識，雖然之前僅把他們看成是野蠻人、土人，但這時卻已發現並確認其中有許多富豪、漢詩人，所以伊澤修二想法改變了。

尾崎：也就是日本人同一時間發展了兩種想法：所謂領導階層以菁英身分赴台所發現的台灣，以及以新的殖民地被開化的野蠻人想法。

戴：是的，特別是在日本的軍隊裡，有若不把台灣人視為野蠻人，則無法進行壓制狀態。

尾崎：為了合理化武力鎮壓，把台灣看成像是野蠻或未開化

之類的想法，似乎是必要的吧。

　　戴：這種邏輯在今天世界史上也有例子，像美國在越南也很流行這種說法。

殖民統治下台灣的教育實況

　　尾崎：戴先生是否可以談您的成長？

　　戴：我出身客家，但在我孩童時期，小學教育大致有三種：高山族讀蕃童教育所，漢族讀公學校，此外小學校以在台日本人子弟為中心，另外有一部分買辦資本家，以及日本人協力者或有力者的子弟，大概一班有五、六人，和日本人一起共學。所以這時候的教科書，從一開始就是有差別的。我們也可以在武谷先生的《辯證法的諸問題・續編》*2一書讀到這個看法，他當時回台灣的家，對於台灣的國語國字問題提出關於日本帝國主義的文化政策的批判，而於昭和11年於《科學評論》中發表該論文。我認為當時能夠寫到這個程度實在很偉大，總之從小學校、兒童時期的教育就在教科書上有所不同，結果在中學入學考時，當然就從小學的教科書出題，從一開始就很有技巧地操弄不利之條件。我因為出生在農村，沒有上過幼稚園，入學以前連一句日語都不會說。因為出身地主家庭，家裡總是希望我最後會走上律師或醫師的路，因此不能不讀公立中學，或是來日本讀高等學校或讀台北高校、以台北醫專為目標，還有就是帝國大學或私立大學的路。

---

*2 武谷三男著，《弁證法の諸問題（續）》（東京：世界評論社，1950年，1966年勁草書房有復刻本），該書收有一篇〈台湾における国語国字問題〉。

　　我來說說個人的經驗。公學校一年級才開始學日文的「あい
うえお」，到六年級時，為了要考中學入學考，我的哥哥們差不
多都到日本了，他們建議我的父母，如果我六年級之後沒能考上
學校，就晚一年先進東京的中學，這是因為台灣人在日本受教育
並不會受到差別待遇。台灣畢竟是殖民地，因此台灣人成績再
好，也會受到限制，所以多數台灣人不得不到日本求學，這不是
學力的問題。但是因為當時是戰爭期間，台灣和日本之間的航路
很危險，結果我還是留在台灣，讀了新竹中學校。我現在還記得
當時的情景，初中一年級時讀「國語」，被指名朗讀，雖然可以
應付考試，可是我的日語卻非常差。諸位不能以現在我的日語程
度來了解，那會很難以理解。不過，和前社會黨委員長佐佐木*3
比，我想我的日語可能比他好一點（笑）。我們在ダ行及ラ行上
是分不清的，日本人不會發音沒關係，但台灣已經成為日本的殖
民地，因此不可以不會——這是很過分的事。

　　高野老師是經由檢定獲得教師資格的，每次我回想起來，都
還歷歷在目。他說：「那個清國奴。」真令我吃驚。他還說：
「這清國奴是哪裡出身的呢？」對於這個震撼，當時乍聽之下還
不很明白什麼是清國奴。但是漸漸讀了一些東西，看到「支那
兵」、「清國奴蔣介石」等用詞，在一些奇怪的漫畫中有幾個地
方出現，但並沒有什麼實際的感受。我因出生在農村，和日本人
的接觸不是那麼多，但是被說成是清國奴，就有點令人畏縮了。
我甚至被說：「明年一定無法從你的公學校錄取。」這是很過分

---

*3　佐佐木更三（1900～1985），日本宮城縣人，1965～1967年任日本社會黨委員長。

的話。我出身客家，不會說日語，是因為在學校以外沒有講日語的機會。在公學校，講台灣話要被罰錢或罰掃廁所的，不過孩子們之間不太會告密。公學校的校長是日本人，教頭則是台灣人，有幾位日本老師，還有幾位台灣籍的老師。因此，從孩提時代開始，我就對語言問題很敏感了。

　　大致上客家人較晚到台灣。說到他們的分布，台灣的形狀像蕃薯一樣，客家人大約都是住在山岳及平原之間的山腳，形成帶狀分布。當然，閩南來的開墾農民先占住平原地方，客家人就夾在其間與高山族開始相互爭鬥。於是我們去到都市區域、在這裡說的是閩南語，也就是所謂的廈門話，現在常說是台灣話，嚴格說來，這種說法並不正確。

　　戰後我離開新竹中學校，進了尾崎先生出身的台北一中，也就是建國中學。該校的第二任校長，是現在北京廣播電台教中國話的陳文彬老師。我不喜歡戰後來到新竹中學校的辛志平校長，再加上台北也比較是中心地區。另外，我出生的故鄉是在台北和新竹之間，和台北的關係很深，不過因為學區的關係，過去只能在新竹受教育。於是戰後不久，在二二八事件稍前，我轉入了尾崎先生出身的台北一中。

　　尾崎：這所學校的成立，是後藤新平殖民地政策的一環。

　　戴：是啊，以英國伊頓中學為模型而設立，是英國風、設備好的學校，台灣人僅象徵性地一班只有兩三人。台灣人和功課較不佳的日本人，讀的是台北二中（後來的成功中學）。尾崎先生從台北一中畢業時，已經有第四中學了吧？

　　尾崎：是的，已有四所。

戴：因為台北一中的學區人口增加，所以設了第四中學。四中設立當時，因為皇民化運動推行得更起勁，台灣人比較能入學。這在戰後成為問題，因為二中的學生認為他們應該成為一中的，但相關人士與教育當局一直無法協調好。由於所謂一中、二中，有差別意味，因此改為建國中學、成功中學，三中則成為和平中學，而四中就消失了。

尾崎：以前有台南一中吧。

戴：台南一中也是日本人的學校，只有台中一中特別一些，台中一中是台灣人的學校。戰後台南一中與二中倒過來，原來的二中改為一中了，這是很有趣的問題。台中一中為什麼會以台灣人為中心，是因為在台中附近抗日的文化運動很頻繁。當時日本人對台灣子弟的教育有差別待遇，他們用台灣人的稅金，讓日本人的子弟可以在比東京附近小學校設備更好的環境中受教育。台北一中是很不得了的學校，校舍是紅磚建的，有鋼琴及將近十座網球場，也僱用了外籍教師。雖然台灣抗日運動的本地資產階級、民族資產階級考量要自行設立台中中學，但總督府不許可。可是日本在朝鮮半島，卻承認部分朝鮮人的自主性，常是在朝鮮先走一步，之後在台灣才會有所動作，京城帝國大學和台北帝國大學的設立就是如此。朝鮮半島是全國都被日本殖民地化，與此相對，台灣是以中國的一部分被切割出來而成為殖民地，兩者之間有這種決定性的差異存在。因此台灣並沒有國家規模的、國民統一意志之類的近代的東西，如果有這種共同的意識來抵抗，將會很不一樣。不過所謂台灣的抵抗，則是可以逃往大陸，當然台灣島也因此有了非直線式的抵抗。之後不久，總督府就對台中中

學的設立有了妥協的方案，結果是台中一中成立了，台灣人有了以自己為中心的一中。其後設立了台中二中，但住在台中附近的日本人對二中這名字也感到討厭，都到台南或台北就讀，或是回到日本國內讀書，所以二中這樣的名字，還真是有微妙的意識在內吧。

　　我讀公學校時，報紙上的漢文欄已被廢止，這是因為強制國語運動，以此做為皇民化運動的一環。總督府也設國語常用家庭，如果全家都說日語，就可以增加配給豬肉的量，不是黑砂糖，而是白砂糖的量也會多一點，有許多這種形式的獎勵措施，同時也有改姓名運動。戰後我上了初中二年級，開始學習北京官話。大家都知道，毛澤東、蔣介石等都是說方言的，卻聽不懂他們在說什麼，因此感到中文很難。日本許多人，特別是年輕人，沒有看過現場，沒有臨場感，就不能了解。在日本國內，只有像是愛奴、沖繩有點不同，只是不同的部分幾乎被忽略，或許是因為並沒有很強的他者意識產生；也或許有一種幾乎是單一民族的意識，所以在理解中國時，這也會成為一種致命傷。在世界史方面，如思考到英國，愛爾蘭和蘇格蘭完全不同，這是一般日本人不能了解的事。即使稍微了解，也無法和日本國內的問題有所連結。日本人看來像是由單一語言所統一的，不知這毋寧非常稀有的存在。我對於國民黨來到台灣，想評價他們做得很好的，反倒是普及北京官話。目前全中國標準語、北京話最普及的地方，大概是台灣，就好像是在北海道的日本標準語一樣。不過，在我的世代裡，真正能用北京話思考、書寫、閱讀及說，其能力超越使用日語而能取回對自己語言的掌握能力者，大概只有20％到30％

而已吧。我大概算是比較幸運的人，可是像王育德、邱永漢等以及我的哥哥的世代等，情況就很慘。

皇民化運動

尾崎：這正是我處於相反立場的地方。現在的北海道雖然是講日語，但是在殖民地有從許多地方來的人，不能把方言就那樣帶進來，為了成為共通的語言，而讓語言變得平板的。北海道大概算是日本最早的殖民地，在當地所使用的語言，腔調就全部被改掉變成為平板的型式；台灣和朝鮮也一樣，因此說「箸」、「橋」、「端」〔譯註：在日文發音均為「はし」，但腔調不同〕時全部沒有分別，同時也會產生和日文不同的文脈，例如「如何？」（どうか）的句子，會成為「什麼什麼有，沒有呢」（何々ある、ないか）。

戴：好像是「台灣日本語」。

尾崎：是啊，剛開始時，會覺得這是一種不雅的、帶著輕視感的說話方式，後來漸覺得是因為風土感覺、環境而產生的不同講話方式，所以反而變成是更正確的語言。還有發音，像是人力車，就說成是「りんりきしゃ」。

我們雖然已提到蕃童教育所，但是直接接觸的機會其實很少，而教員到蕃童教育所就任，則會有被放逐到偏遠地方的感覺。

戴：大致都是以警察為主，由警察兼任教師。

尾崎：果然還是用日本軍刀來實行威嚇教育。都會區裡則有

公學校及小學校，公學校在農村地區也很多。我們進小學沒有特別感想（認為理所當然），小學校的台灣人，一班大約有兩三人，其中有一些人是日語常用家庭的菁英子弟。可是到中學時，班上大部分台灣人都來自公學校，頭腦很好，他們都是這種人，戴先生也是其中的一個例子吧？（笑）

戴：頭腦怎樣不知道，但可以確定是經歷過風雪的。

尾崎：從公學校來的同學，我到中學時才第一次接觸，才知道彼此之間儼然有非常大的差別。去他們家玩時，日語是講不通的，他們家裡還是使用母語，結果我只能和上學的孩子溝通。在那裡才知道大家語言不一樣，終於了解那種落差。

戰爭發展到盧溝橋事變之後，就開始急速推進皇民化運動。首先是強制使用日語，最後則是實施徵兵制。日本人否定了村人歡樂的祭典，教導人民日本的祭典，之後又破壞寺廟，取而代之的是建立怪異的護國神社，陸續要人民拜鳥居等。

戴：我在公學校六年級時，被選出來抬神轎（笑），有種很不協調的感覺呢。總之當時另有日本人抬的神轎，但是全部的孩子都要去抬的話，神轎會不夠，所以要選拔。選拔的標準都是以財富或成績較好的方式，這種情況下通常是有錢人成績才會好。不過，穿著日式的夾腳襪走在小石子路上感覺很痛，現在想起來，實在是很奇怪的事情（笑）。

尾崎：如果讀溥儀的自傳，可知在1940年時，日本有紀元2,600年慶典，他因此被要求參拜三種神器。而他不接受，為什麼一定要去參拜不可？溥儀總是清朝以來的王統吧，去參拜那些東西，是反帝王學的。可是周圍的人拚命拜託他，他只能眼淚滂沱

地流，自傳中很憤怒地寫著這段始末。也就是說，這種事在當時已日常化了。台灣或朝鮮則是處於日本殖民地的狀態，所以這是對殖民地人民強迫的事，殖民地人要那樣把頭低下來。日本把說日語說成是教育，而其他的教育只是附屬品罷了。對於台灣子弟而言，總之是被當成日本進行殖民地掠奪之實的轉包工，做為下屬機關及下屬官僚，只要培植出這個部分就好了。為什麼要培植出偉大的人讓其發現諸多矛盾而抵抗呢？所以，要強制其變成順從的狗。這樣的教育體系，特別是以日語國語教育為名的教育體系，是日本統治期間始終一貫不變的。

我因為在台北之故，被要求去芝山巖參拜。抗日武裝運動在台北城外蜂起時，六名日本人老師在那裡被殺了。對日本來說，他們是做為殖民地教育的尖兵而犧牲的一群。

戴：因此這也成為一種靖國神社的待遇。

尾崎：所以我們就跟著去，他們也會要求台灣子弟去參拜，說神社是代表教育的基本精神，以讓其創造道德。

日本人對台灣的理解

戴：很不可思議的是，日本的研究者在寫芝山巖事件時，對於當時日本當局對台灣人擔任的保良局局長處以連坐處分，這一部分連較進步的研究者都沒有提及。伊澤修二後來雖然了解事件的內情，但已來不及了，日本當局把「犧牲者」看待成「英雄」，並做為殖民地教育的借鑑，而開始加以活用。到今天為止，多數日本人對於日本的殖民政策都很稱讚，真令人傷腦筋。

另一方面，公式主義者認為對殖民地都全是實行剝奪，如果沒有從具體的事例上去掌握的話，其論述就缺乏說服力。

舉例來說，寄生型地主對於農民的反抗通常很害怕，想仰賴的只有清朝的貪官污吏。取而代之的日本統治者，在剛開始情形很混亂，後來對於像包括我們家在內的地主，都給予佃租的保證，做為暴力的權力裝置發揮其功能。因此和當時中國大陸的混亂相比，台灣的殖民統治也不壞。要說其中出現問題的，比如像是台灣人在東京通過高等文官考試，卻沒有幾個人當到課長，因此具有政治意識覺醒的台灣人，起來發動抗日運動。這個浪潮到什麼時候崩解呢？就是九一八事變，與三一六事件的同時，共產黨也全被擊潰了。不只是如此，若是更立體綜合地思考，九一八事變後，日本大陸擴張政策或是隨之而來的南進政策，包括朝鮮人及台灣人都成為狗腿子要員的人力資源，相形之下變得非常重要，因此本來一直抱有不滿的台灣人，對於能當上小島長官的感覺很好，還有很多人去滿洲，或加入汪精衛政權等的權力機關，因此情況開始有了變化。

我讀初中一年級時，中日雙方已開始戰爭，我家年輕的佃農被動員為軍夫，參加廣東的登陸作戰。廣東進去一點就是客家村，像是我們的故鄉一樣，語言可以溝通。軍夫去看了現場，得到勳八等*4後返鄉。父老們聚集起來，為他洗塵並想聽聽大陸原鄉的情況，我裝成睡著了的樣子。這些父老認為我接受軍國主義教育，因此擔心我會怎麼反應。我很想聽，非常好奇，雖然沒有

---

*4 日本勳章的等級，勳八等為最末階。

什麼民族意識，不過已淡淡地感覺到自己並不是日本人，卻還未真正明白事實。但當時那位去當軍夫的佃農說日本絕對會戰敗，比如大陸的農民已降伏，並說「大人！大人！」地求饒，但日本兵強姦百姓，之後再以槍劍刺死等日本人的劣行。我聽到後受不了，跳出來罵混蛋，日本軍是皇軍，才不會做這種事，不會戰敗（笑）。父老們的臉色變得鐵青，他們說，要是你在外面講這些，並對警察說的話，我們都會挨打入獄、判處死刑的。直到今天，我對這些記憶還都非常鮮明。

　　戰後的二二八事件和這些並非沒有關係，當時是有軍隊戰爭經驗的人動了起來，因此情況變得複雜。總之是這樣的，大致在我初中二年級時，台灣人能夠進入日本陸軍幼年學校，也可進入海兵和陸軍士官學校。

　　尾崎：這已經是戰爭最後階段的事了。

　　戴：對啊，我剛好被《朝日新聞》表揚為健康優良兒童，他們鼓勵孩子要志願當陸軍、少年航空兵或少年戰車兵等，也常有從軍隊寫來的信。我差一點因為《朝日新聞》丟了一條命，是那樣的時期。

　　我的堂表兄弟被派去海南島，當地共產黨的游擊活動很興盛。不過，我這親戚不好的地方是他徹底地接受日本軍國主義教育，成為做許多壞事的尖兵。到戰爭結束時，這位台灣親戚進了收容所。但他的處境和日軍的待遇有別，因為台灣是中國的一部分。大家能了解嗎？被自己人出賣的怨恨反而是更深的，台灣人被徹底地痛責。後來國民政府公布了關於台灣人的戰犯處理問題特令，因為台灣人在戰爭時期，相當程度來說，是不得不跟著日

本人做壞事，所以對這些戰犯除了特別壞的不計前非。為什麼會這樣？台灣在甲午戰爭時，被中國割讓給日本，因此台灣人是不得已的，是因為日本勝了才變成這樣，並不是台灣人自己的意願。可是在台灣卻出現了被祖國出賣的說法，因此得以「免罪」而獲特赦，所以我的親戚也回家了。特別是從海南島回來的一群人，像我的親戚就很不高興。都忘了那是由於他們自己做的壞事，但是對於受到的對待，卻完全記得，這是人類世界古今中外皆然的常態。

在東京工作的台灣人，戰後在東京做了很多壞事。戰時少年工被帶到日本，但戰後情況改變了，誰都沒有餘裕照顧他們，自此走入無法無天的局面。這些都是有名的故事，他們大概都是和我屬於同一個世代的台灣人。這些台灣人回鄉了。認為中國是大國、戰勝國，所以回來台灣都想造飛機、要為國家建設。但是來台灣的國民黨卻不會開飛機，有許多貪官污吏把鋁合金拿去當鍋、鼎的原料。回來台灣的台灣人卻找不到工作，通貨膨脹很嚴重。由於這些非常複雜的情形，引起了暴動事件。當然共產黨也在活動，知識分子也感到不滿。不過今天思量當時台灣人不會講中國的標準話，雖然不會，但他們卻想取得天下，這是很奇怪的事。如果與朝鮮相比，他們的條件一樣，都是全國成為殖民地，戰後也全部被解放了。然台灣的不幸，就是被分離出去成為殖民地。況且大陸內部還有國共鬥爭，以及汪政權和滿洲國的餘黨，有許多的分歧存在。這時候發生嚴重的通貨膨脹，但是有許多人從台灣運出砂糖、米到上海去拋售，做了這些惡事。因此出現了怨恨，到現在為止還有很多人，特別是台灣的中產階級，尤其是

白領階級的台灣人，都深刻地記得這些，而在思想上成為一部分獨立運動的基礎。因此在日本許多人就會演繹地以為台灣島內截然分成外省人、本省人，這兩種像油與水一樣絕對合不起來的言論。

日本人思考台灣問題時，大部分都是與能講日語的台灣人見面，聽他們發牢騷，並沒有去想到能講日語的台灣人是哪一種人，就把他們當成是台灣人的代表。那些日本人不曾深入農村，只是聽了來做生意就回去的台灣人的話，日本人說「唉呀，田中去訪問中國了，很抱歉啦」，或是說「不能不對台灣人盡情理」等，都是一些冠冕堂皇的話。台灣的歷史上、日本近代史上，台灣的殖民統治到底有什麼意義；在台灣內部，語言使用的群體分布狀況如何；其中的階級及階層問題等，日本人都不去把握，只是以自我的、對日本人方便的方法去掌握。特別是讀到最近一連串田中訪問中國之後，日本人所寫的台灣訪問記，雖不能說全部都沒有切中要害，但實際上只是皮相而已。所謂民族問題，有馬克思主義者、有民族主義和國際主義等形式的定義，我以為民族是根很深、很久遠的問題，並不是國家或是政治型態等同性質的問題，不是那麼簡單地就可以產生或被消滅。其例證如印地安人現在也成為議題了，印地安人被殺死那麼多，現在也開始抱怨，主張復權，由此可見事實上應不是這麼簡單。同樣地，日本人很簡單地揮舞著台灣民族論，因為日本一般平民有文字信仰，但是對於寫東西的人卻不去追究責任，輕易地就遺忘，對作者來說或許是值得感謝的，但是這一點對研究台灣時，如此不用心就很傷腦筋了。在殖民地時期，並沒有台灣民族的用語或概念。吾人經

常被侮辱為支那人或清國奴，和中國大陸的「支那人」被同一看待。然而台灣民族論卻突然提出台灣人不是中國人，這是台獨派政治掛帥的主張，對這種說法，不但不表示懷疑還隨之共舞，實在是傷腦筋的事。

日本近代史與台灣

戴：就這個意義上，在尾崎先生面前這樣講好像是拍馬屁似的，《舊殖民地文學研究》〔《旧植民地文学の研究》〕（勁草書房），好像不太暢銷，讓我覺得很寂寞，真遺憾，此書其實應該被閱讀，就像吳濁流先生的書也應該被閱讀，但並不暢銷一樣。

尾崎：特別是日本殖民地的問題，是日本近代化中產生的畸形產物。因此若不研究殖民地問題，日本近代史的成立就無法想像。

戴：東京大學出版會出版了《日本資本主義的發達》〔《日本に於ける資本主義の発達》〕一書，但是其中並沒有把殖民地放進去；如果不把台灣等殖民地放進去，日本資本主義的發達到底變成什麼樣的研究呢？

尾崎：幸好在研究朝鮮方面，研究者自己學習朝鮮文，因此把許多朝鮮的問題納入他們自己本身內部去了解，這方面的研究最近非常興盛。因此做日本的近代史，也可以從進入朝鮮近代史、朝鮮現代史的本源去反省，總之，這種情形已開始出現了。

關於台灣，過去也不是沒有日本人注意到語言問題，例如共

產黨開始活動時，一部分日本知識分子，像是台北高等學校等的人，就很努力地在學台灣的語言，但這種傳統後來被日本的總督藉著權力全部切斷了。日本的總督最害怕的是日本的激進勢力和台灣問題的活動結合，因此，日本的左翼運動只放在日本內部，台灣的獨立運動、民族解放運動只想在此中處理，於是和朝鮮的關係也都被切斷，全部是被分割的。所以，在日本所謂解放運動史中，台灣和朝鮮的問題都只是間接地進來而已，這是日本統治政策巧妙的部分。其傳統現在依然如此，對應該提批判的勢力一方，也有其影子。

戴：日本人關於台灣的看法，幾乎不是放在歷史的脈絡，以自己的問題去掌握，我們在這裡也有一部分的責任。我們想提供更多實證的研究給日本以做為刺激，可是戰後日本人對朝鮮人的認識之所以會加深，應不是從日本人主體出發，而是受到在日本的朝鮮人在思想的研究的諸多營為的影響。受到此種衝擊，一部分的日本人因此埋首研究，我認為是出於這種方式。真是殖民地問題未終了啊！例如日本去台灣的商社的人，可以侃侃而談戰後台灣的經濟，當成是自己的功績，這是非常不可思議的事。其實只是台灣對日貿易入超，赤字大約有四、五億美元，此外台日合辦事業償還期限極短，利潤也大，他們對此避而不談卻說把台灣拉拔成今天這樣。也因為如此，台灣人之中，特別是商社或台日合辦事業對象者也跟著嘗到好處，接受了日本人的說法。這些老鄉會說田中豈有此理、日本人豈有此理，因為他們認為這些人拋棄了台灣。他們會這麼想，是理所當然的。國民政府高層也是說尼克森豈有此理。不過一般台灣小老百姓是怎麼想的，關於這一

點卻沒有人談到。如果不正視這一點，就不能明白其內情，事實上是會重蹈對中國認識錯誤般的覆轍。

　　NHK對於中文問題的討論，一點都不了解中文在台灣的位置。我想，這些中文老師所說的到底是什麼呢？但是如果讓這些拚命說著一個中國論的老師們來討論中文問題，不是很悲哀的事嗎？我想他們還是不懂的。

　　尾崎：在台灣使用的語言，和中國使用的語言，因為許多動態的活動都斷絕了，所以顯現的方式相當不同，我想就是從這一面提出的看法。

　　戴：如果是這樣我當然同意，另外一點是普通話的表現在台灣也有。因為若不是北京人或北方人，大致會有很多樣的發音方式，所以會盡可能努力去講標準話，但是總不會是標準發音。在這種情況下，如果使用「國語」這種說法，就有點不好意思的了。由於並不是標準語，因此說是普通話。這並不是中國共產黨的專門用語。我們想關注的，是為什麼中國共產黨或中華人民共和國不使用「國語」的表現方式，這當然是出於對地方文化及少數民族的政策問題。中國共產黨的領導人明白，中國是複合民族，不可以抹殺地方文化的特殊性，因此使用「普通話」之說，用比較和緩的方式來維持連帶關係，而不用「國語」這樣的形式從上而下規範，這是我們的理解。此外……

　　尾崎：以日本人的作法來說，希望達到規格化。

　　戴：是的。中國人是邊做邊使之成形，但日本人是先造了形式再塞東西進去，如果不這麼做就不放心。

　　尾崎：是從上而下的近代化的想法。

戴：不是哪一種較好的價值判斷的問題。

尾崎：其結果是幸或不幸，皆是日本完成現代國家的原因所在吧。

戴：是啊，所以很不容易承認有例外的情形，因為沒有前例可循而不許可，這種形式一般很常見。特別出頭的都不能容許，而事實上顯現出頭角的部分，才是重要，有這一面吧。

尾崎：仍只是學到德國方法論展開的壞的一面，因此沒有辦法具有彈性多元的思考方法。

戴：僭越地說，我們做為非日本人的亞洲一員來看，日本所謂的近代，是在很快樂、很幸運地、從拼拼湊湊中急就章的、正好趕上的。這種急就章的方式，事實上對於此後日本史的展開，可能會有相當重的負荷。是不是這樣呢？您認為如何？

尾崎：因此在幕末時期，勝海舟的想法也不能被理解，而到西鄉隆盛等人，則毫無抵抗就被接受了（笑）。

本文原刊於《中国語》第157號，東京：大修館書店，1973年2月，頁25～35

譯者簡介

何鳳嬌

1964年生。政大歷史研究所博士，現任職於國史館。譯有：〈清末台灣南部製糖業與商人資本（1870～1895）〉、〈豐臣秀吉的台灣島招諭計畫〉、〈清代台灣南部製糖業的結構—特別以1860年以前為中心〉等。

林彩美

1933年生。中興大學農經系畢業，日本東京大學農經系博士課程修畢。旅日長達40年，中華料理研究家，曾主持梅苑中華料理研究室（日本）二十餘年。致力於梅苑書庫的保存與研究，長期投入《戴國煇全集》的編譯工作。
著有：《中菜健康瘦身法》（文經社）、《新灶腳的健康料理》（文經社）等；主編：《戴國煇文集》；策劃：《戴國煇全集》等。

林琪禎

1978年生。文化大學日文研究所碩士，現就讀於日本一橋大學大學院言語社會研究科博士後期課程。譯有：〈戰後初期台灣的「國語教育」（1945-1949）〉、〈故宮博物院所藏1848年兩件浩罕文書再考〉等。

吳元淑

1977年生。政治大學歷史系畢業，日本一橋大學商學研究科碩士。曾任職日商野村總合研究所、日商網路公司。翻譯領域主要為企業管理、行銷策略、通訊等，題材廣泛。

陳仁端

1933年生。中興大學畢業，日本東京大學大學院農學博士。曾任職於台

糖公司花蓮糖廠、日本大學教授。譯有：《土地利用の経済的研究：台中（台湾）地域における》（東京：農政調査委員会）等。

陳進盛

1957年生。台灣大學政治學研究所碩士，日本國立東京大學研究，台灣大學政治研究所博士班肄業，專攻國際關係與政治。曾任報社記者、編譯與撰述委員。譯有：《人體大揭密》（時報）、《工作雞湯 I ——縱橫21世紀職場的成功祕訣》（天下雜誌）、《李登輝與台灣的國家認同》（共譯，前衛）等書。

蔡秀美

1981年生。台灣師大歷史學系博士候選人，專攻日治時期台灣社會史。譯有：〈殖民地統治法與內地統治法之比較：以日本帝國在朝鮮與臺灣的地方制度為中心的討論〉、〈關於《隈本繁吉文書》—殖民地教育資料之介紹〉等。

劉俊南

1930年生。日本中央大學經濟系畢業。曾任中國通信社總編輯，現為日本中國語翻譯社董事長。譯有：《周恩來傳》（上下，岩波書店）、《周恩來與我》（NHK）、《毛澤東側近回想錄》（新潮社）。

（以上依姓氏筆畫序）

日文審校者・校訂者簡介

◆日文審校

吳文星

1948年生。台灣師範大學歷史研究所博士。曾任美國哈佛大學及史丹佛大學訪問學人，東京大學、京都大學等校外國人客員研究員及招聘外國人學者，歷任台灣師範大學進修部教務主任、歷史學系主任、文學院長，現爲台灣師範大學歷史學系教授、台灣教育史研究會會長。研究專長爲台灣近現代史、中日關係史。

著有：《日據時期在台「華僑」研究》、《日治時期台灣的社會領導階層》、《台灣史》等；〈東京帝國大學與台灣「學術探檢」之展開〉、〈札幌農學校と台灣近代農學の展開——台灣總督府農事試驗場を中心として——〉、〈京都帝國大學與台灣舊慣調查〉等論文一百餘篇。

林水福

1953年生。日本東北大學文學博士。曾任輔仁大學外語學院院長、日文系主任、所長；高雄第一科技大學副校長、外語學院院長；興國管理學院講座教授；東北大學客座研究員等，現爲台北駐日經濟文化代表處台北文化中心主任。專攻平安朝文學、近現代文學，兼及台灣文學、翻譯學。

著有：《他山之石》、《現代日本文學掃描》、《源氏物語的女性》等；譯有：遠藤周作《影子》、《沉默》等；谷崎潤一郎《夢浮橋》、《細雪》等。並於《文訊》雜誌開設東京見聞錄，《聯副》開設東京文化現場專欄。

林彩美

（簡介略，見前述）

邱振瑞

作家和日本思想文化研究者，現任教於文化大學中日筆譯班，並從事翻譯及創作。
著有：短篇小說集《菩薩有難》；譯有：山崎豐子、松本清張、宮本輝等小說，鶴見俊輔《戰爭時期日本精神史》（行人）。

徐興慶

1956年生。日本九州大學文學博士，現爲台灣大學日文系教授兼系主任、所長。專長及研究領域爲中日交流文化史、日本近現代思想史、日本文化史。
著有：《東亞知識人對近代性的思考》、《東亞文化交流與經典詮釋》、《朱舜水與東亞傳播的世界》、《近代中日思想交流史の研究》（京都：朋友學術叢書）等。

（以上依姓氏筆畫序）

◆ 校訂

吳春宜

1950年生。輔仁大學東方語文學系畢業，日本京都大學法學博士，現爲高雄第一科技大學應日系副教授。專研日本語文、國際政治經濟。
著有：《馬英九政権の台湾と東アジア》（合著，東京：早稲田）、《冷戦後の日中台安保關係の研究：台灣海峽の帰趨を巡つて》（台北：鴻儒堂）、《台湾の対日中両国の政治経済関係——その近現代の構造的変動を中心として——》（台北：致良出版社）等。

戴國煇全集（全27冊）‧各冊內容

戴國煇全集 20
【採訪與對談卷三】

著　作　人	戴國煇	
策劃／總校	林彩美	

編　輯　製　作　財團法人台灣文學發展基金會
　　　　　　　10048台北市中山南路11號6樓
　　　　　　　02-2343-3142

編　輯　委　員　王曉波　吳文星　張錦郎　張隆志
　　　　　　　陳淑美　劉序楓（依姓氏筆畫序）

主　　　　編　封德屏

執　行　編　輯　江侑蓮　王為萱

美　術　設　計　不倒翁視覺創意

出　　　版　文訊雜誌社

發　行　人　王榮文

發　行　所　遠流出版事業股份有限公司
　　　　　　　10084台北市中正區南昌路二段81號6樓
　　　　　　　（02）2392-6899
　　　　　　　http：//www.ylib.com

排　　　版　浩瀚電腦排版股份有限公司

印　　　刷　松霖彩色印刷事業有限公司

初　　　版　民國100年（2011）4月

定　　　價　全27冊（不分售）精裝新台幣16,000元整

ISBN　978-986-6102-03-5（全集20：精裝）
　　　　978-986-85850-4-1（全套：精裝）

國家圖書館出版品預行編目（CIP）資料

戴國煇全集. 18-26，採訪與對談卷／戴國煇著.
－－ 初版 .－－ 台北市：文訊雜誌社出版；遠流
發行 , 2011.04
　　冊；　公分
ISBN　978-986-6102-01-1（第1冊：精裝）.－－
ISBN　978-986-6102-02-8（第2冊：精裝）.－－
ISBN　978-986-6102-03-5（第3冊：精裝）.－－
ISBN　978-986-6102-04-2（第4冊：精裝）.－－
ISBN　978-986-6102-05-9（第5冊：精裝）.－－
ISBN　978-986-6102-06-6（第6冊：精裝）.－－
ISBN　978-986-6102-07-3（第7冊：精裝）.－－
ISBN　978-986-6102-08-0（第8冊：精裝）.－－
ISBN　978-986-6102-09-7（第9冊：精裝）

1. 史學　2. 文集

607　　　　　　　　　　　　　　100001715